OEUVRES
DE MOLIÈRE.

PARIS.—DE L'IMPRIMERIE DE RIGNOUX,
Rue des Francs-Bourgeois-S.-Michel, n° 8.

Œuvres de Molière,

AVEC
UN COMMENTAIRE HISTORIQUE ET LITTÉRAIRE;

PRÉCÉDÉES
DU TABLEAU DES MOEURS DU DIX-SEPTIÈME SIÈCLE,
ET DE LA VIE DE MOLIÈRE,

PAR M. PETITOT.

Nouvelle Édition.

TOME TROISIÈME.

PARIS.

J. P. AILLAUD, QUAI VOLTAIRE, N° 11.

M DCCC XXIX.

LA PRINCESSE D'ÉLIDE,

COMÉDIE-BALLET

EN CINQ ACTES,

AVEC UN PROLOGUE ET DES INTERMÈDES,

Représentée à Versailles, le 8 mai 1664; et à Paris, sur le théâtre du Palais-Royal, le 9 octobre de la même année.

PERSONNAGES DU PROLOGUE.

L'AURORE.
LYCISCAS, valet de chiens.
TROIS VALETS DE CHIENS, chantants.
VALETS DE CHIENS, dansants.

PERSONNAGES DE LA COMÉDIE.

IPHITAS, prince d'Élide, père de la princesse.
LA PRINCESSE D'ÉLIDE.
EURYALE, prince d'Ithaque.
ARISTOMÈNE, prince de Messène.
THÉOCLE, prince de Pyle.
AGLANTE, cousine de la princesse.
CYNTHIE, cousine de la princesse.
ARBATE, gouverneur du prince d'Ithaque.
PHILIS, suivante de la princesse.
MORON, plaisant de la princesse.
LYCAS, suivant d'Iphitas.

PERSONNAGES DES INTERMÈDES.

PREMIER INTERMÈDE.

MORON.
CHASSEURS, dansants.

SECOND INTERMÈDE.

PHILIS.
MORON.
UN SATYRE, chantant.
SATYRES, dansants.

PERSONNAGES.

TROISIÈME INTERMÈDE.

PHILIS.
TIRCIS, berger chantant.
MORON.

QUATRIÈME INTERMÈDE.

LA PRINCESSE.
PHILIS.
CLIMÈNE.

CINQUIÈME INTERMÈDE.

BERGERS et BERGÈRES, chantants.
BERGERS et BERGÈRES, dansants.

La scène est en Élide.

PROLOGUE.

SCÈNE I.

L'AURORE; LYCISCAS, et plusieurs autres VALETS DE CHIENS, endormis et couchés sur l'herbe.

L'AURORE *chante.*

Quand l'Amour à vos yeux offre un choix agréable,
　Jeunes beautés, laissez-vous enflammer;
Moquez-vous d'affecter cet orgueil indomtable
　Dont on vous dit qu'il est beau de s'armer :
　　Dans l'âge où l'on est aimable
　　Rien n'est si beau que d'aimer.

Soupirez librement pour un amant fidèle,
　Et bravez ceux qui voudroient vous blâmer.
Un cœur tendre est aimable, et le nom de cruelle
　N'est pas un nom à se faire estimer :
　　Dans le temps où l'on est belle
　　Rien n'est si beau que d'aimer.

SCÈNE II.

LYCISCAS, et plusieurs VALETS DE CHIENS, endormis; TROIS VALETS DE CHIENS, chantants, réveillés par le récit de l'Aurore.

TOUS TROIS ENSEMBLE *chantent.*

Hola! holà! Debout, debout, debout.
Pour la chasse ordonnée il faut préparer tout.
　Holà ho, debout, vite debout.

PREMIER.

Jusqu'aux plus sombres lieux le jour se communique.

DEUXIÈME.

L'air sur les fleurs en perles se résout.

TROISIÈME.

Les rossignols commencent leur musique,
Et leurs petits concerts retentissent partout.

PROLOGUE.

TOUS TROIS ENSEMBLE.

Sus, sus, debout, vite debout.
(à *Lyciscas endormi.*)
Qu'est-ce ci, Lyciscas! Quoi? tu ronfles encore,
Toi, qui promettois tant de devancer l'aurore!
Allons, debout, vite debout.
Pour la chasse ordonnée il faut préparer tout.
Debout, vite debout; dépêchons, ho, debout.

LYCISCAS, *en s'éveillant.*

Par la morbleu! vous êtes de grands braillards, vous autres,
et vous avez la gueule ouverte de bon matin.

TOUS TROIS ENSEMBLE.

Ne vois-tu pas le jour qui se répand partout?
Allons, debout; Lyciscas, debout.

LYCISCAS.

Hé! laissez-moi dormir encore un peu, je vous conjure.

TOUS TROIS ENSEMBLE.

Non, non, debout; Lyciscas, debout.

LYCISCAS.

Je ne vous demande plus qu'un petit quart d'heure.

TOUS TROIS ENSEMBLE.

Point, point, debout, vite debout.

LYCISCAS.

Hé! je vous prie.

TOUS TROIS ENSEMBLE.
Debout.

LYCISCAS.

Un moment.

TOUS TROIS ENSEMBLE.
Debout.

LYCISCAS.

De grâce.

TOUS TROIS ENSEMBLE.
Debout.

LYCISCAS.

Hé!

PROLOGUE.

TOUS TROIS ENSEMBLE.
Debout.

LYCISCAS.
Je...

TOUS TROIS ENSEMBLE.
Debout.

LYCISCAS.
J'aurai fait incontinent.

TOUS TROIS ENSEMBLE.
Non, non, debout; Lyciscas, debout.
Pour la chasse ordonnée il faut préparer tout.
Vite debout, dépêchons, debout.

LYCISCAS.
Hé bien! laissez-moi, je vais me lever. Vous êtes d'étranges gens de me tourmenter comme cela! Vous serez cause que je ne me porterai pas bien de toute la journée : car, voyez-vous, le sommeil est nécessaire à l'homme; et lorsqu'on ne dort pas sa réfection,[1] il arrive que... on n'est...
(Il se rendort.)

PREMIER.
Lyciscas.

DEUXIÈME.
Lyciscas.

TROISIÈME.
Lyciscas.

TOUS TROIS ENSEMBLE.
Lyciscas.

LYCISCAS.
Diable soient les brailleurs! Je voudrois que vous eussiez la gueule pleine de bouillie bien chaude.

TOUS TROIS ENSEMBLE.
Debout, debout.
Vite debout, dépêchons, debout.

---

[1] *Sa réfection*, c'est-à-dire, assez pour se refaire. On disoit autrefois la *réfection d'un bâtiment*, en parlant des réparations.

PROLOGUE.

LYCISCAS.

Ah! quelle fatigue de ne pas dormir son soûl!

PREMIER.

Holà! ho!

DEUXIÈME.

Holà! ho!

TROISIÈME.

Holà! ho!

TOUS TROIS ENSEMBLE.

Ho! ho! ho!

LYCISCAS.

Ho! ho! La peste soit des gens avec leurs chiens de hurlements! je me donne au diable si je ne vous assomme. Mais voyez un peu quel diable d'enthousiasme il leur prend de me venir chanter aux oreilles comme cela. Je...

TOUS TROIS ENSEMBLE.

Debout.

LYCISCAS.

Encore!

TOUS TROIS ENSEMBLE

Debout.

LYCISCAS.

Le diable vous emporte!

TOUS TROIS ENSEMBLE.

Debout.

LYCISCAS, *en se levant.*

Quoi! toujours! A-t-on jamais vu une pareille furie de chanter? Par la sambleu! j'enrage. Puisque me voilà éveillé, il faut que j'éveille les autres, et que je les tourmente comme on m'a fait. Allons, ho, messieurs, debout, debout, vite; c'est trop dormir. Je vais faire un bruit du diable partout. (*Il crie de toute sa force.*) Debout, debout, debout. Allons vite, ho, ho, ho, debout, debout. Pour la chasse ordonnée il faut préparer tout. Debout, debout, Lyciscas, debout. Ho, ho, ho, ho, ho.

(Plusieurs cors et trompes de chasse se font entendre; les valets de chiens que Lyciscas a réveillés dansent une entrée.)

LA PRINCESSE D'ÉLIDE.

ACTE PREMIER.

SCÈNE I.

EURYALE, ARBATE.

ARBATE.

Ce silence rêveur dont la sombre habitude
Vous fait à tous moments chercher la solitude,
Ces longs soupirs que laisse échapper votre cœur,
Et ces fixes regards si chargés de langueur,
Disent beaucoup sans doute à des gens de mon âge;
Et je pense, seigneur, entendre ce langage :
Mais, sans votre congé, de peur de trop risquer,
Je n'ose m'enhardir jusques à l'expliquer.

EURYALE.

Explique, explique, Arbate, avec toute licence
Ces soupirs, ces regards, et ce morne silence.
Je te permets ici de dire que l'amour
M'a rangé sous ses lois, et me brave à son tour;
Et je consens encor que tu me fasses honte
Des foiblesses d'un cœur qui souffre qu'on le domte.

ARBATE.

Moi, vous blâmer, seigneur, des tendres mouvements
Où je vois qu'aujourd'hui penchent vos sentiments !
Le chagrin des vieux jours ne peut aigrir mon âme
Contre les doux transports de l'amoureuse flamme ;
Et, bien que mon sort touche à ses derniers soleils,
Je dirai que l'amour sied bien à vos pareils,
Que ce tribut qu'on rend aux traits d'un beau visage
De la beauté d'une âme est un clair témoignage,
Et qu'il est malaisé que, sans être amoureux,
Un jeune prince soit et grand et généreux.
C'est une qualité que j'aime en un monarque :
La tendresse du cœur est une grande marque
Que d'un prince à votre âge on peut tout présumer,
Dès qu'on voit que son âme est capable d'aimer.
Oui, cette passion, de toutes la plus belle,
Traîne dans un esprit cent vertus après elle ;
Aux nobles actions elle pousse les cœurs,
Et tous les grands héros ont senti ses ardeurs.
Devant mes yeux, seigneur, a passé votre enfance,
Et j'ai de vos vertus vu fleurir l'espérance ;
Mes regards observoient en vous des qualités
Où je reconnoissois le sang dont vous sortez ;
J'y découvrois un fonds d'esprit et de lumière ;
Je vous trouvois bien fait, l'air grand, et l'âme fière.
Votre cœur, votre adresse, éclatoient chaque jour :
Mais je m'inquiétois de ne point voir d'amour.
Et, puisque les langueurs d'une plaie invincible

Nous montrent que votre âme à ses traits est sensible,
Je triomphe; et mon cœur, d'allégresse rempli,
Vous regarde à présent comme un prince accompli.

EURYALE.

Si de l'Amour un temps j'ai bravé la puissance,
Hélas! mon cher Arbate, il en prend bien vengeance;
Et, sachant dans quels maux mon cœur s'est abîmé,
Toi-même tu voudrois qu'il n'eût jamais aimé.
Car enfin, vois le sort où mon astre me guide,
J'aime, j'aime ardemment la princesse d'Élide,
Et tu sais quel orgueil, sous des traits si charmants,
Arme contre l'amour ses jeunes sentiments,
Et comment elle fuit en cette illustre fête
Cette foule d'amants qui briguent sa conquête.
Ah! qu'il est bien peu vrai que ce qu'on doit aimer,
Aussitôt qu'on le voit, prend droit de nous charmer,
Et qu'un premier coup d'œil allume en nous les flammes
Où le ciel en naissant a destiné nos âmes!
A mon retour d'Argos je passai dans ces lieux,
Et ce passage offrit la princesse à mes yeux;
Je vis tous les appas dont elle est revêtue,
Mais de l'œil dont on voit une belle statue :
Leur brillante jeunesse observée à loisir
Ne porta dans mon âme aucun secret désir;
Et d'Ithaque en repos je revis le rivage,
Sans m'en être en deux ans rappelé nulle image.
Un bruit vient cependant à répandre à ma cour
Le célèbre mépris qu'elle fait de l'amour;

On publie en tous lieux que son âme hautaine
Garde pour l'hyménée une invincible haine,
Et qu'un arc à la main, sur l'épaule un carquois,
Comme une autre Diane elle hante les bois,
N'aime rien que la chasse, et de toute la Grèce
Fait soupirer en vain l'héroïque jeunesse.
Admire nos esprits, et la fatalité !
Ce que n'avoient point fait sa vue et sa beauté,
Le bruit de ses fiertés en mon âme fit naître
Un transport inconnu dont je ne fus point maître :
Ce dédain si fameux eut des charmes secrets
A me faire avec soin rappeler tous ses traits ;
Et mon esprit, jetant de nouveaux yeux sur elle,
M'en refit une image et si noble et si belle,
Me peignit tant de gloire et de telles douceurs
A pouvoir triompher de toutes ses froideurs,
Que mon cœur, aux brillants d'une telle victoire,
Vit de sa liberté s'évanouir la gloire :
Contre une telle amorce il eut beau s'indigner,
Sa douceur sur mes sens prit tel droit de régner,
Qu'entraîné par l'effort d'une occulte puissance,
J'ai d'Ithaque en ces lieux fait voile en diligence ;
Et je couvre un effet de mes vœux enflammés
Du désir de paroître à ces jeux renommés
Où l'illustre Iphitas, père de la princesse,
Assemble la plupart des princes de la Grèce.

ARBATE.

Mais à quoi bon, seigneur, les soins que vous prenez ?

Et pourquoi ce secret où vous vous obstinez?
Vous aimez, dites-vous, cette illustre princesse,
Et venez à ses yeux signaler votre adresse;
Et nuls empressements, paroles ni soupirs,
Ne l'ont instruite encor de vos brûlants désirs!
Pour moi, je n'entends rien à cette politique
Qui ne veut point souffrir que votre cœur s'explique;
Et je ne sais quel fruit peut prétendre un amour
Qui fuit tous les moyens de se produire au jour.

EURYALE.

Et que ferai-je, Arbate, en déclarant ma peine,
Qu'attirer les dédains de cette âme hautaine,
Et me jeter au rang de ces princes soumis
Que le titre d'amants lui peint en ennemis?
Tu vois les souverains de Messène et de Pyle
Lui faire de leurs cœurs un hommage inutile,
Et de l'éclat pompeux des plus hautes vertus
En appuyer en vain les respects assidus :
Ce rebut de leurs soins sous un triste silence
Retient de mon amour toute la violence;
Je me tiens condamné dans ces rivaux fameux,
Et je lis mon arrêt au mépris qu'on fait d'eux.

ARBATE.

Et c'est dans ce mépris et dans cette humeur fière
Que votre âme à ses vœux doit voir plus de lumière,
Puisque le sort vous donne à conquérir un cœur
Que défend seulement une simple froideur,
Et qui n'oppose point à l'ardeur qui vous presse

De quelque attachement l'invincible tendresse.
Un cœur préoccupé résiste puissamment :
Mais quand une âme est libre, on la force aisément ;
Et toute la fierté de son indifférence
N'a rien dont ne triomphe un peu de patience.
Ne lui cachez donc plus le pouvoir de ses yeux,
Faites de votre flamme un éclat glorieux ;
Et, bien loin de trembler de l'exemple des autres,
Du rebut de leurs vœux enflez l'espoir des vôtres.
Peut-être, pour toucher ses sévères appas,
Aurez-vous des secrets que ces princes n'ont pas :
Et, si de ses fiertés l'impérieux caprice
Ne vous fait éprouver un destin plus propice,
Au moins est-ce un bonheur, en ces extrémités,
Que de voir avec soi ses rivaux rebutés.

EURYALE.

J'aime à te voir presser cet aveu de ma flamme ;
Combattant mes raisons, tu chatouilles mon âme ;
Et par ce que j'ai dit je voulois pressentir
Si de ce que j'ai fait tu pourrois m'applaudir.
Car enfin, puisqu'il faut t'en faire confidence,
On doit à la princesse expliquer mon silence ;
Et peut-être, au moment où je t'en parle ici,
Le secret de mon cœur, Arbate, est éclairci.
Cette chasse où, pour fuir la foule qui l'adore,
Tu sais qu'elle est allée au lever de l'aurore,
Est le temps que Moron, pour déclarer mon feu,
A pris.

ACTE I, SCÈNE I.

ARBATE.

Moron, seigneur!

EURYALE.

Ce choix t'étonne un peu.
Par son titre de fou tu crois le bien connoître :
Mais sache qu'il l'est moins qu'il ne le veut paroître,
Et que, malgré l'emploi qu'il exerce aujourd'hui,
Il a plus de bon sens que tel qui rit de lui.
La princesse se plaît à ses bouffonneries :
Il s'en est fait aimer par cent plaisanteries,
Et peut, dans cet accès, dire et persuader
Ce que d'autres que lui n'oseroient hasarder.
Je le vois propre enfin à ce que j'en souhaite;
Il a pour moi, dit-il, une amitié parfaite,
Et veut, dans mes États ayant reçu le jour,
Contre tous mes rivaux appuyer mon amour.
Quelque argent mis en main pour soutenir ce zèle...

SCÈNE II.

EURYALE, ARBATE, MORON.

MORON, derrière le théâtre.

Au secours! Sauvez-moi de la bête cruelle!

EURYALE.

Je pense ouïr sa voix.

MORON, derrière le théâtre.

A moi, de grâce, à moi!

EURYALE.

C'est lui-même. Où court-il avec un tel effroi?

MORON, *entrant sans voir personne.*

Où pourrai-je éviter ce sanglier redoutable?
Grands dieux, préservez-moi de sa dent effroyable!
Je vous promets, pourvu qu'il ne m'attrape pas,
Quatre livres d'encens et deux veaux des plus gras.

(*rencontrant Euryale, que dans sa frayeur il prend pour le sanglier qu'il évite.*)

Ah! je suis mort.

EURYALE.

Qu'as-tu?

MORON.

Je vous croyois la bête
Dont à me diffamer [1] j'ai vu la gueule prête,
Seigneur; et je ne puis revenir de ma peur.

EURYALE.

Qu'est-ce?

MORON.

Oh! que la princesse est d'une étrange humeur,
Et qu'à suivre la chasse et ses extravagances
Il nous faut essuyer de sottes complaisances!
Quel diable de plaisir trouvent tous les chasseurs
De se voir exposés à mille et mille peurs?
Encore si c'étoit qu'on ne fût qu'à la chasse

---

[1] Suivant tous les dictionnaires, *diffamer* ne peut signifier qu'*enlever* ou *détruire la réputation*. Molière a forcé le sens de ce mot.

Des lièvres, des lapins, et des jeunes daims; passe :
Ce sont des animaux d'un naturel fort doux,
Et qui prennent toujours la fuite devant nous.
Mais d'aller attaquer de ces bêtes vilaines
Qui n'ont aucun respect pour les faces humaines,
Et qui courent les gens qui les veulent courir,
C'est un sot passe-temps que je ne puis souffrir.

EURYALE.

Dis-nous donc ce que c'est.

MORON.

Le pénible exercice
Où de notre princesse a volé le caprice !
J'en aurois bien juré qu'elle auroit fait le tour;
Et, la course des chars se faisant en ce jour,
Il falloit affecter ce contre-temps de chasse
Pour mépriser ces jeux avec meilleure grâce,
Et faire voir.... Mais chut. Achevons mon récit,
Et reprenons le fil de ce que j'avois dit.
Qu'ai-je dit ?

EURYALE.

Tu parlois d'exercice pénible.

MORON.

Ah! oui. Succombant donc à ce travail horrible,
Car en chasseur fameux j'étois enharnaché,
Et dès le point du jour je m'étois découché,
Je me suis écarté de tous en galant homme;
Et, trouvant un lieu propre à dormir d'un bon somme,
J'essayois ma posture, et, m'ajustant bientôt,

Prenois déjà mon ton pour ronfler comme il faut,
Lorsqu'un murmure affreux m'a fait lever la vue,
Et j'ai d'un vieux buisson de la forêt touffue
Vu sortir un sanglier d'une énorme grandeur
Pour...

EURYALE.

Qu'est-ce ?

MORON.

Ce n'est rien. N'ayez point de frayeur :
Mais laissez-moi passer entre vous deux, pour cause,
Je serai mieux en main pour vous conter la chose.
J'ai donc vu ce sanglier qui, par nos gens chassé,
Avoit, d'un air affreux, tout son poil hérissé ;
Ses deux yeux flamboyants ne lançoient que menace,
Et sa gueule faisoit une laide grimace,
Qui, parmi de l'écume, à qui l'osoit presser,
Montroit de certains crocs... je vous laisse à penser.
A ce terrible aspect, j'ai ramassé mes armes ;
Mais le faux animal, sans en prendre d'alarmes,
Est venu droit à moi qui ne lui disois mot.

ARBATE.

Et tu l'as de pied ferme attendu ?

MORON.

Quelque sot...
J'ai jeté tout par terre, et couru comme quatre.

ARBATE.

Fuir devant un sanglier, ayant de quoi l'abattre !
Ce trait, Moron, n'est pas généreux.

ACTE I, SCÈNE II.

MORON.

J'y consens;
Il n'est pas généreux, mais il est de bon sens.

ARBATE.

Mais par quelques exploits si l'on ne s'éternise...

MORON.

Je suis votre valet. J'aime mieux que l'on dise,
C'est ici qu'en fuyant sans se faire prier
Moron sauva ses jours des fureurs d'un sanglier;
Que si l'on y disoit : Voilà l'illustre place
Où le brave Moron, d'une héroïque audace
Affrontant d'un sanglier l'impétueux effort,
Par un coup de ses dents vit terminer son sort.

EURYALE.

Fort bien.

MORON.

Oui, j'aime mieux, n'en déplaise à la gloire,
Vivre au monde deux jours que mille ans dans l'histoire.

EURYALE.

En effet, ton trépas fâcheroit tes amis.
Mais, si de ta frayeur ton esprit est remis,
Puis-je te demander si du feu qui me brûle...

MORON.

Il ne faut pas, seigneur, que je vous dissimule;
Je n'ai rien fait encore, et n'ai point rencontré
De temps pour lui parler qui fût selon mon gré.
L'office de bouffon a des prérogatives;
Mais souvent on rabat nos libres tentatives.

Le discours de vos feux est un peu délicat,
Et c'est chez la princesse une affaire d'État.
Vous savez de quel titre elle se glorifie,
Et qu'elle a dans la tête une philosophie
Qui déclare la guerre au conjugal lien,
Et vous traite l'amour de déité de rien.
Pour n'effaroucher point son humeur de tigresse,
Il me faut manier la chose avec adresse;
Car on doit regarder comme l'on parle aux grands,
Et vous êtes parfois d'assez fâcheuses gens.
Laissez-moi doucement conduire cette trame.
Je me sens là pour vous un zèle tout de flamme.
Vous êtes né mon prince, et quelques autres nœuds
Pourroient contribuer au bien que je vous veux :
Ma mère dans son temps passoit pour être belle,
Et naturellement n'étoit pas fort cruelle;
Feu votre père alors, ce prince généreux,
Sur la galanterie étoit fort dangereux;
Et je sais qu'Elpénor, qu'on appeloit mon père
A cause qu'il étoit le mari de ma mère,
Contoit pour grand honneur aux pasteurs d'aujourd'hui
Que le prince autrefois étoit venu chez lui,
Et que, durant ce temps, il avoit l'avantage
De se voir saluer de tous ceux du village.
Baste. Quoi qu'il en soit, je veux par mes travaux...
Mais voici la princesse et deux de nos rivaux.

SCÈNE III.

LA PRINCESSE, AGLANTE, CYNTHIE, ARISTO-
MÈNE, THÉOCLE, EURYALE, PHILIS, ARBATE,
MORON.

ARISTOMÈNE.

Reprochez-vous, madame, à nos justes alarmes
Ce péril dont tous deux avons sauvé vos charmes?
J'aurois pensé, pour moi, qu'abattre sous nos coups
Ce sanglier qui portoit sa fureur jusqu'à vous
Étoit une aventure, ignorant votre chasse,
Dont à nos bons destins nous dussions rendre grâce;
Mais à cette froideur je connois clairement
Que je dois concevoir un autre sentiment,
Et quereller du sort la fatale puissance
Qui me fait avoir part à ce qui vous offense.

THÉOCLE.

Pour moi, je tiens, madame, à sensible bonheur
L'action où pour vous a volé tout mon cœur,
Et ne puis consentir, malgré votre murmure,
A quereller le sort d'une telle aventure.
D'un objet odieux je sais que tout déplaît;
Mais, dût votre courroux être plus grand qu'il n'est,
C'est extrême plaisir, quand l'amour est extrême,
De pouvoir d'un péril affranchir ce qu'on aime.

LA PRINCESSE.

Et pensez-vous, seigneur, puisqu'il me faut parler,
Qu'il eût eu, ce péril, de quoi tant m'ébranler;

Que l'arc et que le dard, pour moi si pleins de charmes,
Ne soient entre mes mains que d'inutiles armes;
Et que je fasse enfin mes plus fréquents emplois
De parcourir nos monts, nos plaines et nos bois,
Pour n'oser en chassant concevoir l'espérance
De suffire moi seule à ma propre défense?
Certes, avec le temps, j'aurois bien profité
De ces soins assidus dont je fais vanité,
S'il falloit que mon bras, dans une telle quête,
Ne pût pas triompher d'une chétive bête !
Du moins, si, pour prétendre à de sensibles coups,
Le commun de mon sexe est trop mal avec vous.
D'un étage plus haut accordez-moi la gloire,
Et me faites tous deux cette grâce de croire,
Seigneurs, que, quel que fût le sanglier d'aujourd'hui,
J'en ai mis bas, sans vous, de plus méchants que lui.

THÉOCLE.

Mais, madame...

LA PRINCESSE.

Hé bien ! soit. Je vois que votre envie
Est de persuader que je vous dois la vie;
J'y consens. Oui, sans vous c'étoit fait de mes jours.
Je rends de tout mon cœur grâce à ce grand secours,
Et je vais de ce pas au prince pour lui dire
Les bontés que pour moi votre amour vous inspire.

SCÈNE IV.

EURYALE, ARBATE, MORON.

MORON.

Eh! a-t-on jamais vu de plus farouche esprit?
De ce vilain sanglier l'heureux trépas l'aigrit.
Oh! comme volontiers j'aurois d'un beau salaire
Récompensé tantôt qui m'en eût su défaire!

ARBATE, à Euryale.

Je vous vois tout pensif, seigneur, de ses dédains;
Mais ils n'ont rien qui doive empêcher vos desseins.
Son heure doit venir; et c'est à vous, possible,
Qu'est réservé l'honneur de la rendre sensible.

MORON.

Il faut qu'avant la course elle apprenne vos feux :
Et je...

EURYALE.

Non. Ce n'est plus, Moron, ce que je veux;
Garde-toi de rien dire, et me laisse un peu faire :
J'ai résolu de prendre un chemin tout contraire.
Je vois trop que son cœur s'obstine à dédaigner
Tous ces profonds respects qui pensent la gagner;
Et le dieu qui m'engage à soupirer pour elle
M'inspire pour la vaincre une adresse nouvelle.
Oui, c'est lui d'où me vient ce soudain mouvement :
Et j'en attends de lui l'heureux événement.

ARBATE.

Peut-on savoir, seigneur, par où votre espérance...

EURYALE.

Tu le vas voir. Allons, et garde le silence.

MORON.

Jusqu'au revoir.

FIN DU PREMIER ACTE.

PREMIER INTERMÈDE.

SCÈNE I.

MORON.

Pour moi je reste ici, et j'ai une petite conversation à faire avec ces arbres et ces rochers.

Bois, prés, fontaines, fleurs, qui voyez mon teint blême,
Si vous ne le savez, je vous apprends que j'aime.
    Philis est l'objet charmant
    Qui tient mon cœur à l'attache;
    Et je devins son amant
    La voyant traire une vache.
Ses doigts, tout pleins de lait, et plus blancs mille fois,
Pressoient les bouts du pis d'une grâce admirable.
    Ouf! cette idée est capable
    De me réduire aux abois.
    Ah! Philis! Philis! Philis!

SCÈNE II

MORON, UN ÉCHO.

L'ÉCHO.

Philis!

MORON.

Ah!

L'ÉCHO.

Ah!

MORON.

Hem.

L'ÉCHO.

Hem.

MORON.

Ha, ha.

L'ÉCHO.

Ha.

MORON.

Hi, hi.

L'ÉCHO.

Hi.

MORON.

Oh.

L'ÉCHO.

Oh.

MORON.

Oh.

L'ÉCHO.

Oh.

MORON.

Voilà un écho qui est bouffon.

L'ÉCHO.

On.

MORON.

Hon.

L'ÉCHO.

Hon.

MORON.

Ha.

L'ÉCHO.

Ha.

MORON.

Hu.

L'ÉCHO.

Hu.

MORON.

Voilà un écho qui est bouffon.

SCÈNE III.

MORON, *apercevant un ours qui vient à lui.*

Ah! monsieur l'ours, je suis votre serviteur de tout mon cœur. De grâce, épargnez-moi; je vous assure que je ne vaux rien du tout à manger; je n'ai que la peau et les os, et je vois de certaines gens là-bas qui seroient bien mieux votre affaire. Hé, hé, hé, monseigneur, tout doux, s'il vous plaît.

(*Il caresse l'ours, et tremble de frayeur.*)

La, la, la, la. Ah! monseigneur, que votre altesse est jolie et bien faite! Elle a tout-à-fait l'air galant et la taille la plus mignonne du monde. Ah! beau poil! belle tête! beaux yeux brillants et bien fendus! Ah! beau petit nez! belle petite bouche! petites quenottes jolies! Ah! belle gorge! belles petites menottes! petits ongles bien faits!

(*L'ours se lève sur ses pattes de derrière.*)

A l'aide! au secours! je suis mort! Miséricorde! Pauvre Moron! Ah! mon Dieu! Hé! vite! à moi! je suis perdu!

(*Moron monte sur un arbre.*)

SCÈNE IV.

MORON, CHASSEURS.

MORON, *monté sur un arbre, aux chasseurs.*

Hé! messieurs, ayez pitié de moi.

(*Les chasseurs combattent l'ours.*)

Bon, messieurs! tuez-moi ce vilain animal-là. O ciel, daigne les assister! Bon! le voilà qui fuit. Le voilà qui s'arrête, et qui se jette sur eux. Bon! en voilà un qui vient de lui donner un coup dans la gueule. Les voilà tous à l'entour de lui. Courage, ferme, allons, mes amis! Bon! poussez fort! Encore! Ah! le voilà qui est à terre; c'en est fait, il est mort. Descendons maintenant pour lui donner cent coups.

(*Moron descend de l'arbre.*)

Serviteur, messieurs; je vous rends grâce de m'avoir délivré de cette bête. Maintenant que vous l'avez tuée, je m'en vais l'achever, et en triompher avec vous.

(*Moron donne mille coups à l'ours qui est mort.*)

ENTRÉE DE BALLET.

Les chasseurs dansent pour témoigner leur joie d'avoir remporté la victoire.

FIN DU PREMIER INTERMÈDE.

ACTE SECOND.

SCÈNE I.

LA PRINCESSE, AGLANTE, CYNTHIE, PHILIS.

LA PRINCESSE.

Oui, j'aime à demeurer dans ces paisibles lieux;
On n'y découvre rien qui n'enchante les yeux,
Et de tous nos palais la savante structure
Cède aux simples beautés qu'y forme la nature.
Ces arbres, ces rochers, cette eau, ces gazons frais,
Ont pour moi des appas à ne lasser jamais.

AGLANTE.

Je chéris comme vous ces retraites tranquilles
Où l'on se vient sauver de l'embarras des villes :
De mille objets charmants ces lieux sont embellis;
Et ce qui doit surprendre, est qu'aux portes d'Élis
La douce passion de fuir la multitude
Rencontre une si belle et vaste solitude.
Mais, à vous dire vrai, dans ces jours éclatants,
Vos retraites ici me semblent hors de temps;
Et c'est fort mal traiter l'appareil magnifique
Que chaque prince a fait pour la fête publique.
Ce spectacle pompeux de la course des chars
Devroit bien mériter l'honneur de vos regards.

LA PRINCESSE.

Quel droit ont-ils chacun d'y vouloir ma présence ?
Et que dois-je, après tout, à leur magnificence ?
Ce sont soins que produit l'ardeur de m'acquérir,
Et mon cœur est le prix qu'ils veulent tous courir.
Mais, quelque espoir qui flatte un projet de la sorte,
Je me tromperois fort, si pas un d'eux l'emporte.

CYNTHIE.

Jusques à quand ce cœur veut-il s'effaroucher
Des innocents desseins qu'on a de le toucher,
Et regarder les soins que pour vous on se donne
Comme autant d'attentats contre votre personne ?
Je sais qu'en défendant le parti de l'amour
On s'expose chez vous à faire mal sa cour :
Mais ce que par le sang j'ai l'honneur de vous être
S'oppose aux duretés que vous faites paroître ;
Et je ne puis nourrir d'un flatteur entretien
Vos résolutions de n'aimer jamais rien.
Est-il rien de plus beau que l'innocente flamme
Qu'un mérite éclatant allume dans une âme ?
Et seroit-ce un bonheur de respirer le jour,
Si d'entre les mortels on bannissoit l'amour ?
Non, non, tous les plaisirs se goûtent à le suivre ;
Et vivre sans aimer n'est pas proprement vivre.

Le dessein de l'auteur étoit de traiter toute la comédie en vers ; mais un commandement du roi, qui pressa cette affaire, l'obligea d'achever le reste en prose, et de passer légèrement sur plusieurs scènes, qu'il auroit étendues davantage, s'il avoit eu plus de loisir.

AGLANTE.

Pour moi, je tiens que cette passion est la plus agréable affaire de la vie; qu'il est nécessaire d'aimer pour vivre heureusement; et que tous les plaisirs sont fades, s'il ne s'y mêle un peu d'amour.

LA PRINCESSE.

Pouvez-vous bien toutes deux, étant ce que vous êtes, prononcer ces paroles? et ne devez-vous pas rougir d'appuyer une passion qui n'est qu'erreur, que foiblesse et qu'emportement, et dont tous les désordres ont tant de répugnance avec la gloire de notre sexe? J'en prétends soutenir l'honneur jusqu'au dernier moment de ma vie, et ne veux point du tout me commettre à ces gens qui font les esclaves auprès de nous pour devenir un jour nos tyrans. Toutes ces larmes, tous ces soupirs, tous ces hommages, tous ces respects, sont des embûches qu'on tend à notre cœur, et qui souvent l'engagent à commettre des lâchetés. Pour moi, quand je regarde certains exemples et les bassesses épouvantables où cette passion ravale les personnes sur qui elle étend sa puissance, je sens tout mon cœur qui s'émeut; et je ne puis souffrir qu'une âme qui fait profession d'un peu de fierté ne trouve pas une honte horrible à de telles foiblesses.

CYNTHIE.

Hé! madame, il est de certaines foiblesses qui ne sont point honteuses, et qu'il est beau même d'avoir dans les plus hauts degrés de gloire. J'espère que vous changerez un jour de pensée; et, s'il plaît au ciel, nous verrons votre cœur, avant qu'il soit peu...

LA PRINCESSE.

Arrêtez, n'achevez pas ce souhait étrange : j'ai une horreur trop invincible pour ces sortes d'abaissements; et, si jamais j'étois capable d'y descendre, je serois personne, sans doute, à ne me le point pardonner.

AGLANTE.

Prenez garde, madame : l'Amour sait se venger des mépris que l'on fait de lui; et peut-être...

LA PRINCESSE.

Non, non : je brave tous ses traits; et le grand pouvoir qu'on lui donne n'est rien qu'une chimère et qu'une excuse des foibles cœurs, qui le font invincible pour autoriser leur foiblesse.

CYNTHIE.

Mais enfin toute la terre reconnoît sa puissance, et vous voyez que les dieux mêmes sont assujettis à son empire. On nous fait voir que Jupiter n'a pas aimé pour une fois, et que Diane même, dont vous affectez tant l'exemple, n'a pas rougi de pousser des soupirs d'amour.

LA PRINCESSE.

Les croyances publiques sont toujours mêlées d'erreurs. Les dieux ne sont point faits comme se les fait le vulgaire : et c'est leur manquer de respect que de leur attribuer les foiblesses des hommes.

SCÈNE II.

LA PRINCESSE, AGLANTE, CYNTHIE, PHILIS,
MORON.

AGLANTE.

Viens, approche, Moron; viens nous aider à défendre l'amour contre les sentiments de la princesse.

LA PRINCESSE.

Voilà votre parti fortifié d'un grand défenseur!

MORON.

Ma foi, madame, je crois qu'après mon exemple il n'y a plus rien à dire, et qu'il ne faut plus mettre en doute le pouvoir de l'Amour. J'ai bravé ses armes assez long-temps, et fait de mon drôle comme un autre : mais enfin ma fierté a baissé l'oreille, et vous avez une traîtresse (il montre Philis) qui m'a rendu plus doux qu'un agneau. Après cela on ne doit plus faire aucun scrupule d'aimer; et puisque j'ai bien passé par-là, il peut bien y en passer d'autres.

CYNTHIE.

Quoi! Moron se mêle d'aimer!

MORON.

Fort bien.

CYNTHIE.

Et de vouloir être aimé!

MORON.

Et pourquoi non? Est-ce qu'on n'est pas assez bien fait pour cela? Je pense que ce visage est assez passable, et que, pour le bel air, Dieu merci, nous ne le cédons à personne.

CYNTHIE.

Sans doute, on auroit tort...

SCÈNE III.

LA PRINCESSE, AGLANTE, CYNTHIE, PHILIS, MORON, LYCAS.

LYCAS.

Madame, le prince votre père vient vous trouver ici, et conduit avec lui les princes de Pyle et d'Ithaque, et celui de Messène.

LA PRINCESSE.

O ciel! que prétend-il faire en me les amenant? Auroit-il résolu ma perte? et voudroit-il bien me forcer au choix de quelqu'un d'eux?

SCÈNE IV.

IPHITAS, EURYALE, ARISTOMÈNE, THÉOCLE, LA PRINCESSE, AGLANTE, CYNTHIE, PHILIS, MORON.

LA PRINCESSE, à Iphitas.

Seigneur, je vous demande la licence de prévenir par deux paroles la déclaration des pensées que vous pouvez avoir. Il y a deux vérités, seigneur, aussi constantes l'une que l'autre, et dont je puis vous assurer également : l'une, que vous avez un absolu pouvoir sur moi, et que vous ne sauriez m'ordonner rien où je ne réponde aussitôt par une obéissance aveugle; l'autre, que je regarde l'hyménée ainsi que le trépas, et qu'il m'est impossible de forcer cette aversion naturelle. Me donner un mari, et me donner la mort, c'est une même chose; mais votre volonté va la première, et mon obéissance m'est bien plus chère que ma vie. Après cela, parlez, seigneur, prononcez librement ce que vous voulez.

IPHITAS.

Ma fille, tu as tort de prendre de telles alarmes; et je me plains de toi, qui peux mettre dans ta pensée que je sois assez mauvais père pour vouloir faire violence à tes sentiments et me servir tyranniquement de la puissance que le ciel me donne sur toi. Je souhaite, à la vérité, que ton cœur puisse aimer quelqu'un. Tous mes vœux seroient satisfaits, si cela pouvoit arriver; et je n'ai proposé les fêtes et les jeux que je fais célébrer ici qu'afin d'y pouvoir attirer tout ce que la Grèce a d'illustre, et que parmi cette noble jeunesse tu puisses enfin rencontrer où arrêter tes yeux et déterminer tes pensées. Je ne demande, dis-je, au ciel, autre bonheur que de te voir un époux. J'ai, pour obtenir cette grâce, fait encore ce matin un sacrifice à Vénus; et, si je sais bien expliquer le langage des dieux, elle m'a promis un miracle. Mais, quoi qu'il en soit, je veux en user avec toi en père qui chérit sa fille. Si tu trouves où attacher tes vœux, ton choix sera le mien, et je ne considérerai ni intérêt d'État, ni avantages d'alliance; si ton cœur demeure insensible, je n'entreprendrai point de le forcer : mais au moins sois complaisante aux civilités qu'on te rend, et ne m'oblige point à faire les excuses de ta froideur; traite ces princes avec l'estime que tu leur dois; reçois avec reconnoissance les témoignages de leur zèle, et viens voir cette course où leur adresse va paroître.

THÉOCLE, à la princesse.

Tout le monde va faire des efforts pour remporter le prix de cette course; mais, à vous dire vrai, j'ai peu d'ardeur pour la victoire, puisque ce n'est pas votre cœur qu'on y doit disputer.

ARISTOMÈNE.

Pour moi, madame, vous êtes le seul prix que je me propose partout. C'est vous que je crois disputer dans ces combats d'adresse; et je n'aspire maintenant à remporter l'honneur de cette course que pour obtenir un degré de gloire qui m'approche de votre cœur.

EURYALE.

Pour moi, madame, je n'y vais point du tout avec cette pensée. Comme j'ai fait toute ma vie profession de ne rien aimer, tous les soins que je prends ne vont point où tendent les autres. Je n'ai aucune prétention sur votre cœur, et le seul honneur de la course est tout l'avantage où j'aspire.

SCÈNE V.

LA PRINCESSE, AGLANTE, CYNTHIE, PHILIS, MORON.

LA PRINCESSE.

D'où sort cette fierté où l'on ne s'attendoit point? Princesses, que dites-vous de ce jeune prince? Avez-vous remarqué de quel ton il l'a pris?

AGLANTE.

Il est vrai que cela est un peu fier.

MORON, à part.

Ah! quelle brave botte il vient là de lui porter!

LA PRINCESSE.

Ne trouvez-vous pas qu'il y auroit plaisir d'abaisser son orgueil, et de soumettre un peu ce cœur qui tranche tant du brave?

CYNTHIE.

Comme vous êtes accoutumée à ne jamais recevoir que des hommages et des adorations de tout le monde, un compliment pareil au sien doit vous surprendre, à la vérité.

LA PRINCESSE.

Je vous avoue que cela m'a donné de l'émotion, et que je souhaiterois fort de trouver les moyens de châtier cette hauteur. Je n'avois pas beaucoup d'envie de me trouver à cette course; mais j'y veux aller exprès, et employer toute chose pour lui donner de l'amour.

CYNTHIE.

Prenez garde, madame : l'entreprise est périlleuse ; et lorsqu'on veut donner de l'amour, on court risque d'en recevoir.

LA PRINCESSE.

Ah ! n'appréhendez rien, je vous prie. Allons, je vous réponds de moi.

FIN DU SECOND ACTE.

SECOND INTERMÈDE.

SCÈNE I.

PHILIS, MORON

MORON.

Philis, demeure ici.

PHILIS.

Non, laisse-moi suivre les autres.

MORON.

Ah! cruelle, si c'étoit Tircis qui t'en priât, tu demeurerois bien vite.

PHILIS.

Cela se pourroit faire : et je demeure d'accord que je trouve bien mieux mon compte avec l'un qu'avec l'autre; car il me divertit avec sa voix, et toi, tu m'étourdis de ton caquet. Lorsque tu chanteras aussi bien que lui, je te promets de t'écouter.

MORON.

Hé! demeure un peu.

PHILIS.

Je ne saurois.

MORON.

De grâce!

PHILIS.

Point, te dis-je.

MORON, *retenant Philis.*

Je ne te laisserai point aller.

PHILIS.

Ah! que de façons!

MORON.

Je ne demande qu'un moment à être avec toi.

PHILIS.

Hé bien! oui, j'y demeurerai, pourvu que tu me promettes une chose.

MORON.

Et quelle?

PHILIS.

De ne me parler point du tout.

MORON.

Hé! Philis!

PHILIS.

A moins que de cela, je ne demeurerai point avec toi.

MORON.

Veux-tu me...

PHILIS.

Laisse-moi aller.

MORON.

Hé bien! oui, demeure : je ne te dirai mot.

PHILIS.

Prends-y bien garde au moins; car, à la moindre parole, je prends la fuite.

MORON.

Soit.

(*après avoir fait une scène de gestes.*)

Ah! Philis!... Hé!...

SCÈNE II.

MORON.

ELLE s'enfuit, et je ne saurois l'attraper. Voilà ce que c'est : si je savois chanter, j'en ferois bien mieux mes affaires. La plupart des femmes aujourd'hui se laissent prendre par les oreilles : elles sont cause que tout le monde se mêle de musique, et l'on ne réussit auprès d'elles que par les petites chansons et les petits vers qu'on leur fait entendre. Il faut que j'apprenne à chanter, pour faire comme les autres. Bon! voici justement mon homme.

SCÈNE III.

UN SATYRE, MORON.

LE SATYRE *chante.*

La, la, la.

MORON.

Ah! satyre mon ami, tu sais bien ce que tu m'as promis il y a long-temps : apprends-moi à chanter, je te prie.

LE SATYRE, *en chantant.*

Je le veux. Mais auparavant écoute une chanson que je viens de faire.

MORON, *bas, à part.*

Il est si accoutumé à chanter, qu'il ne sauroit parler d'autre façon. (*haut.*) Allons, chante, j'écoute.

LE SATYRE *chante.*

Je portois...

MORON.

Une chanson, dis-tu?

LE SATYRE.

Je port...

MORON.

Une chanson à chanter?

LE SATYRE.

Je port...

MORON.

Chanson amoureuse? Peste!

LE SATYRE.

Je portois dans une cage
Deux moineaux que j'avois pris,
Lorsque la jeune Chloris

Fit, dans un sombre bocage,
Briller à mes yeux surpris
Les fleurs de son beau visage.
Hélas! dis-je aux moineaux, en recevant les coups
De ces yeux si savants à faire des conquêtes,
Consolez-vous, pauvres petites bêtes,
Celui qui vous a pris est bien plus pris que vous.

MORON *demande au satyre une chanson plus passionnée, et le prie de lui dire celle qu'il lui avoit ouï chanter quelques jours auparavant.*

LE SATYRE *chante.*

Dans vos chants si doux
Chantez à ma belle,
Oiseaux, chantez tous
Ma peine mortelle :
Mais si la cruelle
Se met en courroux
Au récit fidèle
Des maux que je sens pour elle
Oiseaux, taisez-vous.

MORON.

Ah! qu'elle est belle! Apprends-la-moi.

LE SATYRE.

La, la, la, la.

MORON.

La, la, la, la.

LE SATYRE.

Fa, fa, fa, fa.

MORON.

Fat toi-même.

ENTRÉE DE BALLET.

Le satyre en colère menace Moron, et plusieurs satyres dansent une entrée plaisante.

FIN DU SECOND INTERMÈDE.

ACTE TROISIÈME.

SCÈNE I.
LA PRINCESSE, AGLANTE, CYNTHIE, PHILIS.

CYNTHIE.

Il est vrai, madame, que ce jeune prince a fait voir une adresse non commune, et que l'air dont il a paru a été quelque chose de surprenant. Il sort vainqueur de cette course : mais je doute fort qu'il en sorte avec le même cœur qu'il y a porté; car enfin vous lui avez tiré des traits dont il est difficile de se défendre; et, sans parler de tout le reste, la grâce de votre danse et la douceur de votre voix ont eu des charmes aujourd'hui à toucher les plus insensibles.

LA PRINCESSE.

Le voici qui s'entretient avec Moron, nous saurons un peu de quoi il lui parle. Ne rompons point encore leur entretien, et prenons cette route pour revenir à leur rencontre.

SCÈNE II.
EURYALE, ARBATE, MORON.

EURYALE.

Ah! Moron, je te l'avoue, j'ai été enchanté, et jamais tant de charmes n'ont frappé tout ensemble mes yeux et mes oreilles. Elle est adorable en tout temps, il est vrai ; mais ce moment l'a emporté sur tous les autres, et des grâces nouvelles ont redoublé l'éclat de ses beautés. Jamais son visage ne s'est paré de plus vives couleurs, ni ses yeux ne se sont armés de traits plus vifs et plus perçants. La douceur de sa voix a voulu se faire paroître dans un air tout charmant qu'elle a daigné chanter ; et les sons merveilleux qu'elle formoit passoient jusqu'au fond de mon âme, et tenoient tous mes sens dans un ravissement à ne pouvoir en revenir. Elle a fait éclater ensuite une disposition toute divine ; et ses pieds amoureux sur l'émail d'un tendre gazon traçoient d'aimables caractères qui m'enlevoient hors de moi-même, et m'attachoient par des nœuds invincibles aux doux et justes mouvements dont tout son corps suivoit les mouvements de l'harmonie. Enfin jamais âme n'a eu de plus puissantes émotions que la mienne ; et j'ai pensé plus de vingt fois oublier ma résolution pour me jeter à ses pieds, et lui faire un aveu sincère de l'ardeur que je sens pour elle.

MORON.

Donnez-vous-en bien de garde, seigneur, si vous m'en voulez croire. Vous avez trouvé la meilleure invention du monde ; et je me trompe fort si elle ne vous réussit. Les femmes sont des animaux d'un naturel bizarre ; nous les gâtons par nos douceurs ; et je crois tout de bon que nous les verrions nous courir, sans tous ces respects et ces soumissions où les hommes les acoquinent.

ARBATE.

Seigneur, voici la princesse qui s'est un peu éloignée de sa suite.

MORON.

Demeurez ferme au moins dans le chemin que vous avez pris; je m'en vais voir ce qu'elle me dira. Cependant promenez-vous ici dans ces petites routes sans faire semblant d'avoir envie de la joindre; et, si vous l'abordez, demeurez avec elle le moins qu'il vous sera possible.

SCÈNE III.
LA PRINCESSE, MORON.

LA PRINCESSE.

Tu as donc familiarité, Moron, avec le prince d'Ithaque?

MORON.

Ah! madame, il y a long-temps que nous nous connoissons.

LA PRINCESSE.

D'où vient qu'il n'est pas venu jusqu'ici, et qu'il a pris cette autre route quand il m'a vue?

MORON.

C'est un homme bizarre, qui ne se plaît qu'à entretenir ses pensées.

LA PRINCESSE.

Étois-tu tantôt au compliment qu'il m'a fait?

MORON.

Oui, madame, j'y étois; et je l'ai trouvé un peu impertinent, n'en déplaise à sa principauté.

LA PRINCESSE.

Pour moi, je le confesse, Moron, cette fuite m'a choquée; et j'ai toutes les envies du monde de l'engager, pour rabattre un peu son orgueil.

MORON.

Ma foi, madame, vous ne feriez pas mal; il le mériteroit bien : mais, à vous dire vrai, je doute fort que vous y puissiez réussir.

LA PRINCESSE.

Comment!

MORON.

Comment! c'est le plus orgueilleux petit vilain que vous ayez jamais vu. Il lui semble qu'il n'y a personne au monde qui le mérite, et que la terre n'est pas digne de le porter.

LA PRINCESSE.

Mais encore, ne t'a-t-il point parlé de moi?

MORON.

Lui? non.

LA PRINCESSE.

Il ne t'a rien dit de ma voix et de ma danse?

MORON.

Pas le moindre mot.

LA PRINCESSE.

Certes, ce mépris est choquant, et je ne puis souffrir cette hauteur étrange de ne rien estimer.

MORON.

Il n'estime et n'aime que lui.

LA PRINCESSE.

Il n'y a rien que je ne fasse pour le soumettre comme il faut.

MORON.

Nous n'avons point de marbre dans nos montagnes qui soit plus dur et plus insensible que lui.

LA PRINCESSE.

Le voilà.

MORON.

Voyez-vous comme il passe sans prendre garde à vous?

LA PRINCESSE.

De grâce, Moron, va le faire aviser que je suis ici, et l'oblige à me venir aborder.

SCÈNE IV.

LA PRINCESSE, EURYALE, ARBATE, MORON.

MORON, *allant au-devant d'Euryale, et lui parlant bas.*

Seigneur, je vous donne avis que tout va bien. La princesse souhaite que vous l'abordiez : mais songez bien à continuer votre rôle; et, de peur de l'oublier, ne soyez pas long-temps avec elle.

LA PRINCESSE.

Vous êtes bien solitaire, seigneur; et c'est une humeur bien extraordinaire que la vôtre, de renoncer ainsi à notre sexe, et de fuir, à votre âge, cette galanterie dont se piquent tous vos pareils.

EURYALE.

Cette humeur, madame, n'est pas si extraordinaire qu'on n'en trouvât des exemples sans aller loin d'ici; et vous ne sauriez condamner la résolution que j'ai prise de n'aimer jamais rien sans condamner aussi vos sentiments.

LA PRINCESSE.

Il y a grande différence; et ce qui sied bien à un sexe ne sied pas bien à l'autre. Il est beau qu'une femme soit insensible, et conserve son cœur exempt des flammes de l'amour : mais ce qui est vertu en elle devient un crime dans un homme; et comme la beauté est le partage de notre sexe, vous ne sauriez ne nous point aimer sans nous dérober les hommages qui nous sont dus, et commettre une offense dont nous devons toutes nous ressentir.

EURYALE.

Je ne vois pas, madame, que celles qui ne veulent point aimer doivent prendre aucun intérêt à ces sortes d'offenses.

LA PRINCESSE.

Ce n'est pas une raison, seigneur; et sans vouloir aimer, on est toujours bien aise d'être aimée.

EURYALE.

Pour moi, je ne suis pas de même; et, dans le dessein de ne rien aimer, je serois fâché d'être aimé.

LA PRINCESSE.

Et la raison?

ACTE III, SCÈNE IV.

EURYALE.

C'est qu'on a obligation à ceux qui nous aiment, et que je serois fâché d'être ingrat.

LA PRINCESSE.

Si bien donc que, pour fuir l'ingratitude, vous aimeriez qui vous aimeroit.

EURYALE.

Moi, madame? point du tout. Je dis bien que je serois fâché d'être ingrat; mais je me résoudrois plutôt de l'être que d'aimer.

LA PRINCESSE.

Telle personne vous aimeroit peut-être, que votre cœur...

EURYALE.

Non, madame, rien n'est capable de toucher mon cœur. Ma liberté est la seule maîtresse à qui je consacre mes vœux; et quand le ciel emploieroit ses soins à composer une beauté parfaite, quand il assembleroit en elle tous les dons les plus merveilleux et du corps et de l'âme, enfin quand il exposeroit à mes yeux un miracle d'esprit, d'adresse et de beauté, et que cette personne m'aimeroit avec toutes les tendresses imaginables, je vous l'avoue franchement, je ne l'aimerois pas.

LA PRINCESSE, à part.

A-t-on jamais rien vu de tel!

MORON, à la princesse.

Peste soit du petit brutal! J'aurois bien envie de lui bailler un coup de poing.

LA PRINCESSE, à part.

Cet orgueil me confond; et j'ai un tel dépit, que je ne me sens pas.

MORON, bas, au prince.

Bon! Courage, seigneur! Voilà qui va le mieux du monde.

EURYALE, bas, à Moron.

Ah! Moron, je n'en puis plus, et je me suis fait des efforts étranges.

LA PRINCESSE, à Euryale.

C'est avoir une insensibilité bien grande, que de parler comme vous faites.

EURYALE.

Le ciel ne m'a pas fait d'une autre humeur. Mais, madame, j'interromps votre promenade, et mon respect doit m'avertir que vous aimez la solitude.

SCÈNE V.

LA PRINCESSE, MORON.

MORON.

Il ne vous en doit rien, madame, en dureté de cœur.

LA PRINCESSE.

Je donnerois volontiers tout ce que j'ai au monde pour avoir l'avantage d'en triompher.

MORON.

Je le crois.

ACTE III, SCÈNE V.

LA PRINCESSE.

Ne pourrois-tu, Moron, me servir dans un tel dessein?

MORON.

Vous savez bien, madame, que je suis tout à votre service.

LA PRINCESSE.

Parle-lui de moi dans tes entretiens, vante-lui adroitement ma personne et les avantages de ma naissance, et tâche d'ébranler ses sentiments par la douceur de quelque espoir. Je te permets de dire tout ce que tu voudras pour tâcher à me l'engager.

MORON.

Laissez-moi faire.

LA PRINCESSE.

C'est une chose qui me tient au cœur. Je souhaite ardemment qu'il m'aime.

MORON.

Il est bien fait, oui, ce petit pendard-là; il a bon air, bonne physionomie; et je crois qu'il seroit assez le fait d'une jeune princesse.

LA PRINCESSE.

Enfin tu peux tout espérer de moi, si tu trouves moyen d'enflammer pour moi son cœur.

MORON.

Il n'y a rien qui ne se puisse faire. Mais, madame, s'il venoit à vous aimer, que feriez-vous, s'il vous plaît?

LA PRINCESSE.

Ah! ce seroit lors que je prendrois plaisir à triompher

pleinement de sa vanité, à punir son mépris par mes froideurs, et à exercer sur lui toutes les cruautés que je pourrois imaginer.

MORON.

Il ne se rendra jamais.

LA PRINCESSE.

Ah! Moron, il faut faire en sorte qu'il se rende.

MORON.

Non, il n'en fera rien. Je le connois; ma peine seroit inutile.

LA PRINCESSE.

Si faut-il pourtant tenter toute chose, et éprouver si son âme est entièrement insensible. Allons, je veux lui parler, et suivre une pensée qui vient de me venir.

FIN DU TROISIÈME ACTE.

TROISIÈME INTERMÈDE.

SCÈNE I.

PHILIS, TIRCIS.

PHILIS.

Viens, Tircis; laissons-les aller; et me dis un peu ton martyre de la façon que tu sais faire. Il y a long-temps que tes yeux me parlent; mais je suis plus aise d'ouïr ta voix.

TIRCIS *chante.*

Tu m'écoutes, hélas! dans ma triste langueur:
Mais je n'en suis pas mieux, ô beauté sans pareille;
    Et je touche ton oreille
    Sans que je touche ton cœur.

PHILIS.

Va, va, c'est toujours quelque chose que de toucher l'oreille, et le temps amène tout. Chante-moi cependant quelque plainte nouvelle que tu aies composée pour moi.

SCÈNE II.

MORON, PHILIS, TIRCIS.

MORON.

Ah! ah! je vous y prends, cruelle: vous vous écartez des autres pour ouïr mon rival!

PHILIS.

Oui, je m'écarte pour cela. Je te le dis encore, je me plais avec lui; et l'on écoute volontiers les amants lorsqu'ils se plaignent aussi agréablement qu'il fait. Que ne chantes-tu comme lui? je prendrois plaisir à t'écouter.

MORON.

Si je ne sais chanter, je sais faire autre chose; et quand...

PHILIS.

Tais-toi! je veux l'entendre. Dis, Tircis, ce que tu voudras.

MORON.

Ah! cruelle...

PHILIS.

Silence, dis-je, ou je me mettrai en colère.

TIRCIS *chante*.

Arbres épais, et vous, prés émaillés,
La beauté dont l'hiver vous avoit dépouillés
Par le printemps vous est rendue;
Vous reprenez tous vos appas :
Mais mon âme ne reprend pas
La joie, hélas! que j'ai perdue.

MORON.

Morbleu! que n'ai-je de la voix! Ah! nature marâtre, pourquoi ne m'as-tu pas donné de quoi chanter comme à un autre?

PHILIS.

En vérité, Tircis, il ne se peut rien de plus agréable, et tu l'emportes sur tous les rivaux que tu as.

MORON.

Mais pourquoi est-ce que je ne puis pas chanter? N'ai-je pas un estomac, un gosier, une langue, comme un autre? Oui, oui, allons; je veux chanter aussi, et te montrer que l'amour fait faire toutes choses. Voici une chanson que j'ai faite pour toi.

PHILIS.

Oui! dis. Je veux bien t'écouter pour la rareté du fait.

MORON.

Courage, Moron! Il n'y a qu'à avoir de la hardiesse. (*Il chante.*)

Ton extrême rigueur
S'acharne sur mon cœur.
Ah! Philis, je trépasse :

Daigne me secourir!
En seras-tu plus grasse
De m'avoir fait mourir?

Vivat Moron!

PHILIS.

Voilà qui est le mieux du monde. Mais, Moron, je souhaiterois bien d'avoir la gloire que quelque amant fût mort pour moi. C'est un avantage dont je n'ai pas encore joui; et je trouve que j'aimerois de tout mon cœur une personne qui m'aimeroit assez pour se donner la mort.

MORON.

Tu aimerois une personne qui se tueroit pour toi?

PHILIS.

Oui.

MORON.

Il ne faut que cela pour te plaire?

PHILIS.

Non.

MORON.

Voilà qui est fait. Je veux te montrer que je me sais tuer quand je veux.

TIRCIS *chante.*

Ah! quelle douceur extrême
De mourir pour ce qu'on aime!

MORON, *à Tircis.*

C'est un plaisir que vous aurez quand vous voudrez.

TIRCIS *chante.*

Courage, Moron! meurs promptement
En généreux amant.

MORON, *à Tircis.*

Je vous prie de vous mêler de vos affaires, et de me laisser tuer à ma fantaisie. Allons, je vais faire honte à tous les amants.

(*à Philis.*)

Tiens, je ne suis pas homme à faire tant de façons. Vois ce poignard; prends bien garde comme je vais me percer le cœur.... Je suis votre serviteur. Quelque niais....

PHILIS.

Allons, Tircis, viens-t'en me redire à l'écho ce que tu m'as chanté.

FIN DU TROISIÈME INTERMÈDE.

ACTE QUATRIÈME.

SCÈNE I.

LA PRINCESSE, EURYALE, MORON.

LA PRINCESSE.

Prince, comme jusqu'ici nous avons fait paroître une conformité de sentiments, et que le ciel a semblé mettre en nous mêmes attachements pour notre liberté, et même aversion pour l'amour, je suis bien aise de vous ouvrir mon cœur, et de vous faire confidence d'un changement dont vous serez surpris. J'ai toujours regardé l'hymen comme une chose affreuse ; et j'avois fait serment d'abandonner plutôt la vie que de me résoudre jamais à perdre cette liberté pour qui j'avois des tendresses si grandes : mais enfin un moment a dissipé toutes ces résolutions. Le mérite d'un prince m'a frappé aujourd'hui les yeux ; et mon âme tout d'un coup, comme par un miracle, est devenue sensible aux traits de cette passion que j'avois toujours méprisée. J'ai trouvé d'abord des raisons pour autoriser ce changement, et je puis l'appuyer de ma volonté de répondre aux ardentes sollicitations d'un père et aux vœux de tout un État : mais, à vous dire vrai, je suis en peine du jugement que vous ferez de moi, et je voudrois savoir si vous condamnerez ou non le dessein que j'ai de me donner un époux.

EURYALE.

Vous pourriez faire un tel choix, madame, que je l'approuverois sans doute.

LA PRINCESSE.

Qui croyez-vous, à votre avis, que je veuille choisir?

EURYALE.

Si j'étois dans votre cœur, je pourrois vous le dire; mais comme je n'y suis pas, je n'ai garde de vous répondre.

LA PRINCESSE.

Devinez, pour voir, et nommez quelqu'un.

EURYALE.

J'aurois trop peur de me tromper.

LA PRINCESSE.

Mais encore, pour qui souhaiteriez-vous que je me déclarasse?

EURYALE.

Je sais bien, à vous dire vrai, pour qui je le souhaiterois : mais, avant que de m'expliquer, je dois savoir votre pensée.

LA PRINCESSE.

Hé bien! prince, je veux bien vous la découvrir. Je suis sûre que vous allez approuver mon choix; et, pour ne vous point tenir en suspens davantage, le prince de Messène est celui de qui le mérite s'est attiré mes vœux.

ACTE IV, SCENE I.

EURYALE, à part.

O ciel!

LA PRINCESSE, bas, à Moron.

Mon invention a réussi, Moron. Le voilà qui se trouble.

MORON, à la princesse.

Bon, madame. (au prince.) Courage, seigneur. (à la princesse.) Il en tient. (au prince.) Ne vous défaites pas.

LA PRINCESSE, à Euryale.

Ne trouvez-vous pas que j'ai raison, et que ce prince a tout le mérite qu'on peut avoir?

MORON, bas, au prince.

Remettez-vous, et songez à répondre.

LA PRINCESSE.

D'où vient, prince, que vous ne dites mot, et semblez interdit?

EURYALE.

Je le suis, à la vérité; et j'admire, madame, comme le ciel a pu former deux âmes aussi semblables en tout que les nôtres, deux âmes en qui l'on ait vu une plus grande conformité de sentiments, qui aient fait éclater dans le même temps une résolution à braver les traits de l'Amour, et qui, dans le même moment, aient fait paroître une égale facilité à perdre le nom d'insensibles. Car enfin, madame, puisque votre exemple m'autorise, je ne feindrai point de vous dire que l'amour aujourd'hui s'est rendu maître de mon cœur, et qu'une des princesses vos cousines, l'aimable et belle Aglante, a renversé d'un coup d'œil tous les projets de ma fierté. Je suis ravi, madame, que, par cette égalité de défaite, nous n'ayons rien à nous reprocher l'un et l'autre; et je ne doute point que, comme je vous loue infiniment de votre choix, vous n'approuviez aussi le mien. Il faut que ce miracle éclate aux yeux de tout le monde, et nous ne devons point différer à nous rendre tous deux contents. Pour moi, madame, je vous sollicite de vos suffrages pour obtenir celle que je souhaite, et vous trouverez bon que j'aille de ce pas en faire la demande au prince votre père.

MORON, bas, à Euryale.

Ah! digne, ah! brave cœur!

SCÈNE II.

LA PRINCESSE, MORON.

LA PRINCESSE.

Ah! Moron, je n'en puis plus; et ce coup, que je n'attendois pas, triomphe absolument de toute ma fermeté.

MORON.

Il est vrai que le coup est surprenant, et j'avois cru d'abord que votre stratagème avoit fait son effet.

LA PRINCESSE.

Ah! ce m'est un dépit à me désespérer, qu'une autre ait l'avantage de soumettre ce cœur que je voulois soumettre.

SCÈNE III.

LA PRINCESSE, AGLANTE, MORON.

LA PRINCESSE.

Princesse, j'ai à vous prier d'une chose qu'il faut absolument que vous m'accordiez. Le prince d'Ithaque vous aime, et veut vous demander au prince mon père.

AGLANTE.

Le prince d'Ithaque, madame!

LA PRINCESSE.

Oui. Il vient de m'en assurer lui-même, et m'a demandé mon suffrage pour vous obtenir; mais je vous conjure de rejeter cette proposition, et de ne point prêter l'oreille à tout ce qu'il pourra vous dire.

AGLANTE.

Mais, madame, s'il étoit vrai que ce prince m'aimât effectivement, pourquoi, n'ayant aucun dessein de vous engager, ne voudriez-vous pas souffrir...

LA PRINCESSE.

Non, Aglante, je vous le demande; faites-moi ce plaisir, je vous prie; et trouvez bon que, n'ayant pu avoir l'avantage de le soumettre, je lui dérobe la joie de vous obtenir.

AGLANTE.

Madame, il faut vous obéir; mais je croirois que la conquête d'un tel cœur ne seroit pas une victoire à dédaigner.

LA PRINCESSE.

Non, non, il n'aura pas la joie de me braver entièrement.

SCÈNE IV.

LA PRINCESSE, ARISTOMÈNE, AGLANTE, MORON.

ARISTOMÈNE.

Madame, je viens à vos pieds rendre grâce à l'amour de mes heureux destins, et vous témoigner avec transport le ressentiment où je suis des bontés surprenantes dont vous daignez favoriser le plus soumis de vos captifs.

LA PRINCESSE.

Comment?

ARISTOMÈNE.

Le prince d'Ithaque, madame, vient de m'assurer tout à l'heure que votre cœur avoit eu la bonté de s'expliquer en ma faveur sur ce célèbre choix qu'attend toute la Grèce.

LA PRINCESSE.

Il vous a dit qu'il tenoit cela de ma bouche?

ARISTOMÈNE.

Oui, madame.

LA PRINCESSE.

C'est un étourdi; et vous êtes un peu trop crédule, prince, d'ajouter foi si promptement à ce qu'il vous a dit. Une pareille nouvelle mériteroit bien, ce me semble, qu'on en doutât un peu de temps; et c'est tout ce que vous pourriez faire de la croire, si je vous l'avois dite moi-même.

ARISTOMÈNE.

Madame, si j'ai été trop prompt à me persuader...

LA PRINCESSE.

De grâce, prince, brisons là ce discours; et, si vous voulez m'obliger, souffrez que je puisse jouir de deux moments de solitude.

SCÈNE V.

LA PRINCESSE, AGLANTE, MORON.

LA PRINCESSE.

Ah! qu'en cette aventure le ciel me traite avec une rigueur étrange! Au moins, princesse, souvenez-vous de la prière que je vous ai faite.

AGLANTE.

Je vous l'ai dit déjà, madame, il faut vous obéir.

SCÈNE VI.

LA PRINCESSE, MORON.

MORON.

Mais, madame, s'il vous aimoit, vous n'en voudriez point; et cependant vous ne voulez pas qu'il soit à une autre. C'est faire justement comme le chien du jardinier.

LA PRINCESSE.

Non, je ne puis souffrir qu'il soit heureux avec une

autre; et, si la chose étoit, je crois que j'en mourrois de déplaisir.

MORON.

Ma foi, madame, avouons la dette : vous voudriez qu'il fût à vous; et dans toutes vos actions il est aisé de voir que vous aimez un peu ce jeune prince.

LA PRINCESSE.

Moi, je l'aime! O ciel! je l'aime! Avez-vous l'insolence de prononcer ces paroles? Sortez de ma vue, impudent, et ne vous présentez jamais devant moi.

MORON.

Madame...

LA PRINCESSE.

Retirez-vous d'ici, vous dis-je, ou je vous en ferai retirer d'une autre manière.

MORON, bas, à part.

Ma foi, son cœur en a sa provision, et...
(Il rencontre un regard de la princesse, qui l'oblige à se retirer.)

SCÈNE VII.

LA PRINCESSE.

DE quelle émotion inconnue sens-je mon cœur atteint? et quelle inquiétude secrète est venue troubler tout d'un coup la tranquillité de mon âme? Ne seroit-ce point aussi ce qu'on vient de me dire? et, sans en rien savoir, n'aimerois-je point ce jeune prince? Ah! si cela étoit, je serois personne à me désespérer. Mais il est impossible que cela soit, et je vois bien que je ne puis pas l'aimer. Quoi! je serois capable de cette lâcheté! J'ai vu toute la terre à mes pieds avec la plus grande insensibilité du monde; les respects, les hommages et les soumissions, n'ont jamais pu toucher mon âme : et la fierté et le dédain en auroient triomphé! J'ai méprisé tous ceux qui m'ont aimée; et j'aimerois le seul qui me méprise! Non, non, je sais bien que je ne l'aime pas. Il n'y a pas de raison à cela. Mais si ce n'est pas de l'amour que ce que je sens maintenant, qu'est-ce donc que ce peut être? et d'où vient ce poison qui me court par toutes les veines, et ne me laisse point en repos avec moi-même? Sors de mon cœur, qui que tu sois, ennemi qui te caches; attaque-moi visiblement, et deviens à mes yeux la plus affreuse bête de tous nos bois, afin que mon dard et mes flèches me puissent défaire de toi.

FIN DU QUATRIÈME ACTE.

QUATRIÈME INTERMÈDE.

SCÈNE I.

LA PRINCESSE.

O vous, admirables personnes qui, par la douceur de vos chants, avez l'art d'adoucir les plus fâcheuses inquiétudes, approchez-vous d'ici, de grâce, et tâchez de charmer avec votre musique le chagrin où je suis.

SCÈNE II.

LA PRINCESSE, CLIMÈNE, PHILIS.

CLIMÈNE *chante.*

Chère Philis, dis-moi, que crois-tu de l'amour?

PHILIS *chante.*

Toi-même, qu'en crois-tu, ma compagne fidèle?

CLIMÈNE.

On m'a dit que sa flamme est pire qu'un vautour,
Et qu'on souffre en aimant une peine cruelle.

PHILIS.

On m'a dit qu'il n'est point de passion plus belle,
Et que ne pas aimer, c'est renoncer au jour.

CLIMÈNE.

A qui des deux donnerons-nous victoire?

PHILIS.

Qu'en croirons-nous, ou le mal, ou le bien?

TOUTES DEUX ENSEMBLE.

Aimons, c'est le vrai moyen
De savoir ce qu'on en doit croire.

PHILIS.

Chloris vante partout l'amour et ses ardeurs.

CLIMÈNE.
Amarante pour lui verse en tous lieux des larmes.
PHILIS.
Si de tant de tourments il accable les cœurs,
  D'où vient qu'on aime à lui rendre les armes?
CLIMÈNE.
Si sa flamme, Philis, est si pleine de charmes,
  Pourquoi nous défend-on d'en goûter les douceurs?
PHILIS.
A qui des deux donnerons-nous victoire?
CLIMÈNE.
Qu'en croirons-nous, ou le mal, ou le bien?
TOUTES DEUX ENSEMBLE.
Aimons, c'est le vrai moyen
De savoir ce qu'on en doit croire.
LA PRINCESSE.
Achevez seules, si vous le voulez. Je ne saurois demeurer en repos; et quelque douceur qu'aient vos chants, ils ne font que redoubler mon inquiétude.

FIN DU QUATRIÈME INTERMÈDE.

ACTE CINQUIÈME.

SCÈNE I.

IPHITAS, EURYALE, AGLANTE, CYNTHIE, MORON.

MORON, à Iphitas.

Oui, seigneur, ce n'est point raillerie; j'en suis ce qu'on appelle disgracié. Il m'a fallu tirer mes chausses au plus vite, et jamais vous n'avez vu un emportement plus brusque que le sien.

IPHITAS, à Euryale.

Ah! prince, que je devrai de grâces à ce stratagème amoureux, s'il faut qu'il ait trouvé le secret de toucher son cœur!

EURYALE.

Quelque chose, seigneur, que l'on vienne de vous en dire, je n'ose encore, pour moi, me flatter de ce doux espoir : mais enfin, si ce n'est pas à moi trop de témérité que d'oser aspirer à l'honneur de votre alliance, si ma personne et mes États...

IPHITAS.

Prince, n'entrons point dans ces compliments. Je trouve en vous de quoi remplir tous les souhaits d'un père; et, si vous avez le cœur de ma fille, il ne vous manque rien.

SCÈNE II.

LA PRINCESSE, IPHITAS, EURYALE, AGLANTE,
CYNTHIE, MORON.

LA PRINCESSE.

O ciel! que vois-je ici?

IPHITAS, à Euryale.

Oui, l'honneur de votre alliance m'est d'un prix très-considérable, et je souscris aisément de tous mes suffrages à la demande que vous me faites.

LA PRINCESSE, à Iphitas.

Seigneur, je me jette à vos pieds pour vous demander une grâce. Vous m'avez toujours témoigné une tendresse extrême, et je crois vous devoir bien plus par les bontés que vous m'avez fait voir que par le jour que vous m'avez donné. Mais, si jamais vous avez eu de l'amitié pour moi, je vous en demande aujourd'hui la plus sensible preuve que vous me puissiez accorder; c'est de n'écouter point, seigneur, la demande de ce prince, et de ne pas souffrir que la princesse Aglante soit unie avec lui.

IPHITAS.

Et par quelle raison, ma fille, voudrois-tu t'opposer à cette union?

LA PRINCESSE.

Par la raison que je hais ce prince, et que je veux, si je puis, traverser ses desseins.

IPHITAS.

Tu le hais, ma fille!

LA PRINCESSE.

Oui, et de tout mon cœur, je vous l'avoue.

IPHITAS.

Et que t'a-t-il fait?

LA PRINCESSE.

Il m'a méprisée.

IPHITAS.

Et comment?

LA PRINCESSE.

Il ne m'a pas trouvée assez bien faite pour m'adresser ses vœux.

IPHITAS.

Et quelle offense te fait cela? tu ne veux accepter personne.

LA PRINCESSE.

N'importe : il me devoit aimer comme les autres, et me laisser au moins la gloire de le refuser. Sa déclaration me fait un affront; et ce m'est une honte sensible qu'à mes yeux et au milieu de votre cour il ait recherché une autre que moi.

IPHITAS.

Mais quel intérêt dois-tu prendre à lui?

LA PRINCESSE.

J'en prends, seigneur, à me venger de son mépris; et comme je sais bien qu'il aime Aglante avec beaucoup d'ardeur, je veux empêcher, s'il vous plaît, qu'il ne soit heureux avec elle.

ACTE V, SCÈNE II.

IPHITAS.

Cela te tient donc bien au cœur?

LA PRINCESSE.

Oui, seigneur, sans doute; et, s'il obtient ce qu'il demande, vous me verrez expirer à vos yeux.

IPHITAS.

Va, va, ma fille, avoue franchement la chose; le mérite de ce prince t'a fait ouvrir les yeux, et tu l'aimes enfin, quoi que tu puisses dire.

LA PRINCESSE.

Moi, seigneur?

IPHITAS.

Oui, tu l'aimes.

LA PRINCESSE.

Je l'aime, dites-vous, et vous m'imputez cette lâcheté! O ciel! quelle est mon infortune! Puis-je bien, sans mourir, entendre ces paroles? et faut-il que je sois si malheureuse qu'on me soupçonne de l'aimer? Ah! si c'étoit un autre que vous, seigneur, qui me tînt ce discours, je ne sais pas ce que je ne ferois point.

IPHITAS.

Hé bien! oui, tu ne l'aimes pas : tu le hais, j'y consens, et je veux bien, pour te contenter, qu'il n'épouse pas la princesse Aglante.

LA PRINCESSE.

Ah! seigneur, vous me donnez la vie.

IPHITAS.

Mais, afin d'empêcher qu'il ne puisse être jamais à elle, il faut que tu le prennes pour toi.

LA PRINCESSE.

Vous vous moquez, seigneur, et ce n'est pas ce qu'il demande.

EURYALE.

Pardonnez-moi, madame, je suis assez téméraire pour cela, et je prends à témoin le prince votre père si ce n'est pas vous que j'ai demandée. C'est trop vous tenir dans l'erreur, il faut lever le masque, et, dussiez-vous vous en prévaloir contre moi, découvrir à vos yeux les véritables sentiments de mon cœur. Je n'ai jamais aimé que vous, et jamais je n'aimerai que vous. C'est vous, madame, qui m'avez enlevé cette qualité d'insensible que j'avois toujours affectée; et tout ce que j'ai pu vous dire n'a été qu'une feinte qu'un mouvement secret m'a inspirée, et que je n'ai suivie qu'avec toutes les violences imaginables. Il falloit qu'elle cessât bientôt sans doute; et je m'étonne seulement qu'elle ait pu durer la moitié d'un jour : car enfin je mourois, je brûlois dans l'âme, quand je vous déguisois mes sentiments; et jamais cœur n'a souffert une contrainte égale à la mienne. Que si cette feinte, madame, a quelque chose qui vous offense, je suis tout prêt de mourir pour vous en venger; vous n'avez qu'à parler, et ma main sur-le-champ fera gloire d'exécuter l'arrêt que vous prononcerez.

ACTE V, SCÈNE II.

LA PRINCESSE.

Non, non, prince, je ne vous sais point mauvais gré de m'avoir abusée; et tout ce que vous m'avez dit, je l'aime bien mieux une feinte que non pas une vérité.

IPHITAS.

Si bien donc, ma fille, que tu veux bien accepter ce prince pour époux?

LA PRINCESSE.

Seigneur, je ne sais pas encore ce que je veux. Donnez-moi le temps d'y songer, je vous prie, et m'épargnez un peu la confusion où je suis.

IPHITAS.

Vous jugez, prince, ce que cela veut dire; et vous vous pouvez fonder là-dessus.

EURYALE.

Je l'attendrai tant qu'il vous plaira, madame, cet arrêt de ma destinée; et, s'il me condamne à la mort, je le suivrai sans murmure.

IPHITAS.

Viens, Moron. C'est ici un jour de paix, et je te remets en grâce avec la princesse.

MORON.

Seigneur, je serai meilleur courtisan une autre fois, et je me garderai bien de dire ce que je pense.

SCÈNE III.

ARISTOMÈNE, THÉOCLE, IPHITAS, LA PRINCESSE, EURYALE, AGLANTE, CYNTHIE, MORON.

IPHITAS, aux princes de Messène et de Pyle.

Je crains bien, princes, que le choix de ma fille ne soit pas en votre faveur; mais voilà deux princesses qui peuvent bien vous consoler de ce petit malheur.

ARISTOMÈNE.

Seigneur, nous savons prendre notre parti; et si ces aimables princesses n'ont point trop de mépris pour des cœurs qu'on a rebutés, nous pouvons revenir par elles à l'honneur de votre alliance.

SCÈNE IV.

IPHITAS, LA PRINCESSE, AGLANTE, CYNTHIE, PHILIS, EURYALE, ARISTOMÈNE, THÉOCLE, MORON.

PHILIS, à Iphitas.

Seigneur, la déesse Vénus vient d'annoncer partout le changement du cœur de la princesse. Tous les pasteurs et toutes les bergères en témoignent leur joie par des danses et des chansons; et si ce n'est point un spectacle que vous méprisiez, vous allez voir l'allégresse publique se répandre jusqu'ici.

FIN DU CINQUIÈME ACTE.

CINQUIÈME INTERMÈDE.

BERGERS ET BERGÈRES.

QUATRE BERGERS ET DEUX BERGÈRES,
alternativement avec le chœur.

Usez mieux, ô beautés fières,
Du pouvoir de tout charmer :
Aimez, aimables bergères ;
Nos cœurs sont faits pour aimer.
Quelque fort qu'on s'en défende,
Il y faut venir un jour ;
Il n'est rien qui ne se rende
Aux doux charmes de l'amour.

Songez de bonne heure à suivre
Le plaisir de s'enflammer :
Un cœur ne commence à vivre
Que du jour qu'il sait aimer.
Quelque fort qu'on s'en défende,
Il y faut venir un jour ;
Il n'est rien qui ne se rende
Aux doux charmes de l'amour.

ENTRÉE DE BALLET.

Quatre bergers et quatre bergères dansent sur le chant du chœur.

FIN DE LA PRINCESSE D'ÉLIDE.

RÉFLEXIONS
SUR
LA PRINCESSE D'ÉLIDE.

Aucune fête de Louis XIV ne parut plus brillante que celle dont cette pièce fut un des principaux ornements. Molière, pressé par le temps, ne put composer en vers que le premier acte et la moitié de la première scène du second : il fit les autres actes en prose, et se plaignit de ne pouvoir leur donner les développements dont il les croyoit susceptibles.

Le fonds de cette pièce est tiré d'une comédie espagnole d'Agostino Moreto, intitulée : EL DESDEN CON EL DESDEN. Cet auteur fonde son intrigue sur un jeu autrefois en usage en Espagne, et qui n'a jamais été adopté en France. Les réunions où l'on s'amusoit de ce jeu s'appeloient *Tertulias :* chaque dame avoit sa couleur; et les hommes prenoient au hasard, dans une corbeille, des rubans qui y répondoient. Ils devoient par le sort faire la cour, pendant toute la soirée, à la dame qui leur étoit échue. Dans la pièce espagnole, une dame du caractère de la princesse d'Élide est tombée en partage à un jeune homme dont elle est aimée : il feint, comme Euryale, d'en vouloir à une autre; et le dépit la contraint à laisser éclater son inclination. Elle va même jusqu'à la déclarer à son amant. Le dénoûment de Molière est bien plus conforme aux bienséances : la princesse d'Élide n'avoue point son penchant pour Euryale; c'est lui qui raconte au roi le stratagème dont il s'est servi : il cache même avec beaucoup de délicatesse la certitude qu'il a d'être aimé.

Le choix du lieu de la scène est très-heureux : l'auteur espagnol ne peint qu'une société particulière, tandis que Molière rappelle les solennités de l'Élide, et toutes les pompes de la Grèce. Aucun sujet ne convenoit mieux pour des fêtes telles que celles de Versailles.

Il y a des rapports entre le commencement du rôle de la princesse d'Élide et le caractère de Marcelle, peint avec tant de charmes dans la première partie de *don Quichotte*. Ces deux jeunes personnes, distinguées par une beauté qui enchante tous les hommes, ont la même fierté, le même goût pour l'indépendance, et la même aversion pour l'amour. Marcelle fait mourir son amant de désespoir ; et ce malheureux n'ose se plaindre, en expirant, des rigueurs de sa maîtresse. Ce dénoûment est foible et commun. La fable de Molière est bien mieux conduite : l'amour-propre de la princesse d'Élide est piqué par l'indifférence apparente d'Euryale ; son dépit lui apprend qu'elle n'est pas insensible ; et ce sentiment est gradué avec beaucoup d'art. C'est le premier modèle du genre de Marivaux, dont presque toutes les pièces roulent sur cette idée : mais combien n'a-t-on pas abusé des petites nuances et des raffinements que ce genre semble exiger !

Moron offre un caractère très-comique : son extrême poltronnerie, ses réponses naïves et plaisantes rappellent quelquefois les reparties de Sancho Pança [1]. On dit que Molière

---

[1] On trouve dans ce rôle un trait qui appartient à Pierre Aretin. Dans une lettre à Baptiste Strozzi ; il s'exprime ainsi : *E meglio per la pelle vostra che si dica : qui fuggi il tale, che qui mori il cotale.* Moron dit à la princesse :

> Je suis votre valet ; j'aime bien mieux qu'on dise :
> C'est ainsi qu'en fuyant sans se faire prier, etc.

avoit une sorte de prédilection pour ce rôle, et qu'il le jouoit parfaitement.

Le personnage de Moron n'est plus dans nos mœurs : c'est un fou de cour, tel qu'il en existoit encore dans le dix-septième siècle. Louis XIV en avoit un à cette époque : il s'appeloit *L'Angely*, et avoit appartenu au prince de Condé pendant les troubles de la Fronde. Le comte de Grammont observoit, dit M. de Voltaire, que, de tous les fous qui avoient suivi M. le prince, il n'y avoit que L'Angely qui eût fait fortune.

Les intermèdes de LA PRINCESSE D'ÉLIDE sont dans le genre espagnol. Ils composent ordinairement, chez les poëtes de cette nation, une petite pièce indépendante de celle à laquelle ils sont liés : ils roulent presque toujours sur des amours populaires, sur des ridicules du moment, et sont en général remplis de sel et de comique : ceux de LA PRINCESSE D'ÉLIDE n'ont pas le même intérêt : on voit qu'ils ont été faits trop rapidement.

La relation des fêtes de Versailles pour lesquelles cette pièce fut composée, n'est pas de Molière. Cette relation est placée à la fin du volume : on la rédigea par ordre, afin de transmettre à la postérité la magnificence de Louis XIV : elle est précieuse en ce qu'elle contient les véritables motifs qui firent suspendre LE TARTUFFE.

LE MARIAGE FORCÉ,

COMÉDIE

EN UN ACTE ET EN PROSE,

Représentée au Louvre, sous le titre de *Ballet du Roi*, les 29 et 31 janvier 1664; et sur le théâtre du Palais-Royal, le 15 février de la même année.

PERSONNAGES.

SGANARELLE, amant de Dorimène.
GÉRONIMO, ami de Sganarelle.
DORIMÈNE, fille d'Alcantor.
ALCANTOR, père de Dorimène.
ALCIDAS, frère de Dorimène.
LYCASTE, amant de Dorimène.
PANCRACE, docteur aristotélicien.
MARPHURIUS, docteur pyrrhonien.
DEUX BOHÉMIENNES.

La scène est dans une place publique.

LE
MARIAGE FORCÉ.

SCÈNE I.

SGANARELLE, parlant à ceux qui sont dans sa maison.

Je suis de retour dans un moment. Que l'on ait bien soin du logis, et que tout aille comme il faut. Si l'on m'apporte de l'argent, que l'on me vienne querir vite chez le seigneur Géronimo; et, si l'on vient m'en demander, qu'on dise que je suis sorti, et que je ne dois revenir de toute la journée.

SCÈNE II.

SGANARELLE, GÉRONIMO.

GÉRONIMO, ayant entendu les dernières paroles de Sganarelle.

Voila un ordre fort prudent.

SGANARELLE.

Ah! seigneur Géronimo, je vous trouve à propos; et j'allois chez vous vous chercher.

GÉRONIMO.

Et pour quel sujet, s'il vous plaît?

SGANARELLE.

Pour vous communiquer une affaire que j'ai en tête, et vous prier de m'en dire votre avis.

GÉRONIMO.

Très-volontiers. Je suis bien aise de cette rencontre, et nous pouvons parler ici en toute liberté.

SGANARELLE.

Mettez donc dessus, s'il vous plaît. Il s'agit d'une chose de conséquence que l'on m'a proposée; et il est bon de ne rien faire sans le conseil de ses amis.

GÉRONIMO.

Je vous suis obligé de m'avoir choisi pour cela. Vous n'avez qu'à me dire ce que c'est.

SGANARELLE.

Mais auparavant je vous conjure de ne me point flatter du tout, et de me dire nettement votre pensée.

GÉRONIMO.

Je le ferai, puisque vous le voulez.

SGANARELLE.

Je ne vois rien de plus condamnable qu'un ami qui ne nous parle point franchement.

GÉRONIMO.

Vous avez raison.

SGANARELLE.

Et, dans ce siècle, on trouve peu d'amis sincères.

GÉRONIMO.

Cela est vrai.

SGANARELLE.

Promettez-moi donc, seigneur Géronimo, de me parler avec toute sorte de franchise.

SCÈNE II.

GÉRONIMO.

Je vous le promets.

SGANARELLE.

Jurez-en votre foi.

GÉRONIMO.

Oui, foi d'ami. Dites-moi seulement votre affaire.

SGANARELLE.

C'est que je veux savoir de vous si je ferai bien de me marier.

GÉRONIMO.

Qui? vous?

SGANARELLE.

Oui, moi-même, en propre personne. Quel est votre avis là-dessus?

GÉRONIMO.

Je vous prie auparavant de me dire une chose.

SGANARELLE.

Et quoi?

GÉRONIMO.

Quel âge pouvez-vous bien avoir maintenant?

SGANARELLE.

Moi?

GÉRONIMO.

Oui.

SGANARELLE.

Ma foi, je ne sais; mais je me porte bien.

GÉRONIMO.

Quoi! vous ne savez pas à peu près votre âge?

SGANARELLE.

Non. Est-ce qu'on songe à cela?

GÉRONIMO.

Hé! dites-moi un peu, s'il vous plaît, combien aviez-vous d'années lorsque nous fîmes connoissance?

SGANARELLE.

Ma foi, je n'avois que vingt ans alors.

GÉRONIMO.

Combien fûmes-nous ensemble à Rome?

SGANARELLE.

Huit ans.

GÉRONIMO.

Quel temps avez-vous demeuré en Angleterre?

SGANARELLE.

Sept ans.

GÉRONIMO.

Et en Hollande, où vous fûtes ensuite?

SGANARELLE.

Cinq ans et demi.

GÉRONIMO.

Combien y a-t-il que vous êtes revenu ici?

SGANARELLE.

Je revins en cinquante-deux.

GÉRONIMO.

De cinquante-deux à soixante-quatre il y a douze ans, ce me semble; cinq en Hollande font dix-sept, sept en Angleterre font vingt-quatre, huit dans notre séjour à Rome font trente-deux, et vingt que vous aviez lorsque nous nous connûmes, cela fait justement cinquante-deux : si bien, seigneur Sganarelle, que, sur votre propre confession, vous êtes environ à votre cinquante-deuxième ou cinquante-troisième année.

SGANARELLE.

Qui? moi? Cela ne se peut pas.

GÉRONIMO.

Mon Dieu! le calcul est juste; et là-dessus je vous dirai franchement et en ami, comme vous m'avez fait promettre de vous parler, que le mariage n'est guère votre fait. C'est une chose à laquelle il faut que les jeunes gens pensent bien mûrement avant que de la faire : mais les gens de votre âge n'y doivent point penser du tout; et si l'on dit que la plus grande de toutes les folies est celle de se marier, je ne vois rien de plus mal à propos que de la faire, cette folie, dans la saison où nous devons être plus sages. Enfin je vous en dis nettement ma pensée : je ne vous conseille point de songer au mariage; et je vous trouverois le plus ridicule du monde, si, ayant été libre jusqu'à cette heure, vous alliez vous charger maintenant de la plus pesante des chaînes.

SGANARELLE.

Et moi, je vous dis que je suis résolu de me marier, et que je ne serai point ridicule en épousant la fille que je recherche.

GÉRONIMO.

Ah! c'est une autre chose. Vous ne m'aviez pas dit cela.

SGANARELLE.

C'est une fille qui me plaît, et que j'aime de tout mon cœur.

GÉRONIMO.

Vous l'aimez de tout votre cœur?

SGANARELLE.

Sans doute, et je l'ai demandée à son père.

GÉRONIMO.

Vous l'avez demandée?

SGANARELLE.

Oui. C'est un mariage qui se doit conclure ce soir; et j'ai donné ma parole.

GÉRONIMO.

Oh! mariez-vous donc; je ne dis plus mot.

SGANARELLE.

Je quitterois le dessein que j'ai fait! Vous semble-t-il seigneur Géronimo, que je ne sois plus propre à songer à une femme? Ne parlons point de l'âge que je puis avoir: mais regardons seulement les choses. Y a-t-il homme de trente ans qui paroisse plus frais et plus vigoureux que vous me voyez? N'ai-je pas tous les mouvements de mon corps aussi bons que jamais? et voit-on que j'aie besoin de carrosse ou de chaise pour cheminer? N'ai-je pas encore toutes mes dents les meilleures du monde? (il montre ses dents.) Ne fais-je pas vigoureusement mes quatre repas par jour? et peut-on voir un estomac qui ait plus de force que le mien? (il tousse.) Hem, hem, hem. Hé! qu'en dites-vous?

SCÈNE II.

GÉRONIMO.

Vous avez raison, je m'étois trompé. Vous ferez bien de vous marier.

SGANARELLE.

J'y ai répugné autrefois; mais j'ai maintenant de puissantes raisons pour cela. Outre la joie que j'aurai de posséder une belle femme qui me dorlotera, et me viendra frotter lorsque je serai las; outre cette joie, dis-je, je considère qu'en demeurant comme je suis je laisse périr dans le monde la race des Sganarelles, et qu'en me mariant je pourrai me voir revivre en d'autres moi-même; que j'aurai le plaisir de voir des créatures qui seront sorties de moi, de petites figures qui me ressembleront comme deux gouttes d'eau, qui se joueront continuellement dans la maison, qui m'appelleront leur papa quand je reviendrai de la ville, et me diront de petites folies les plus agréables du monde. Tenez, il me semble déjà que j'y suis, et que j'en vois une demi-douzaine autour de moi.

GÉRONIMO.

Il n'y a rien de plus agréable que cela; et je vous conseille de vous marier le plus vite que vous pourrez.

SGANARELLE.

Tout de bon, vous me le conseillez?

GÉRONIMO.

Assurément. Vous ne sauriez mieux faire.

SGANARELLE.

Vraiment, je suis ravi que vous me donniez ce conseil en véritable ami.

GÉRONIMO.

Hé! quelle est la personne, s'il vous plaît, avec qui vous allez vous marier?

SGANARELLE.

Dorimène.

GÉRONIMO.

Cette jeune Dorimène si galante et si bien parée?

SGANARELLE.

Oui

GÉRONIMO.

Fille du seigneur Alcantor?

SGANARELLE.

Justement.

GÉRONIMO.

Et sœur d'un certain Alcidas qui se mêle de porter l'épée?

SGANARELLE.

C'est cela.

GÉRONIMO.

Vertu de ma vie!

SGANARELLE.

Qu'en dites-vous?

GÉRONIMO.

Bon parti! mariez-vous promptement.

SGANARELLE.

N'ai-je pas raison d'avoir fait ce choix?

SCÈNE II.

GÉRONIMO.

Sans doute. Ah! que vous serez bien marié! Dépêchez-vous de l'être.

SGANARELLE.

Vous me comblez de joie de me dire cela. Je vous remercie de votre conseil, et je vous invite ce soir à mes noces.

GÉRONIMO.

Je n'y manquerai pas; et je veux y aller en masque, afin de les mieux honorer.

SGANARELLE.

Serviteur.

GÉRONIMO, à part.

La jeune Dorimène, fille du seigneur Alcantor, avec le seigneur Sganarelle, qui n'a que cinquante-trois ans! O le beau mariage! ô le beau mariage! (ce qu'il répète plusieurs fois en s'en allant.)

SCÈNE III.

SGANARELLE.

Ce mariage doit être heureux; car il donne de la joie à tout le monde, et je fais rire tous ceux à qui j'en parle. Me voilà maintenant le plus content des hommes.

SCÈNE IV.

DORIMÈNE, SGANARELLE.

DORIMÈNE, *dans le fond du théâtre, à un petit laquais qui la suit.*

Allons, petit garçon, qu'on tienne bien ma queue, et qu'on ne s'amuse pas à badiner.

SGANARELLE, *à part, apercevant Dorimène.*

Voici ma maîtresse qui vient. Ah! qu'elle est agréable! Quel air et quelle taille! Peut-il y avoir un homme qui n'ait, en la voyant, des démangeaisons de se marier? (*à Dorimène.*) Où allez-vous, belle mignonne, chère épouse future de votre époux futur?

DORIMÈNE.

Je vais faire quelques emplettes.

SGANARELLE.

Hé bien! ma belle, c'est maintenant que nous allons être heureux l'un et l'autre. Vous ne serez plus en droit de me rien refuser; et je pourrai faire avec vous tout ce qu'il me plaira, sans que personne s'en scandalise. Vous allez être à moi depuis la tête jusqu'aux pieds : et je serai maître de tout; de vos petits yeux éveillés, de votre petit nez fripon, de vos lèvres appétissantes, de vos oreilles amoureuses, de votre petit menton joli, de vos petits tétons rondelets, de votre... enfin toute votre personne sera à ma discrétion, et je serai à même pour vous caresser comme je voudrai. N'êtes-vous pas bien aise de ce mariage, mon aimable pouponne?

SCÈNE IV.

DORIMÈNE.

Tout-à-fait aise, je vous jure. Car enfin la sévérité de mon père m'a tenue jusques ici dans une sujétion la plus fâcheuse du monde. Il y a je ne sais combien que j'enrage du peu de liberté qu'il me donne; et j'ai cent fois souhaité qu'il me mariât, pour sortir promptement de la contrainte où j'étois avec lui, et me voir en état de faire ce que je voudrai. Dieu merci, vous êtes venu heureusement pour cela; et je me prépare désormais à me donner du divertissement, et à réparer comme il faut le temps que j'ai perdu. Comme vous êtes un fort galant homme, et que vous savez comme il faut vivre, je crois que nous ferons le meilleur ménage du monde ensemble, et que vous ne serez point de ces maris incommodes qui veulent que leurs femmes vivent comme des loups-garous. Je vous avoue que je ne m'accommoderois pas de cela, et que la solitude me désespère. J'aime le jeu, les visites, les assemblées, les cadeaux et les promenades, en un mot toutes les choses de plaisir; et vous devez être ravi d'avoir une femme de mon humeur. Nous n'aurons jamais aucun démêlé ensemble : et je ne vous contraindrai point dans vos actions, comme j'espère que, de votre côté, vous ne me contraindrez point dans les miennes; car pour moi, je tiens qu'il faut avoir une complaisance mutuelle, et qu'on ne se doit point marier pour se faire enrager l'un l'autre. Enfin nous vivrons, étant mariés, comme deux personnes qui savent leur monde : aucun soupçon jaloux ne nous troublera la cervelle; et c'est assez que vous serez assuré de ma fidélité, comme je serai persuadée de la vôtre. Mais qu'avez-vous ? je vous vois tout changé de visage.

SGANARELLE.

Ce sont quelques vapeurs qui me viennent de monter à la tête.

DORIMÈNE.

C'est un mal aujourd'hui qui attaque beaucoup de gens ; mais notre mariage vous dissipera tout cela. Adieu : il me tarde déjà que je n'aie des habits raisonnables pour quitter vite ces guenilles. Je m'en vais de ce pas achever d'acheter toutes les choses qu'il me faut, et je vous enverrai les marchands.

SCÈNE V.

GÉRONIMO, SGANARELLE.

GÉRONIMO.

Ah ! seigneur Sganarelle, je suis ravi de vous trouver encore ici ; et j'ai rencontré un orfèvre qui, sur le bruit que vous cherchiez quelque beau diamant en bague pour faire un présent à votre épouse, m'a fort prié de vous venir parler pour lui, et de vous dire qu'il en a un à vendre, le plus parfait du monde.

SGANARELLE.

Mon Dieu ! cela n'est pas pressé.

GÉRONIMO.

Comment ! que veut dire cela ? Où est l'ardeur que vous montriez tout à l'heure ?

SCÈNE V.

SGANARELLE.

Il m'est venu, depuis un moment, de petits scrupules sur le mariage. Avant que de passer plus avant, je voudrois bien agiter à fond cette matière, et que l'on m'expliquât un songe que j'ai fait cette nuit, et qui vient tout à l'heure de me revenir dans l'esprit. Vous savez que les songes sont comme des miroirs où l'on découvre quelquefois tout ce qui nous doit arriver. Il me sembloit que j'étois dans un vaisseau, sur une mer bien agitée, et que...

GÉRONIMO.

Seigneur Sganarelle, j'ai maintenant quelque petite affaire qui m'empêche de vous ouïr. Je n'entends rien du tout aux songes; et, quant au raisonnement du mariage, vous avez deux savants, deux philosophes vos voisins, qui sont gens à vous débiter tout ce qu'on peut dire sur ce sujet. Comme ils sont de sectes différentes, vous pouvez examiner leurs diverses opinions là-dessus. Pour moi, je me contente de ce que je vous ai dit tantôt, et demeure votre serviteur.

SGANARELLE, seul.

Il a raison : il faut que je consulte un peu ces gens-là sur l'incertitude où je suis.

LE MARIAGE FORCÉ.

SCÈNE VI.

PANCRACE, SGANARELLE.

PANCRACE, *se tournant du côté par où il est entré, et sans voir Sganarelle.*

Allez, vous êtes un impertinent, mon ami, un homme ignare de toute bonne discipline, bannissable de la république des lettres.

SGANARELLE.

Ah! bon. En voici un fort à propos.

PANCRACE, *de même, sans voir Sganarelle.*

Oui, je te soutiendrai par vives raisons, je te montrerai par Aristote, le philosophe des philosophes, que tu es un ignorant, un ignorantissime, ignorantifiant et ignorantifié, par tous les cas et modes imaginables.

SGANARELLE, *à part.*

Il a pris querelle contre quelqu'un. (*à Pancrace.*) Seigneur..

PANCRACE, *de même, sans voir Sganarelle.*

Tu te veux mêler de raisonner, et tu ne sais pas seulement les éléments de la raison.

SGANARELLE, *à part.*

La colère l'empêche de me voir. (*à Pancrace.*) Seigneur...

PANCRACE, *de même, sans voir Sganarelle.*

C'est une proposition condamnable dans toutes les terres de la philosophie.

SCÈNE VI.

SGANARELLE, à part.

Il faut qu'on l'ait fort irrité. (à Pancrace.) Je...

PANCRACE, de même, sans voir Sganarelle.

Toto cœlo, totá viá aberras.

SGANARELLE.

Je baise les mains à monsieur le docteur.

PANCRACE.

Serviteur.

SGANARELLE.

Peut-on...?

PANCRACE, se retournant vers l'endroit par où il est entré.

Sais-tu bien ce que tu as fait? un syllogisme *in balordo*.

SGANARELLE.

Je vous...

PANCRACE, de même.

La majeure en est inepte, la mineure impertinente, et la conclusion ridicule.

SGANARELLE.

Je...

PANCRACE, de même.

Je creverois plutôt que d'avouer ce que tu dis; et je soutiendrai mon opinion jusqu'à la dernière goutte de mon encre.

SGANARELLE.

Puis-je...?

PANCRACE, de même.

Oui, je défendrai cette proposition, *pugnis et calcibus, unguibus et rostro.*

SGANARELLE.

Seigneur Aristote, peut-on savoir ce qui vous met si fort en colère?

PANCRACE.

Un sujet le plus juste du monde.

SGANARELLE.

Et quoi encore?

PANCRACE.

Un ignorant m'a voulu soutenir une proposition erronée, une proposition épouvantable, effroyable, exécrable.

SGANARELLE.

Puis-je demander ce que c'est?

PANCRACE.

Ah! seigneur Sganarelle, tout est renversé aujourd'hui, et le monde est tombé dans une corruption générale : une licence épouvantable règne partout; et les magistrats qui sont établis pour maintenir l'ordre dans cet État devroient mourir de honte en souffrant un scandale aussi intolérable que celui dont je veux parler.

SGANARELLE.

Quoi donc?

PANCRACE.

N'est-ce pas une chose horrible, une chose qui crie vengeance au ciel, que d'endurer qu'on dise publiquement la forme d'un chapeau?

SGANARELLE.

Comment?

SCÈNE VI.

PANCRACE.

Je soutiens qu'il faut dire la figure d'un chapeau, et non pas la forme : d'autant qu'il y a cette différence entre la forme et la figure, que la forme est la disposition extérieure des corps qui sont animés ; et la figure, la disposition extérieure des corps qui sont inanimés : et puisque le chapeau est un corps inanimé, il faut dire la figure d'un chapeau, et non pas la forme.

(*se retournant encore du côté par où il est entré.*)

Oui, ignorant que vous êtes, c'est ainsi qu'il faut parler ; et ce sont les termes exprès d'Aristote dans le chapitre de la qualité.

SGANARELLE, à part.

Je pensois que tout fût perdu. (*à Pancrace.*) Seigneur docteur, ne songez plus à tout cela... Je...

PANCRACE.

Je suis dans une colère, que je ne me sens pas.

SGANARELLE.

Laissez la forme et le chapeau en paix. J'ai quelque chose à vous communiquer. Je...

PANCRACE.

Impertinent !

SGANARELLE.

De grâce, remettez-vous. Je...

PANCRACE.

Ignorant !

SGANARELLE.

Hé ! mon Dieu ! Je...

PANCRACE.

Me vouloir soutenir une proposition de la sorte!

SGANARELLE.

Il a tort. Je...

PANCRACE.

Une proposition condamnée par Aristote!

SGANARELLE.

Cela est vrai. Je...

PANCRACE.

En termes exprès!

SGANARELLE.

Vous avez raison. (se tournant du côté par où Pancrace est entré.) Oui, vous êtes un sot et un impudent de vouloir disputer contre un docteur qui sait lire et écrire. Voilà qui est fait : je vous prie de m'écouter. Je viens vous consulter sur une affaire qui m'embarrasse. J'ai dessein de prendre une femme pour me tenir compagnie dans mon ménage. La personne est belle et bien faite; elle me plaît beaucoup, et est ravie de m'épouser : son père me l'a accordée. Mais je crains un peu ce que vous savez, la disgrace dont on ne plaint personne; et je voudrois bien vous prier, comme philosophe, de me dire votre sentiment. Hé! quel est votre avis là-dessus?

PANCRACE.

Plutôt que d'accorder qu'il faille dire la forme d'un chapeau, j'accorderois que *datur vacuum in rerum naturá*, et que je ne suis qu'une bête.

SCÈNE VI.

SGANARELLE, à part.

La peste soit de l'homme! (à Pancrace.) Hé! monsieur le docteur, écoutez un peu les gens. On vous parle une heure durant, et vous ne répondez point à ce qu'on vous dit.

PANCRACE.

Je vous demande pardon. Une juste colère m'occupe l'esprit.

SGANARELLE.

Hé! laissez tout cela, et prenez la peine de m'écouter.

PANCRACE.

Soit. Que voulez-vous me dire?

SGANARELLE.

Je veux vous parler de quelque chose.

PANCRACE.

Et de quelle langue voulez-vous vous servir avec moi?

SGANARELLE.

De quelle langue?

PANCRACE.

Oui.

SGANARELLE.

Parbleu! de la langue que j'ai dans la bouche. Je crois que je n'irai pas emprunter celle de mon voisin.

PANCRACE.

Je vous dis, de quel idiome, de quel langage?

SGANARELLE.

Ah! c'est une autre affaire.

PANCRACE.

Voulez-vous me parler italien?

SGANARELLE.

Non.

PANCRACE.

Espagnol?

SGANARELLE.

Non.

PANCRACE.

Allemand?

SGANARELLE.

Non.

PANCRACE.

Anglois?

SGANARELLE.

Non.

PANCRACE.

Latin?

SGANARELLE.

Non.

PANCRACE.

Grec?

SGANARELLE.

Non.

PANCRACE.

Hébreu?

SGANARELLE.

Non.

SCÈNE VI.

PANCRACE.

Syriaque?

SGANARELLE.

Non.

PANCRACE.

Turc?

SGANARELLE.

Non.

PANCRACE.

Arabe?

SGANARELLE.

Non, non; françois, françois, françois.

PANCRACE.

Ah! françois.

SGANARELLE.

Fort bien.

PANCRACE.

Passez donc de l'autre côté; car cette oreille-ci est destinée pour les langues scientifiques et étrangères, et l'autre est pour la vulgaire et la maternelle.

SGANARELLE, à part.

Il faut bien des cérémonies avec ces sortes de gens-ci.

PANCRACE.

Que voulez-vous?

SGANARELLE.

Vous consulter sur une petite difficulté.

PANCRACE.

Ah! ah! sur une difficulté de philosophie, sans doute?

SGANARELLE.

Pardonnez-moi. Je...

PANCRACE.

Vous voulez peut-être savoir si la substance et l'accident sont termes synonymes ou équivoques à l'égard de l'être?

SGANARELLE.

Point du tout. Je...

PANCRACE.

Si la logique est un art ou une science?

SGANARELLE.

Ce n'est pas cela. Je...

PANCRACE.

Si elle a pour objet les trois opérations de l'esprit, ou la troisième seulement?

SGANARELLE.

Non. Je...

PANCRACE.

S'il y a dix catégories, ou s'il n'y en a qu'une?

SGANARELLE.

Point. Je...

PANCRACE.

Si la conclusion est de l'essence du syllogisme?

SGANARELLE.

Nenni. Je...

PANCRACE.

Si l'essence du bien est mise dans l'appétibilité, ou dans la convenance?

SCÈNE VI.

SGANARELLE.

Non. Je...

PANCRACE.

Si le bien se réciproque avec la fin?

SGANARELLE.

Hé! non. Je...

PANCRACE.

Si la fin nous peut émouvoir par son être réel, ou par son être intentionnel?

SGANARELLE.

Non, non, non, non, non, de par tous les diables, non.

PANCRACE.

Expliquez donc votre pensée, car je ne puis pas la deviner.

SGANARELLE.

Je vous la veux expliquer aussi; mais il faut m'écouter.

(Pendant que Sganarelle dit:)

L'affaire que j'ai à vous dire, c'est que j'ai envie de me marier avec une fille qui est jeune et belle. Je l'aime fort, et je l'ai demandée à son père; mais comme j'appréhende...

PANCRACE dit en même temps, sans écouter Sganarelle:

La parole a été donnée à l'homme pour expliquer ses pensées; et tout ainsi que les pensées sont les portraits des choses, de même nos paroles sont-elles les portraits de nos pensées.

(Sganarelle impatienté ferme la bouche du docteur avec sa main à plusieurs reprises; et le docteur continue de parler d'abord que Sganarelle ôte sa main.)

Mais ces portraits diffèrent des autres portraits en ce que les autres portraits sont distingués partout de leurs originaux, et que la parole enferme en soi son original, puisqu'elle n'est autre chose que la pensée expliquée par un signe extérieur; d'où vient que ceux qui pensent bien sont aussi ceux qui parlent le mieux. Expliquez-moi donc votre pensée par la parole, qui est le plus intelligible de tous les signes.

SGANARELLE *pousse le docteur dans sa maison, et tire la porte pour l'empêcher de sortir.*

Peste de l'homme!

PANCRACE, *au-dedans de sa maison.*

Oui, la parole est *animi index et speculum*. C'est le truchement du cœur, c'est l'image de l'âme.

(*Il monte à la fenêtre, et continue.*)

C'est un miroir qui nous présente naïvement les secrets les plus arcanes de nos individus; et, puisque vous avez la faculté de ratiociner et de parler tout ensemble, à quoi tient-il que vous ne vous serviez de la parole pour me faire entendre votre pensée?

SGANARELLE.

C'est ce que je veux faire; mais vous ne voulez pas m'écouter.

PANCRACE.

Je vous écoute, parlez.

SGANARELLE.

Je dis donc, monsieur le docteur, que...

SCÈNE VI.

PANCRACE.

Mais surtout soyez bref.

SGANARELLE.

Je le serai.

PANCRACE.

Évitez la prolixité.

SGANARELLE.

Hé! monsi...

PANCRACE.

Tranchez-moi votre discours d'un apophthegme à la laconienne.

SGANARELLE.

Je vous...

PANCRACE.

Point d'ambages, de circonlocution.

(Sganarelle, de dépit de ne pouvoir parler, ramasse des pierres pour en casser la tête du docteur.)

PANCRACE.

Hé quoi! vous vous emportez, au lieu de vous expliquer. Allez, vous êtes plus impertinent que celui qui m'a voulu soutenir qu'il faut dire la forme d'un chapeau; et je vous prouverai en toute rencontre, par raisons démonstratives et convaincantes, et par arguments *in barbara*, que vous n'êtes et ne serez jamais qu'une pécore, et que je suis et serai toujours *in utroque jure* le docteur Pancrace...

SGANARELLE.

Quel diable de babillard!

PANCRACE, en rentrant sur le théâtre.

Homme de lettres, homme d'érudition...

SGANARELLE.

Encore !

PANCRACE.

Homme de suffisance, homme de capacité; (s'en allant) homme consommé dans toutes les sciences, naturelles, morales et politiques; (revenant) homme savant, savantissime, *per omnes modos et casus;* (s'en allant) homme qui possède, *superlativè,* fable, mythologie et histoire, (revenant) grammaire, poésie, rhétorique, dialectique et sophistique, (s'en allant) mathématiques, arithmétique, optique, onirocritique, physique et métaphysique, (revenant) cosmométrie, géométrie, architecture, spéculoire et spéculatoire, (s'en allant) médecine, astronomie, astrologie, physionomie, métoposcopie, chiromancie, géomancie, etc.

SCÈNE VII.

SGANARELLE.

Au diable les savants qui ne veulent point écouter les gens ! On me l'avoit bien dit que son maître Aristote n'étoit rien qu'un bavard. Il faut que j'aille trouver l'autre ; peut-être qu'il sera plus posé et plus raisonnable. Holà !

SCÈNE VIII.

MARPHURIUS, SGANARELLE.

MARPHURIUS.

Que voulez-vous de moi, seigneur Sganarelle?

SGANARELLE.

Seigneur docteur, j'aurois besoin de votre conseil sur une petite affaire dont il s'agit, et je suis venu ici pour cela. (à part.) Ah! voilà qui va bien. Il écoute le monde, celui-ci.

MARPHURIUS.

Seigneur Sganarelle, changez, s'il vous plaît, cette façon de parler. Notre philosophie ordonne de ne point énoncer de proposition décisive, de parler de tout avec incertitude, de suspendre toujours son jugement; et, par cette raison, vous ne devez pas dire, Je suis venu, mais, Il me semble que je suis venu.

SGANARELLE.

Il me semble!

MARPHURIUS.

Oui.

SGANARELLE.

Parbleu! il faut bien qu'il me le semble, puisque cela est.

MARPHURIUS.

Ce n'est pas une conséquence; et il peut vous le sembler, sans que la chose soit véritable.

SGANARELLE.

Comment! il n'est pas vrai que je suis venu?

MARPHURIUS.

Cela est incertain, et nous devons douter de tout.

SGANARELLE.

Quoi! je ne suis pas ici, et vous ne me parlez pas?

MARPHURIUS.

Il m'apparoît que vous êtes là, et il me semble que je vous parle : mais il n'est pas assuré que cela soit.

SGANARELLE.

Hé! que diable! vous vous moquez. Me voilà, et vous voilà bien nettement, et il n'y a point de me semble à tout cela. Laissons ces subtilités, je vous prie, et parlons de mon affaire. Je viens vous dire que j'ai envie de me marier.

MARPHURIUS.

Je n'en sais rien.

SGANARELLE.

Je vous le dis.

MARPHURIUS.

Il se peut faire.

SGANARELLE.

La fille que je veux prendre est fort jeune et fort belle.

MARPHURIUS.

Il n'est pas impossible.

SGANARELLE.

Ferai-je bien ou mal de l'épouser?

SCÈNE VIII.

MARPHURIUS.

L'un où l'autre.

SGANARELLE, à part.

Ah! ah! voici une autre musique. (à Marphurius.) Je vous demande si je ferai bien d'épouser la fille dont je vous parle.

MARPHURIUS.

Selon la rencontre.

SGANARELLE.

Ferai-je mal?

MARPHURIUS.

Par aventure.

SGANARELLE.

De grâce, répondez-moi comme il faut.

MARPHURIUS.

C'est mon dessein.

SGANARELLE.

J'ai une grande inclination pour la fille.

MARPHURIUS.

Cela peut être.

SGANARELLE.

Le père me l'a accordée.

MARPHURIUS.

Il se pourroit.

SGANARELLE.

Mais, en l'épousant, je crains d'être cocu.

MARPHURIUS.

La chose est faisable.

SGANARELLE.

Qu'en pensez-vous?

MARPHURIUS.

Il n'y a pas d'impossibilité.

SGANARELLE.

Mais que feriez-vous si vous étiez à ma place?

MARPHURIUS.

Je ne sais.

SGANARELLE.

Que me conseillez-vous de faire?

MARPHURIUS.

Ce qu'il vous plaira.

SGANARELLE.

J'enrage.

MARPHURIUS.

Je m'en lave les mains.

SGANARELLE.

Au diable soit le vieux rêveur!

MARPHURIUS.

Il en sera ce qu'il pourra.

SGANARELLE, à part.

La peste du bourreau! Je te ferai changer de note, chien de philosophe enragé.

(Il donne des coups de bâton à Marphurius.)

MARPHURIUS.

Ah! ah! ah!

SGANARELLE.

Te voilà payé de ton galimatias, et me voilà content.

SCÈNE VIII.

MARPHURIUS.

Comment! Quelle insolence! M'outrager de la sorte! Avoir eu l'audace de battre un philosophe comme moi!

SGANARELLE.

Corrigez, s'il vous plaît, cette manière de parler. Il faut douter de toute chose; et vous ne devez pas dire que je vous ai battu, mais qu'il vous semble que je vous ai battu.

MARPHURIUS.

Ah! je m'en vais faire ma plainte au commissaire du quartier des coups que j'ai reçus.

SGANARELLE.

Je m'en lave les mains.

MARPHURIUS.

J'en ai les marques sur ma personne.

SGANARELLE.

Il se peut faire.

MARPHURIUS.

C'est toi qui m'as traité ainsi.

SGANARELLE.

Il n'y a pas d'impossibilité.

MARPHURIUS.

J'aurai un décret contre toi.

SGANARELLE.

Je n'en sais rien.

MARPHURIUS.

Tu seras condamné en justice.

SGANARELLE.

Il en sera ce qu'il pourra.

MARPHURIUS.

Laisse-moi faire.

SCÈNE IX.

SGANARELLE.

Comment! on ne sauroit tirer une parole positive de ce chien d'homme-là, et l'on est aussi savant à la fin qu'au commencement! Que dois-je faire dans l'incertitude des suites de mon mariage? Jamais homme ne fut plus embarrassé que je suis. Ah! voici des Bohémiennes : il faut que je me fasse dire par elles ma bonne aventure.

SCÈNE X.

DEUX BOHÉMIENNES, SGANARELLE.

(Les deux Bohémiennes, avec leur tambour de Basque, entrent en chantant et en dansant.)

SGANARELLE.

Elles sont gaillardes. Écoutez, vous autres : y a-t-il moyen de me dire ma bonne fortune?

I. BOHÉMIENNE.

Oui, mon bon monsieur, nous voici deux qui te la dirons.

II. BOHÉMIENNE.

Tu n'as seulement qu'à nous donner ta main avec la

SCÈNE X.

croix dedans; et nous te dirons quelque chose pour ton bon profit.

SGANARELLE.

Tenez, les voilà toutes deux, avec ce que vous demandez.

I. BOHÉMIENNE.

Tu as une bonne physionomie, mon bon monsieur, une bonne physionomie.

II. BOHÉMIENNE.

Oui, une bonne physionomie; physionomie d'un homme qui sera un jour quelque chose.

I. BOHÉMIENNE.

Tu seras marié avant qu'il soit peu, mon bon monsieur; tu seras marié avant qu'il soit peu.

II. BOHÉMIENNE.

Tu épouseras une femme gentille, une femme gentille.

I. BOHÉMIENNE.

Oui, une femme qui sera chérie et aimée de tout le monde.

II. BOHÉMIENNE.

Une femme qui te fera beaucoup d'amis, mon bon monsieur, qui te fera beaucoup d'amis.

I. BOHÉMIENNE.

Une femme qui fera venir l'abondance chez toi.

II. BOHÉMIENNE.

Une femme qui te donnera une grande réputation.

I. BOHÉMIENNE.

Tu seras considéré par elle, mon bon monsieur; tu seras considéré par elle.

SGANARELLE.

Voilà qui est bien. Mais dites-moi un peu, suis-je menacé d'être cocu?

II. BOHÉMIENNE.

Cocu?

SGANARELLE.

Oui.

I. BOHÉMIENNE.

Cocu?

SGANARELLE.

Oui, si je suis menacé d'être cocu.

(Les deux Bohémiennes dansent et chantent.)

SGANARELLE.

Que diable! ce n'est pas là me répondre. Venez çà : je vous demande à toutes deux si je serai cocu.

II. BOHÉMIENNE.

Cocu? vous?

SGANARELLE.

Oui, si je serai cocu.

I. BOHÉMIENNE.

Vous? cocu?

SGANARELLE.

Oui, si je le serai, ou non.

(Les deux Bohémiennes sortent en chantant et en dansant.)

SCÈNE XI.

SGANARELLE.

Peste soit des carognes, qui me laissent dans l'inquiétude ! Il faut absolument que je sache la destinée de mon mariage ; et, pour cela, je veux aller trouver ce grand magicien dont tout le monde parle tant, et qui, par son art admirable, fait voir tout ce que l'on souhaite. Ma foi, je crois que je n'ai que faire d'aller au magicien, et voici qui me montre tout ce que je puis demander.

SCÈNE XII.

DORIMÈNE, LYCASTE; SGANARELLE, retiré
dans un coin du théatre sans être vu.

LYCASTE.

Quoi ! belle Dorimène, c'est sans raillerie que vous parlez ?

DORIMÈNE.

Sans raillerie.

LYCASTE.

Vous vous mariez tout de bon ?

DORIMÈNE.

Tout de bon.

LYCASTE.

Et vos noces se feront dès ce soir ?

DORIMÈNE.

Dès ce soir.

LYCASTE.

Et vous pouvez, cruelle que vous êtes, oublier de la sorte l'amour que j'ai pour vous, et les obligeantes paroles que vous m'aviez données?

DORIMÈNE.

Moi? point du tout. Je vous considère toujours de même; et ce mariage ne doit point vous inquiéter. C'est un homme que je n'épouse point par amour, et sa seule richesse me fait résoudre à l'accepter. Je n'ai point de bien, vous n'en avez point aussi; et vous savez que sans cela on passe mal le temps au monde, et qu'à quelque prix que ce soit il faut tâcher d'en avoir. J'ai embrassé cette occasion-ci de me mettre à mon aise; et je l'ai fait sur l'espérance de me voir bientôt délivrée du barbon que je prends. C'est un homme qui mourra avant qu'il soit peu, et qui n'a tout au plus que six mois dans le ventre. Je vous le garantis défunt dans le temps que je dis; et je n'aurai pas longuement à demander pour moi au ciel l'heureux état de veuve...

(à Sganarelle qu'elle aperçoit.)

Ah! nous parlions de vous, et nous en disions tout le bien qu'on en sauroit dire.

LYCASTE.

Est-ce là monsieur?

DORIMÈNE.

Oui, c'est monsieur qui me prend pour femme.

LYCASTE.

Agréez, monsieur, que je vous félicite de votre ma-

SCÈNE XII.

riage, et vous présente en même temps mes très-humbles services : je vous assure que vous épousez là une très-honnête personne. Et vous, mademoiselle, je me réjouis avec vous aussi de l'heureux choix que vous avez fait : vous ne pouviez pas mieux trouver; et monsieur a toute la mine d'être un fort bon mari. Oui, monsieur, je veux faire amitié avec vous, et lier ensemble un petit commerce de visites et de divertissements.

DORIMÈNE.

C'est trop d'honneur que vous nous faites à tous deux. Mais allons, le temps me presse, et nous aurons tout le loisir de nous entretenir ensemble.

SCÈNE XIII.

SGANARELLE.

ME voilà tout-à-fait dégoûté de mon mariage; et je crois que je ne ferai pas mal de m'aller dégager de ma parole. Il m'en a coûté quelque argent; mais il vaut mieux encore perdre cela que de m'exposer à quelque chose de pis. Tâchons adroitement de nous débarrasser de cette affaire. Holà!

(Il frappe à la porte de la maison d'Alcantor.)

SCÈNE XIV.

ALCANTOR, SGANARELLE.

ALCANTOR.

AH! mon gendre, soyez le bienvenu.

SGANARELLE.

Monsieur, votre serviteur.

ALCANTOR.

Vous venez pour conclure le mariage ?

SGANARELLE.

Excusez-moi.

ALCANTOR.

Je vous promets que j'en ai autant d'impatience que vous.

SGANARELLE.

Je viens ici pour un autre sujet.

ALCANTOR.

J'ai donné ordre à toutes les choses nécessaires pour cette fête.

SGANARELLE.

Il n'est pas question de cela.

ALCANTOR.

Les violons sont retenus, le festin est commandé, et ma fille est parée pour vous recevoir.

SGANARELLE

Ce n'est pas ce qui m'amène.

ALCANTOR.

Enfin vous allez être satisfait; et rien ne peut retarder votre contentement.

SGANARELLE.

Mon Dieu ! c'est autre chose.

ALCANTOR.

Allons, entrez donc, mon gendre.

SCÈNE XIV.

SGANARELLE.

J'ai un petit mot à vous dire.

ALCANTOR.

Ah! mon Dieu! ne faisons point de cérémonie. Entrez vite, s'il vous plaît.

SGANARELLE.

Non, vous dis-je. Je veux vous parler auparavant.

ALCANTOR.

Voulez-vous me dire quelque chose?

SGANARELLE.

Oui.

ALCANTOR.

Et quoi?

SGANARELLE.

Seigneur Alcantor, j'ai demandé votre fille en mariage, il est vrai; et vous me l'avez accordée; mais je me trouve un peu avancé en âge pour elle, et je considère que je ne suis point du tout son fait.

ALCANTOR.

Pardonnez-moi, ma fille vous trouve bien comme vous êtes; et je suis sûr qu'elle vivra fort contente avec vous.

SGANARELLE.

Point. J'ai parfois des bizarreries épouvantables, et elle auroit trop à souffrir de ma mauvaise humeur.

ALCANTOR.

Ma fille a de la complaisance, et vous verrez qu'elle s'accommodera entièrement à vous.

SGANARELLE.

J'ai quelques infirmités sur mon corps qui pourroient la dégoûter.

ALCANTOR.

Cela n'est rien. Une honnête femme ne se dégoûte jamais de son mari.

SGANARELLE.

Enfin voulez-vous que je vous dise? Je ne vous conseille point de me la donner.

ALCANTOR.

Vous moquez-vous? J'aimerois mieux mourir que d'avoir manqué à ma parole.

SGANARELLE.

Mon Dieu! je vous en dispense; et je....

ALCANTOR.

Point du tout. Je vous l'ai promise; et vous l'aurez en dépit de tous ceux qui y prétendent.

SGANARELLE, à part.

Que diable!

ALCANTOR.

Voyez-vous? j'ai une estime et une amitié pour vous toute particulière; et je refuserois ma fille à un prince pour vous la donner.

SGANARELLE.

Seigneur Alcantor, je vous suis obligé de l'honneur que vous me faites; mais je vous déclare que je ne veux point me marier.

SCÈNE XIV.

ALCANTOR.

Qui ? vous ?

SGANARELLE.

Oui, moi.

ALCANTOR.

Et la raison ?

SGANARELLE.

La raison ? c'est que je ne me sens point propre pour le mariage, et que je veux imiter mon père et tous ceux de ma race, qui ne se sont jamais voulu marier.

ALCANTOR.

Écoutez. Les volontés sont libres; et je suis homme à ne contraindre jamais personne. Vous vous êtes engagé avec moi pour épouser ma fille, et tout est préparé pour cela : mais, puisque vous voulez retirer votre parole, je vais voir ce qu'il y a à faire; et vous aurez bientôt de mes nouvelles.

SCÈNE XV.

SGANARELLE.

Encore est-il plus raisonnable que je ne pensois, et je croyois avoir bien plus de peine à m'en dégager. Ma foi, quand j'y songe, j'ai fait fort sagement de me tirer de cette affaire; et j'allois faire un pas dont je me serois peut-être long-temps repenti. Mais voici le fils qui me vient rendre réponse.

SCÈNE XVI.

ALCIDAS, SGANARELLE.

ALCIDAS, d'un ton doucereux.

Monsieur, je suis votre serviteur très-humble.

SGANARELLE.

Monsieur, je suis le vôtre de tout mon cœur.

ALCIDAS, toujours avec le même ton.

Mon père m'a dit, monsieur, que vous vous étiez venu dégager de la parole que vous aviez donnée.

SGANARELLE.

Oui, monsieur. C'est avec regret; mais...

ALCIDAS.

Oh! monsieur, il n'y a pas de mal à cela.

SGANARELLE.

J'en suis fâché, je vous assure, et je souhaiterois...

ALCIDAS.

Cela n'est rien, vous dis-je.

(Alcidas présente à Sganarelle deux épées.)

Monsieur, prenez la peine de choisir de ces deux épées laquelle vous voulez.

SGANARELLE.

De ces deux épées?

ALCIDAS.

Oui, s'il vous plaît.

SGANARELLE.

A quoi bon?

SCÈNE XVI.

ALCIDAS.

Monsieur, comme vous refusez d'épouser ma sœur après la parole donnée, je crois que vous ne trouverez pas mauvais le petit compliment que je viens vous faire.

SGANARELLE.

Comment ?

ALCIDAS.

D'autres gens feroient plus de bruit, et s'emporteroient contre vous : mais nous sommes personnes à traiter les choses dans la douceur; et je viens vous dire civilement qu'il faut, si vous le trouvez bon, que nous nous coupions la gorge ensemble.

SGANARELLE.

Voilà un compliment fort mal tourné.

ALCIDAS.

Allons, monsieur, choisissez, je vous prie.

SGANARELLE.

Je suis votre valet, je n'ai point de gorge à me couper. (à part.) La vilaine façon de parler que voilà !

ALCIDAS.

Monsieur, il faut que cela soit, s'il vous plait.

SGANARELLE.

Hé ! monsieur, rengaînez ce compliment, je vous prie.

ALCIDAS.

Dépêchons vite, monsieur. J'ai une petite affaire qui m'attend.

SGANARELLE.

Je ne veux point de cela, vous dis-je

ALCIDAS.

Vous ne voulez pas vous battre?

SGANARELLE.

Nenni, ma foi.

ALCIDAS.

Tout de bon?

SGANARELLE.

Tout de bon.

ALCIDAS, *après lui avoir donné des coups de bâton.*

Au moins, monsieur, vous n'avez pas lieu de vous plaindre; et vous voyez que je fais les choses dans l'ordre. Vous nous manquez de parole; je me veux battre contre vous, vous refusez de vous battre, je vous donne des coups de bâton : tout cela est dans les formes; et vous êtes trop honnête homme pour ne pas approuver mon procédé.

SGANARELLE, *à part.*

Quel diable d'homme est-ce ci?

ALCIDAS *lui présente encore les deux épées.*

Allons, monsieur, faites les choses galamment, et sans vous faire tirer l'oreille.

SGANARELLE.

Encore?

ALCIDAS.

Monsieur, je ne contrains personne; mais il faut que vous vous battiez, ou que vous épousiez ma sœur.

SCÈNE XVI.

SGANARELLE.

Monsieur, je ne puis faire ni l'un ni l'autre, je vous assure.

ALCIDAS.

Assurément?

SGANARELLE.

Assurément.

ALCIDAS.

Avec votre permission donc...

(Alcidas lui donne encore des coups de bâton.)

SGANARELLE.

Ah! ah! ah!

ALCIDAS.

Monsieur, j'ai tous les regrets du monde d'être obligé d'en user ainsi avec vous; mais je ne cesserai point, s'il vous plaît, que vous n'ayez promis de vous battre, ou d'épouser ma sœur.

(Alcidas lève le bâton.)

SGANARELLE.

Hé bien! j'épouserai, j'épouserai.

ALCIDAS.

Ah! monsieur, je suis ravi que vous vous mettiez à la raison, et que les choses se passent doucement : car enfin vous êtes l'homme du monde que j'estime le plus, je vous jure; et j'aurois été au désespoir que vous m'eussiez contraint à vous maltraiter. Je vais appeler mon père pour lui dire que tout est d'accord.

(Il va frapper à la porte d'Alcantor.)

SCÈNE XVII.

ALCANTOR, DORIMÈNE, ALCIDAS, SGANARELLE.

ALCIDAS.

Mon père, voilà monsieur qui est tout-à-fait raisonnable. Il a voulu faire les choses de bonne grâce, et vous pouvez lui donner ma sœur.

ALCANTOR.

Monsieur, voilà sa main, vous n'avez qu'à donner la vôtre. Loué soit le ciel! m'en voilà déchargé; et c'est vous désormais que regarde le soin de sa conduite. Allons nous réjouir et célébrer cet heureux mariage.

FIN DU MARIAGE FORCÉ.

AVERTISSEMENT

DE L'ÉDITION DE 1773.

La comédie du *Mariage forcé* parut pour la première fois au Louvre le 29 janvier 1664, en trois actes, avec des récits de musique et des entrées de ballet, sous le titre de *ballet du roi*. Le roi y dansoit une entrée.

Quand l'auteur fit représenter cette comédie sur le théâtre du Palais-Royal, au mois de novembre de la même année, il supprima les récits et les entrées de ballet, et réduisit sa pièce en un acte, en y faisant quelques changements.

Le plus considérable est la scène entre Lycaste et Dorimène, scène ajoutée pour suppléer à celle du magicien chantant et à l'entrée des démons qui déterminoient Sganarelle à rompre son mariage. Dans le ballet, qui fut imprimé dans le temps (*in*-4° par Robert Ballard), il ne nous reste des demandes de Sganarelle au magicien que ce qu'on appelle, en termes de théâtre, *les répliques;* on a ajouté deux ou trois mots pour y donner un sens.

AVERTISSEMENT.

En faisant imprimer les récits, les entrées de ballet, et la distribution des scènes de la comédie du *Mariage forcé* en trois actes, on a supprimé les arguments de la comédie, comme étant inutiles, peu exacts, et assez mal faits.

LE MARIAGE FORCÉ,

BALLET DU ROI,

DANSÉ PAR SA MAJESTÉ LE 29 JANVIER 1664.

ACTE PREMIER.

SCÈNE I.
SGANARELLE, seul.

SCÈNE II.
SGANARELLE, GÉRONIMO.

SCÈNE III.
SGANARELLE, seul.

SCÈNE IV.
DORIMÈNE, SGANARELLE.

SCÈNE V.
SGANARELLE, seul.

(Il se plaignoit d'une pesanteur de tête insupportable, et se mettoit dans un coin du théâtre pour dormir. Pendant son sommeil, il voyoit en songe ce qui forme les deux premières entrées du ballet.)

LA BEAUTÉ *chante.*
Si l'Amour vous soumet à ses lois inhumaines,
Choisissez, en aimant, un objet plein d'appas :

Portez au moins de belles chaînes ;
Et, puisqu'il faut mourir, mourez d'un beau trépas.
Si l'objet de vos feux ne mérite vos peines,
Sous l'empire d'amour ne vous engagez pas :
Portez au moins d'aimables chaînes ;
Et, puisqu'il faut mourir, mourez d'un beau trépas.

PREMIÈRE ENTRÉE.

LA JALOUSIE, LES CHAGRINS, LES SOUPÇONS.

DEUXIÈME ENTRÉE.

QUATRE PLAISANTS OU GOGUENARDS.

ACTE SECOND.
(Au commencement de cet acte, Géronimo venoit éveiller Sganarelle.)

SCÈNE I.
SGANARELLE, GÉRONIMO.

SCÈNE II.
SGANARELLE, seul.

SCÈNE III.
SGANARELLE, PANCRACE.

SCÈNE IV.
SGANARELLE, seul.

SCÈNE V.
SGANARELLE, MARPHURIUS.

SCÈNE VI.
SGANARELLE, seul.

SCÈNE VII.
SGANARELLE, DEUX BOHÉMIENNES.
TROISIÈME ENTRÉE.
ÉGYPTIENS ET ÉGYPTIENNES, dansants.

SCÈNE VIII.
SGANARELLE, seul.
(Il alloit frapper à la porte du magicien.)

SCÈNE IX.
SGANARELLE, UN MAGICIEN.
LE MAGICIEN chante.

HOLA!
Qui va là?

Dis-moi vite quel souci
Te peut amener ici.

SGANARELLE.

(*Il consultoit le magicien sur son mariage.*)

LE MAGICIEN.

Ce sont de grands mystères
Que ces sortes d'affaires.

SGANARELLE.

(*Il demandoit quelle seroit sa destinée.*)

LE MAGICIEN.

Je te vais, pour cela, par mes charmes profonds,
Faire venir quatre démons.

SGANARELLE.

(*Il marquoit la peur qu'il auroit de voir des démons.*)

LE MAGICIEN.

Non, non, n'ayes aucune peur ;
Je leur ôterai la laideur.

SGANARELLE.

(*Il consentoit à les voir.*)

LE MAGICIEN.

Des puissances invincibles
Rendent depuis long-temps tous les démons muets ;
Mais, par signes intelligibles,
Ils répondront à tes souhaits.

SCÈNE X.

SGANARELLE, LE MAGICIEN.

QUATRIÈME ENTRÉE.

MAGICIENS ET DÉMONS.

(Sganarelle interroge les démons : ils répondent par signes, et sortent en lui faisant les cornes.)

ACTE TROISIÈME.

SCÈNE I.
SGANARELLE, seul.

SCÈNE II.
SGANARELLE, ALCANTOR.

SCÈNE III.
SGANARELLE, seul.

SCÈNE IV.
SGANARELLE, ALCIDAS.

SCÈNE V.
SGANARELLE, ALCANTOR, DORIMÈNE, ALCIDAS.

SCÈNE VI.
CINQUIÈME ENTRÉE.

UN MAÎTRE A DANSER *venoit enseigner une courante à Sganarelle.*

SCÈNE VII.
SGANARELLE, GÉRONIMO.

(Géronimo venoit se réjouir avec Sganarelle, et lui disoit que les jeunes gens de la ville avoient préparé une mascarade pour honorer ses noces.)

CONCERT ESPAGNOL.

Ciego me tienes, Belisa,
Mas bien tus rigores veo;
Porque és tu desden tan claro,
Que pueden verlo los ciegos.

Aunque mi amor és tan grande;
Como mi dolor no és menos,
Si calla el uno dormido,
Sé que ya és el otro despierto.

Favores tuyos, Belisà,
Tuvieralos yo secretos;
Mas ya de dolores mios
No puedo hacer lo que quiero.

SIXIÈME ENTRÉE.

DEUX ESPAGNOLS.

DEUX ESPAGNOLES.

SEPTIÈME ENTRÉE.

UN CHARIVARI GROTESQUE.

HUITIÈME ENTRÉE.

QUATRE GALANTS *cajolant la femme de Sganarelle.*

FIN DU BALLET.

RÉFLEXIONS

SUR

LE MARIAGE FORCÉ.

Dans les plus petites pièces de Molière, on trouve des vues profondes et d'excellentes peintures de mœurs. Celle-ci, faite avec la plus grande précipitation, n'étant d'abord destinée qu'à un divertissement que le roi donnoit au Louvre, offre une multitude de traits dignes d'être observés, si l'on veut se faire une idée complète de l'état de la société pendant le dix-septième siècle.

On a dit que Molière se plaisoit à peindre les bourgeois de son temps : ce n'étoit que chez eux qu'il trouvoit cette bonhomie, cette naïveté qui fournissent à l'observateur des idées justes sur l'homme en général. Le Mariage forcé peut être considéré en quelque sorte comme le prologue de George Dandin : un homme de basse naissance, enrichi par de longs travaux, n'étant plus jeune, a le malheur de prendre un goût passager pour une demoiselle : il l'épouse, et bientôt il connoît les suites de sa folie. Ces deux pièces, comme on le voit, sont à peu près la conséquence l'une de l'autre.

Sganarelle, dans le Mariage forcé, paroît un marchand enrichi : on le voit par les différents voyages qu'il a faits, soit à Rome, soit en Angleterre, soit en Hollande. Sa naissance n'est pas illustre : « Je veux, dit-il, imiter mon père, et tous « ceux de ma race qui ne se sont jamais voulu marier. » Cet aveu, arraché par la situation où Sganarelle se trouve, ajoute à la vraisemblance de la fable, et rend la conduite de Dorimène moins odieuse. Il y a lieu de présumer que l'expression comique de cette idée a été fournie à Molière par une des meilleures épigrammes de Malleville : le poëte s'adresse à un homme qui ne sait s'il doit se marier :

> Tu vis dans une inquiétude
> Du parti que tu veux choisir ;
> Et la femme, et la solitude
> Suspendent tous deux ton désir.
> Ainsi l'on voit que ton courage [1],
> Affligé d'un rude combat,
> Est tantôt pour le mariage,
> Et tantôt pour le célibat.
> Mais sais-tu ce que tu dois faire
> Pour mettre ton esprit en paix ?
> Résous-toi d'imiter ton père,
> Tu ne te mariras jamais.

Les deux philosophes paroissent aujourd'hui un peu chargés ; mais on aura une opinion contraire, si l'on réfléchit à l'espèce de fanatisme qui régnoit alors dans la philosophie ; et si l'on se rappelle que le parlement de Paris, par un arrêt de 1624, avoit défendu, sous peine de mort, d'enseigner dans les écoles une doctrine contraire à celle d'Aristote. Cet arrêt étant tombé en désuétude, et le cartésianisme faisant des progrès, les partisans de la philosophie péripatéticienne reprirent leur ancienne fureur, et se livrèrent à des emportements à peu près pareils à ceux de Pancrace. Boileau, peu de temps après,

---

[1] *Courage* est pris là pour *cœur* : les poëtes de ce temps étudioient beaucoup l'espagnol. Dans cette langue, *corazon* exprime indifféremment *cœur* ou *courage*.

fit son ARRÊT BURLESQUE, qui acheva de les couvrir de ridicule, et qui rendit leurs efforts impuissants.

Molière, dans cette scène de Pancrace, a imité une idée plaisante de Rabelais : Panurge, interrogé par Pantagruel, lui parle en plusieurs langues, et ne répond pas à ce qu'il demande.

La scène de Marphurius est une imitation encore plus exacte de cet auteur. Panurge, sur le point de se marier, va consulter Trouillogan, philosophe pyrrhonien. Cette scène, dont Molière a pris les principaux traits, mérite d'être citée.

« PANURGE. Me dois-je marier? TROUILLOGAN. Il y a de
« l'apparence. PAN. Et si je ne me marie point? TROUILL. Je
« n'y vois inconvénient aulcun. PAN. Vous n'y en voyez point?
« TROUILL. Non, ou la vue me déçoit. PAN. J'y en trouve plus
« de cinq cents. TROUILL. Comptez-les. PAN. Je dis impropre-
« ment parlant, et prenant nombre certain pour incertain,
« déterminé pour indéterminé, c'est-à-dire, beaucoup.
« TROUIL. J'écoute. PAN. Je ne peux pas me passer de femme,
« de par tous les diables! TROUIL. Otez ces vilaines bêtes. PAN.
« De par Dieu soit, car mes salmigondis disent : Coucher seul
« ou sans femme, être vie brutale, et tel le disoit Didon en ses
« lamentations. TROUILL. A votre commandement. PAN. Par la
« quan dé, j'en suis bien. Doncques me marierai-je? TROUIL.
« Par aventure. PAN. M'en trouverai-je bien? TROUILL. Selon la
« rencontre. PAN. Aussi, si je rencontre bien, comme j'espère,
« serai-je heureux? TROUILL. Assez. PAN. Tournons à contre-
« poil; et si je rencontre mal? TROUILL. Je m'en excuse. PAN.
« Mais conseillez-moi, de grâce, que doibs-je faire? TROUILL.
« Ce que vous voudrez. PAN. Tarabin, Taraba. TROUILL. N'in-
« voquez rien, je vous prie. PAN. Au nom de Dieu, je ne veux
« sinon que vous me conseillerez. Que m'en conseillez-vous?

« Trouill. Rien. Pan. Me doibs-je marier? Trouill. Je n'y
« étois pas. Pan. Je ne me marierai donc point? Trouill. Je
« n'en puis mais. Pan. Si je suis marié, je ne serai jamais cocu?
« Trouill. J'y pensois. Pan. Mettons le cas que je sois marié...
« et doncques si je suis marié, je serai cocu? Trouill. On le
« diroit. Pan. Si ma femme est preude et chaste, je ne serai
« jamais cocu? Trouill. Vous me semblez parler correct.
« Pan. Sera-t-elle preude et chaste? Reste seulement ce
« point. Trouill. J'en doulte. »

La plaisanterie est peut-être poussée trop loin dans cette scène : mais on voit combien elle a été utile à l'auteur, qui, suivant sa coutume, a surpassé son modèle. Sa scène est plus dramatique, parce que Sganarelle, ayant battu Marphurius, veut à son tour lui persuader que la chose est douteuse.

Le rôle d'Alcidas n'est plus dans nos mœurs; mais Molière a présenté ce spadassin d'une manière très-comique en le rendant poli et doucereux. Rien ne fait plus d'effet au théâtre que cette espèce de contraste entre l'extérieur d'un homme et sa conduite habituelle. Molière n'a jamais manqué, lorsque l'occasion s'en est offerte, d'indiquer cette bizarrerie, très-commune dans le monde. Le dénoûment se présentoit naturellement : l'auteur l'a traité en maître. Sganarelle garde un silence morne en recevant la main de cette même femme qu'il aimoit tant quelques moments auparavant. Alcantor, enchanté d'être délivré de sa fille, n'a que cette idée en tête; et, sans faire attention à la consternation de son gendre, il se borne à dire gaîment : *Allons nous réjouir, et célébrer cet heureux mariage.*

DON JUAN,

ou

LE FESTIN DE PIERRE,

COMÉDIE

EN CINQ ACTES ET EN PROSE,

Représentée à Paris, sur le théâtre du Palais-Royal, le 15 février 1665.

PERSONNAGES.

Don JUAN, fils de don Louis.
ELVIRE, femme de don Juan.
Don CARLOS, } frères d'Elvire.
Don ALONSE,
Don LOUIS, père de don Juan.
FRANCISQUE, pauvre.
CHARLOTTE, } paysannes.
MATHURINE,
PIERROT, paysan.
LA STATUE DU COMMANDEUR.
GUSMAN, écuyer d'Elvire.
SGANARELLE, } valets de don Juan.
LA VIOLETTE,
RAGOTIN.
Monsieur DIMANCHE, marchand.
LA RAMÉE, spadassin.
UN SPECTRE.

La scène est en Sicile.

DON JUAN,

ou

LE FESTIN DE PIERRE.

ACTE PREMIER.

SCÈNE I.

SGANARELLE, GUSMAN.

SGANARELLE, *tenant une tabatière.*

Quoi que puissent dire Aristote et toute la philosophie, il n'est rien d'égal au tabac : c'est la passion des honnêtes gens; et qui vit sans tabac n'est pas digne de vivre. Non-seulement il réjouit et purge les cerveaux humains, mais encore il instruit les âmes à la vertu, et l'on apprend avec lui à devenir honnête homme. Ne voyez-vous pas bien, dès qu'on en prend, de quelle manière obligeante on en use avec tout le monde, et comme on est ravi d'en donner à droite et à gauche, partout où l'on se trouve? On n'attend pas même que l'on en demande, et l'on court au-devant du souhait des gens : tant il est vrai que le tabac inspire des sentiments d'honneur et de vertu à tous ceux qui en prennent. Mais c'est assez de cette matière; reprenons un peu notre discours. Si bien donc, cher Gusman, que done Elvire ta maîtresse, surprise de notre départ, s'est mise en campagne après nous; et son cœur, que mon maître a su toucher trop fortement, n'a pu vivre, dis-tu, sans le venir chercher ici. Veux-tu qu'entre nous je te dise ma pensée? J'ai peur qu'elle ne soit mal payée de son amour, que son voyage en cette ville ne produise peu de fruit, et que vous n'eussiez autant gagné à ne bouger de là.

GUSMAN.

Et la raison encore? Dis-moi, je te prie, Sganarelle, qui peut t'inspirer une peur d'un si mauvais augure? Ton maître t'a-t-il ouvert son cœur là-dessus? et t'a-t-il dit qu'il eût pour nous quelque froideur qui l'ait obligé à partir?

SGANARELLE.

Non pas; mais, à vue de pays, je connois à peu près le train des choses; et sans qu'il m'ait encore rien dit, je gagerois presque que l'affaire va là. Je pourrois peut-être me tromper; mais enfin, sur de tels sujets, l'expérience m'a pu donner quelques lumières.

GUSMAN.

Quoi! ce départ si peu prévu seroit une infidélité de don Juan? Il pourroit faire cette injure aux chastes feux de done Elvire!

SGANARELLE.

Non; c'est qu'il est jeune encore, et qu'il n'a pas le courage...

GUSMAN.

Un homme de sa qualité feroit une action si lâche?

SGANARELLE.

Hé! oui, sa qualité! La raison en est belle! et c'est par[ce] qu'il s'empêcheroit des choses...

GUSMAN.

Mais les saints nœuds du mariage le tiennent enga[gé].

SGANARELLE.

Hé! mon pauvre Gusman, mon ami, tu ne sais pas [e]ncore, crois-moi, quel homme est don Juan.

GUSMAN.

Je ne sais pas, de vrai, quel homme il peut être, s'il [fa]ut qu'il nous ait fait cette perfidie; et je ne comprends [p]oint comme, après tant d'amour et tant d'impatience [té]moignée, tant d'hommages pressants, de vœux, de sou[p]irs et de larmes, tant de lettres passionnées, de protesta[ti]ons ardentes et de serments réitérés, tant de transports [e]nfin et tant d'emportements qu'il a fait paroître, jusqu'à [fo]rcer, dans sa passion, l'obstacle sacré d'un couvent, pour [m]ettre donc Elvire en sa puissance; je ne comprends pas, [di]s-je, comme, après tout cela, il auroit le cœur de pou[v]oir manquer à sa parole.

SGANARELLE.

Je n'ai pas grand'peine à le comprendre, moi; et si tu [c]onnoissois le pèlerin, tu trouverois la chose assez facile [p]our lui. Je ne dis pas qu'il ait changé de sentiments pour [d]one Elvire, je n'en ai point de certitude encore. Tu sais [q]ue, par son ordre, je partis avant lui; et, depuis son [ar]rivée, il ne m'a point entretenu : mais, par précaution, [je] t'apprends, *inter nos*, que tu vois en don Juan mon maître le plus grand scélérat que la terre ait jamais porté, un enragé, un chien, un démon, un Turc, un hérétique qui ne croit ni ciel, ni enfer, ni diable, qui passe cette vie en véritable bête brute, un pourceau d'Épicure, un vrai Sardanapale, qui ferme l'oreille à toutes les remontrances qu'on lui peut faire, et traite de billevesées [1] tout ce que nous croyons. Tu me dis qu'il a épousé ta maîtresse; crois qu'il auroit plus fait pour sa passion, et qu'avec elle il auroit encore épousé toi, son chien et son chat. Un mariage ne lui coûte rien à contracter; il ne se sert point d'autres piéges pour attraper les belles, et c'est un épouseur à toutes mains. Dame, demoiselle, bourgeoise, paysanne, il ne trouve rien de trop chaud ni de trop froid pour lui; et si je te disois le nom de toutes celles qu'il a épousées en divers lieux, ce seroit un chapitre à durer jusqu'au soir. Tu demeures surpris, et changes de couleur à ce discours : ce n'est là qu'une ébauche du personnage; et, pour en achever le portrait, il faudroit bien d'autres coups de pinceau. Suffit qu'il faut que le courroux du ciel l'accable quelque jour; qu'il me vaudroit bien mieux d'être au diable que d'être à lui; et qu'il me fait voir tant d'horreurs, que je souhaiterois qu'il fût déjà je ne sais où. Mais un grand seigneur méchant homme est une terrible chose : il faut que je lui sois fidèle, en dépit que j'en aie; la crainte en moi fait l'office du zèle, bride mes

---

[1] *Billevesées*, vieux mot qui vient de *boule soufflée* ou *remplie d'air*. Au figuré, *paroles inutiles*.

sentiments, et me réduit d'applaudir bien souvent à ce que mon âme déteste. Le voilà qui vient se promener dans ce palais, séparons-nous. Écoute au moins : je t'ai fait cette confidence avec franchise, et cela m'est sorti un peu bien vite de la bouche ; mais s'il falloit qu'il en vînt quelque chose à ses oreilles, je dirois hautement que tu aurois menti.

SCÈNE II.

D. JUAN, SGANARELLE.

D. JUAN.

Quel homme te parloit là ? Il a bien de l'air, ce me semble, du bon Gusman de done Elvire.

SGANARELLE.

C'est quelque chose aussi à peu près de cela.

D. JUAN.

Quoi ! c'est lui ?

SGANARELLE.

Lui-même.

D. JUAN.

Et depuis quand est-il en cette ville ?

SGANARELLE.

D'hier au soir.

D. JUAN.

Et quel sujet l'amène ?

SGANARELLE.

Je crois que vous jugez assez ce qui le peut inquiéter.

D. JUAN.

Notre départ, sans doute?

SGANARELLE.

Le bon homme en est tout mortifié, et m'en demandoit le sujet.

D. JUAN.

Et quelle réponse as-tu faite?

SGANARELLE.

Que vous ne m'en aviez rien dit.

D. JUAN.

Mais encore, quelle est ta pensée là-dessus? Que t'imagines-tu de cette affaire?

SGANARELLE.

Moi, je crois, sans vous faire tort, que vous avez quelque nouvel amour en tête.

D. JUAN.

Tu le crois?

SGANARELLE.

Oui.

D. JUAN.

Ma foi, tu ne te trompes pas; et je dois t'avouer qu'un autre objet a chassé Elvire de ma pensée.

SGANARELLE.

Hé! mon Dieu! je sais mon don Juan sur le bout du doigt, et connois votre cœur pour le plus grand coureur du monde; il se plaît à se promener de liens en liens, et n'aime guère à demeurer en place.

D. JUAN.

Et ne trouves-tu pas, dis-moi, que j'ai raison d'en user de la sorte?

SGANARELLE.

Hé! monsieur...

D. JUAN.

Quoi? parle.

SGANARELLE.

Assurément que vous avez raison, si vous le voulez; on ne peut pas aller là-contre : mais, si vous ne le vouliez pas, ce seroit peut-être une autre affaire.

D. JUAN.

Hé bien! je te donne la liberté de parler, et de me dire tes sentiments.

SGANARELLE.

En ce cas, monsieur, je vous dirai franchement que je n'approuve point votre méthode, et que je trouve fort vilain d'aimer de tous côtés comme vous faites.

D. JUAN.

Quoi! tu veux qu'on se lie à demeurer au premier objet qui nous prend, qu'on renonce au monde pour lui, et qu'on n'ait plus d'yeux pour personne? La belle chose de vouloir se piquer d'un faux honneur d'être fidèle, de s'ensevelir pour toujours dans une passion, et d'être mort dès sa jeunesse à toutes les autres beautés qui nous peuvent frapper les yeux! Non, non, la constance n'est bonne que pour des ridicules; toutes les belles ont droit de nous charmer, et l'avantage d'être rencontrée la première ne doit point dérober aux autres les justes prétentions qu'elles ont toutes sur nos cœurs. Pour moi, la beauté me ravit partout où je la trouve, et je cède facilement à cette douce violence dont elle nous entraîne. J'ai beau être engagé, l'amour que j'ai pour une belle n'engage point mon âme à faire injustice aux autres; je conserve des yeux pour voir le mérite de toutes, et rends à chacune les hommages et les tributs où la nature nous oblige. Quoi qu'il en soit, je ne puis refuser mon cœur à tout ce que je vois d'aimable; et dès qu'un beau visage me le demande, si j'en avois dix mille, je les donnerois tous. Les inclinations naissantes, après tout, ont des charmes inexplicables, et tout le plaisir de l'amour est dans le changement. On goûte une douceur extrême à réduire par cent hommages le cœur d'une jeune beauté; à voir de jour en jour les petits progrès qu'on y fait; à combattre par des transports, par des larmes et des soupirs, l'innocente pudeur d'une âme qui a peine à rendre les armes; à forcer pied à pied toutes les petites résistances qu'elle nous oppose; à vaincre les scrupules dont elle se fait un honneur; et à la mener doucement où nous avons envie de la faire venir. Mais lorsqu'on en est maître une fois, il n'y a plus rien à souhaiter; tout le beau de la passion est fini, et nous nous endormons dans la tranquillité d'un tel amour, si quelque objet nouveau ne vient réveiller nos désirs, et présenter à notre cœur les charmes attrayants d'une conquête à faire. Enfin il n'est rien de si doux que de triompher de la résistance d'une belle personne; et j'ai sur ce sujet l'ambition des conquérants, qui volent perpétuellement de victoire en victoire, et ne peuvent se résoudre à borner leurs souhaits. Il n'est rien qui puisse arrêter l'impétuosité de mes désirs; je me sens un cœur à aimer toute la terre; et, comme Alexandre, je souhaiterois qu'il y eût d'autres mondes pour y pouvoir étendre mes conquêtes amoureuses.

SGANARELLE.

Vertu de ma vie! comme vous débitez! Il semble que vous ayez appris cela par cœur, et vous parlez tout comme un livre.

D. JUAN.

Qu'as-tu à dire là-dessus?

SGANARELLE.

Ma foi, j'ai à dire... Je ne sais que dire : car vous tournez les choses d'une manière, qu'il semble que vous avez raison; et cependant il est vrai que vous ne l'avez pas. J'avois les plus belles pensées du monde, et vos discours m'ont brouillé tout cela. Laissez faire; une autre fois je mettrai mes raisonnements par écrit pour disputer avec vous.

D. JUAN.

Tu feras bien.

SGANARELLE.

Mais, monsieur, cela seroit-il de la permission que vous m'avez donnée, si je vous disois que je suis tant soit peu scandalisé de la vie que vous menez?

D. JUAN.

Comment! quelle vie est-ce que je mène?

SGANARELLE.

Fort bonne. Mais, par exemple, de vous voir tous les mois vous marier comme vous faites...

D. JUAN.

Y a-t-il rien de plus agréable?

SGANARELLE.

Il est vrai, je conçois que cela est fort agréable et fort divertissant; et je m'en accommoderois assez, moi, s'il n'y avoit point de mal : mais, monsieur, se jouer ainsi du mariage, qui...

D. JUAN.

Va, va, c'est une affaire que je saurai bien démêler sans que tu t'en mettes en peine.

SGANARELLE.

Ma foi, monsieur, vous faites une méchante raillerie.

D. JUAN.

Holà, maître sot. Vous savez que je vous ai dit que je n'aime pas les faiseurs de remontrances.

SGANARELLE.

Je ne parle pas aussi à vous, Dieu m'en garde. Vous savez ce que vous faites, vous; et, si vous êtes libertin, vous avez vos raisons : mais il y a de certains petits impertinents dans le monde qui le sont sans savoir pourquoi, qui font les esprits forts, parce qu'ils croient que cela leur sied bien; et si j'avois un maître comme cela, je lui dirois nettement, le regardant en face, C'est bien à vous, petit ver de terre, petit mirmidon que vous êtes (je parle au maître que j'ai dit); c'est bien à vous à vouloir vous mêler de tourner en raillerie ce que tous les hommes révèrent! Pensez-vous que pour être de qualité, pour avoir une perruque blonde et bien frisée, des plumes à votre chapeau, un habit bien doré, et des rubans couleur de feu (ce n'est pas à vous que je parle, c'est à l'autre); pensez-vous, dis-je, que vous en soyez plus habile homme, que tout vous soit permis, et qu'on n'ose vous dire vos vérités? Apprenez de moi, qui suis votre valet, que les libertins ne font jamais une bonne fin, et que...

D. JUAN.

Paix!

SGANARELLE.

De quoi est-il question?

D. JUAN.

Il est question de te dire qu'une beauté me tient au cœur, et qu'entraîné par ses appas, je l'ai suivie jusqu'en cette ville.

SGANARELLE.

Et ne craignez-vous rien, monsieur, de la mort de ce commandeur que vous tuâtes il y a six mois?

D. JUAN.

Et pourquoi craindre? Ne l'ai-je pas bien tué?

SGANARELLE.

Fort bien, le mieux du monde; et il auroit tort de se plaindre.

D. JUAN.

J'ai eu ma grâce de cette affaire.

SGANARELLE.

Oui : mais cette grâce n'éteint pas peut-être le ressentiment des parents et des amis ; et...

D. JUAN.

Ah ! n'allons point songer au mal qui nous peut arriver, et songeons seulement à ce qui peut donner du plaisir. La personne dont je te parle est une jeune fiancée, la plus agréable du monde, qui a été conduite ici par celui même qu'elle y vient épouser ; et le hasard me fit voir ce couple d'amants trois ou quatre jours avant leur voyage. Jamais je n'ai vu deux personnes être si contentes l'une de l'autre, et faire éclater plus d'amour. La tendresse visible de leurs mutuelles ardeurs me donna de l'émotion ; j'en fus frappé au cœur, et mon amour commença par la jalousie. Oui, je ne pus souffrir d'abord de les voir si bien ensemble ; le dépit alluma mes désirs, et je me figurai un plaisir extrême à pouvoir troubler leur intelligence, et rompre cet attachement dont la délicatesse de mon cœur se tenoit offensée : mais jusqu'ici tous mes efforts ont été inutiles, et j'ai recours au dernier remède. Cet époux prétendu doit aujourd'hui régaler sa maîtresse d'une promenade sur mer. Sans t'en avoir rien dit, toutes choses sont préparées pour satisfaire mon amour, et j'ai une petite barque et des gens avec quoi fort facilement je prétends enlever la belle.

SGANARELLE.
Ah! monsieur...

D. JUAN.
Hé!

SGANARELLE.
C'est fort bien fait à vous, et vous le prenez comme il faut. Il n'est rien tel en ce monde que de se contenter.

D. JUAN.
Prépare-toi donc à venir avec moi, et prends soin toi-même d'apporter toutes mes armes, afin que... (apercevant done Elvire.) Ah! rencontre fâcheuse! Traître! tu ne m'avois pas dit qu'elle étoit ici elle-même.

SGANARELLE.
Monsieur, vous ne me l'avez pas demandé.

D. JUAN.
Est-elle folle de n'avoir pas changé d'habit, et de venir en ce lieu-ci avec son équipage de campagne?

SCÈNE III.

DONE ELVIRE, D. JUAN, SGANARELLE.

DONE ELVIRE.
Me ferez-vous la grâce, don Juan, de vouloir bien me reconnoître? et puis-je au moins espérer que vous daigniez tourner le visage de ce côté?

D. JUAN.
Madame, je vous avoue que je suis surpris, et que je ne vous attendois pas ici.

DONE ELVIRE.

Oui, je vois bien que vous ne m'y attendiez pas, et vous êtes surpris, à la vérité, mais tout autrement que je ne l'espérois; et la manière dont vous le paroissez me persuade pleinement ce que je refusois de croire. J'admire ma simplicité, et la foiblesse de mon cœur à douter d'une trahison que tant d'apparences me confirmoient. J'ai été assez bonne, je le confesse, ou plutôt assez sotte, pour me vouloir tromper moi-même, et travailler à démentir mes yeux et mon jugement. J'ai cherché des raisons pour excuser à ma tendresse le relâchement d'amitié qu'elle voyoit en vous; et je me suis forgé exprès cent sujets légitimes d'un départ si précipité, pour vous justifier du crime dont ma raison vous accusoit. Mes justes soupçons chaque jour avoient beau me parler, j'en rejetois la voix qui vous rendoit criminel à mes yeux, et j'écoutois avec plaisir mille chimères ridicules qui vous peignoient innocent à mon cœur; mais enfin cet abord ne me permet plus de douter, et le coup d'œil qui m'a reçue m'apprend bien plus de choses que je ne voudrois en savoir. Je serai bien aise pourtant d'ouïr de votre bouche les raisons de votre départ. Parlez, don Juan, je vous prie; et voyons de quel air vous saurez vous justifier.

D. JUAN.

Madame, voilà Sganarelle qui sait pourquoi je suis parti.

SGANARELLE, bas, à don Juan.

Moi, monsieur? je n'en sais rien, s'il vous plaît.

ACTE I, SCÈNE III.

DONE ELVIRE.

Hé bien! Sganarelle, parlez. Il n'importe de quelle bouche j'entende ses raisons.

D. JUAN, faisant signe à Sganarelle d'approcher.

Allons, parle donc à madame.

SGANARELLE, bas, à don Juan.

Que voulez-vous que je dise?

DONE ELVIRE.

Approchez, puisqu'on le veut ainsi, et me dites un peu les causes d'un départ si prompt.

D. JUAN.

Tu ne répondras pas?

SGANARELLE, bas, à don Juan.

Je n'ai rien à répondre. Vous vous moquez de votre serviteur.

D. JUAN.

Veux-tu répondre? te dis-je.

SGANARELLE.

Madame...

DONE ELVIRE.

Quoi?

SGANARELLE, se tournant vers son maître.

Monsieur...

D. JUAN, en le menaçant.

Si...

SGANARELLE.

Madame, les conquérants, Alexandre, et les autres

mondes, sont cause de notre départ. Voilà, monsieur, tout ce que je puis dire.

DONE ELVIRE.

Vous plaît-il, don Juan, nous éclaircir ces beaux mystères ?

D. JUAN.

Madame, à vous dire la vérité...

DONE ELVIRE.

Ah ! que vous savez mal vous défendre pour un homme de cour et qui doit être accoutumé à ces sortes de choses ! J'ai pitié de vous voir la confusion que vous avez. Que ne vous armez-vous le front d'une noble effronterie ? Que ne me jurez-vous que vous êtes toujours dans les mêmes sentiments pour moi, que vous m'aimez toujours avec une ardeur sans égale, et que rien n'est capable de vous détacher de moi que la mort ? Que ne me dites-vous que des affaires de la dernière conséquence vous ont obligé à partir sans m'en donner avis ; qu'il faut que, malgré vous, vous demeuriez ici quelque temps, et que je n'ai qu'à m'en retourner d'où je viens, assurée que vous suivrez mes pas le plus tôt qu'il vous sera possible ; qu'il est certain que vous brûlez de me rejoindre, et qu'éloigné de moi vous souffrez ce que souffre un corps qui est séparé de son âme ? Voilà comme il faut vous défendre, et non pas être interdit comme vous êtes.

D. JUAN.

Je vous avoue, madame, que je n'ai point le talent de dissimuler, et que je porte un cœur sincère. Je ne vous dirai point que je suis toujours dans les mêmes sentiments pour vous, et que je brûle de vous rejoindre, puisqu'enfin il est assuré que je ne suis parti que pour vous fuir, non point par les raisons que vous pouvez vous figurer, mais par un pur motif de conscience, et pour ne croire pas qu'avec vous davantage je puisse vivre sans péché. Il m'est venu des scrupules, madame, et j'ai ouvert les yeux de l'âme sur ce que je faisois. J'ai fait réflexion que, pour vous épouser, je vous ai dérobée à la clôture d'un couvent, que vous avez rompu des vœux qui vous engageoient autre part, et que le ciel est fort jaloux de ces sortes de choses. Le repentir m'a pris, et j'ai craint le courroux céleste. J'ai cru que notre mariage n'étoit qu'un adultère déguisé, qu'il nous attireroit quelque disgrace d'en-haut, et qu'enfin je devois tâcher de vous oublier et vous donner un moyen de retourner à vos premières chaînes. Voudriez-vous, madame, vous opposer à une si sainte pensée, et que j'allasse, en vous retenant, me mettre le ciel sur les bras; que par...?

DONE ELVIRE.

Ah! scélérat, c'est maintenant que je te connois tout entier; et, pour mon malheur, je te connois lorsqu'il n'en est plus temps, et qu'une telle connoissance ne peut plus me servir qu'à me désespérer : mais sache que ton crime ne demeurera pas impuni, et que le même ciel dont tu te joues, me saura venger de ta perfidie.

D. JUAN.

Madame...

DONE ELVIRE.

Il suffit, je n'en veux pas ouïr davantage, et je m'accuse même d'en avoir trop entendu. C'est une lâcheté que de se faire expliquer trop sa honte; et, sur de tels sujets, un noble cœur au premier mot doit prendre son parti. N'attends pas que j'éclate ici en reproches et en injures; non, non, je n'ai point un courroux à s'exhaler en paroles vaines, et toute sa chaleur se réserve pour sa vengeance. Je te le dis encore, le ciel te punira, perfide, de l'outrage que tu me fais; et, si le ciel n'a rien que tu puisses appréhender, appréhende du moins la colère d'une femme offensée.

SCÈNE IV.

D. JUAN, SGANARELLE.

SGANARELLE, à part.

Si le remords le pouvoit prendre!

D. JUAN, après un moment de réflexion.

Allons songer à l'exécution de notre entreprise amoureuse.

SGANARELLE, seul.

Ah! quel abominable maître me vois-je obligé de servir!

FIN DU PREMIER ACTE.

ACTE SECOND.

SCÈNE I.

CHARLOTTE, PIERROT.

CHARLOTTE.

Notre dinse! Piarrot, tu t'es trouvé là bian à point!

PIERROT.

Parguienne! il ne s'en est pas fallu l'époisseur d'une éplingue qu'ils ne se sayant nayés tous deux.

CHARLOTTE.

C'est donc le coup de vent d'à matin qui les avoit renvarsés dans la mar?

PIERROT.

Aga, quien, Charlotte, je m'en vais te conter tout fin drait comme cela est venu : car, comme dit l'autre, je les ai le premier avisés, avisés le premier je les ai. Enfin donc, j'étions sur le bord de la mar, moi et le gros Lucas, et je nous amusions à batifoler avec des mottes de tarre que je nous jesquions à la tête; car, comme tu sais bian, le gros Lucas aime à batifoler, et moi, parfouas, je batifole itou. En batifolant donc, pisque batifoler y a, j'ai aparçu de tout loin queuque chose qui grouilloit dans gliau, et qui venoit comme envars nous par secousse. Je voyois cela fixiblement ; pis tout d'un coup je voyois que je ne voyois plus rian. Hé ! Lucas, c'ai-je fait, je pense que vlà deux hommes qui nagiant là-bas. Voire, ce m'a-t-il fait, t'as été au trépassement d'un chat, t'as la vue trouble. Par sanguienne ! c'ai-je fait, je n'ai point la vue trouble, ce sont des hommes. Point du tout, ce m'a-t-il fait ; t'as la barlue. Veux-tu gager, c'ai-je fait, que je n'ai point la barlue, c'ai-je fait, et que ce sont deux hommes, c'ai-je fait, qui nagiant drait ici, c'ai-je fait ? Morguienne ! ce m'a-t-il fait, je gage que non. Oh çà, c'ai-je fait, veux-tu gager dix sous que si ? Je le veux bian, ce m'a-t-il fait ; et pour te montrer, vlà argent su jeu, ce m'a-t-il fait. Moi, je n'ai point été ni fou ni étourdi, j'ai bravement bouté à tarre quatre pièces tapées, et cinq sous en doubles, jerniguienne ! aussi hardiment que si j'avois avalé un varre de vin ; car je sis hasardeux, moi, et je vas à la débandade. Je savois bien ce que je faisois pourtant. Queuque gniais... Enfin donc je n'avons pas putôt eu gagé, que j'avons vu les deux hommes tout à plain qui nous faisiant signe de les aller quérir ; et moi de tirer les enjeux. Allons, Lucas, c'ai-je dit, tu vois bien qu'ils nous appelont ; allons vite à leu secours. Non, ce m'a-t-il dit, ils m'ont fait pardre. Oh donc, tanquia qu'à la parfin, pour le faire court, je l'ai tant sarmonné, que je nous sommes boutés dans une barque ; et pis j'avons tant fait cahin caha, que je les avons tirés de gliau ; et pis je les avons menés cheux nous auprès du feu ; et pis ils se sant dépouillés tout nus pour se sécher ; et pis il y en est venu encore deux de la même bande qui s'éfuiant sauvés tout seuls; et pis Mathurine est arrivée là, qui l'en a fait les doux yeux. Vlà justement, Charlotte, comme tout ça s'est fait.

CHARLOTTE.

Ne m'as-tu pas dit, Piarrot, qu'il y en a un qui est bian mieux fait que les autres?

PIERROT.

Oui, c'est le maître. Il faut que ce soit queuque gros monsieu, car il a du d'or à son habit tout depis le haut usqu'en bas, et ceux qui le servont sont des monsieux eux-mêmes; et stapendant, tout gros monsieu qu'il est, il seroit, parmafiqué, nayé si je n'avions été là.

CHARLOTTE.

Ardez un peu!

PIERROT.

Oh! parguienne! sans nous, il en avoit pour sa maine de fèves.

CHARLOTTE.

Est-il encore cheux toi tout nu, Piarrot?

PIERROT.

Nannain, ils l'avont r'habillé tout devant nous. Mon guieu! je n'en avois jamais vu s'habiller. Que d'histoires et d'engingorniaux boutont ces messieux-là les courtisans! Je me pardrois là-dedans, pour moi; et j'étois tout ébobi de voir ça. Quien, Charlotte, ils avont des cheveux qui ne tenont point à leur tête; et ils boutont ça, après tout, comme un gros bonnet de filasse. Ils ant des chemises qui ont des manches où j'entrerions tout brandis toi et moi.

En glieu d'haut-de-chausse, ils portont une garde-robe aussi large que d'ici à Pâque; en glieu de pourpoint, de petites brassières qui ne leu venont pas jusqu'au brichet; et, en glieu de rabat, un grand mouchoir de cou à résiau, aveuc quatre grosses houppes de linge qui leu pendont sur l'estomaque. Ils avont itou d'autres petits rabats au bout des bras, et de grands entonnois de passement aux jambes, et, parmi tout ça, tant de rubans, tant de rubans, que c'est une vraie piquié : ignia pas jusqu'aux souliers qui n'en soyont farcis tout depis un bout jusqu'à l'autre; et ils sont faits d'eune façon que je me romprois le cou aveuc.

CHARLOTTE.

Par ma fi, Piarrot, il faut que j'aille voir un peu ça.

PIERROT.

Oh! acoute un peu auparavant, Charlotte. J'ai queuque autre chose à te dire, moi.

CHARLOTTE.

Hé bian! dis; qu'est-ce que c'est?

PIERROT.

Vois-tu, Charlotte, il faut, comme dit l'autre, que je débonde mon cœur. Je t'aime, tu le sais bian, et je sommes pour être mariés ensemble; mais, marguienne, je ne su's point satisfait de tei.

CHARLOTTE.

Quement! qu'est-ce que c'est donc qu'iglia?

PIERROT.

Iglia que tu me chagraines l'esprit, franchement.

CHARLOTTE.

Et quement donc?

PIERROT.

Tétiguienne! tu ne m'aimes point.

CHARLOTTE.

Ah! ah! n'est-ce que ça?

PIERROT.

Oui, ce n'est que ça, et c'est bian assez.

CHARLOTTE.

Mon guieu! Piarrot, tu me viens toujours dire la même chose.

PIERROT.

Je te dis toujou la même chose, parce que c'est toujou la même chose; et si ce n'étoit pas toujou la même chose, je ne te dirois pas toujou la même chose.

CHARLOTTE.

Mais qu'est-ce qu'il te faut? Que veux-tu?

PIERROT.

Jerniguienne! je veux que tu m'aimes.

CHARLOTTE.

Est-ce que je ne t'aime pas?

PIERROT.

Non, tu ne m'aimes pas, et si je fais tout ce que je pis pour ça. Je t'achète, sans reproche, des rubans à tous les marciers qui passont; je me romps le cou à t'aller dénicher des marles; je fais jouer pour toi les vielleux quand ce vient ta fête : et tout ça comme si je me frappois la tête contre un mur. Vois-tu, ça n'est ni biau ni honnête de n'aimer pas les gens qui nous aimont.

CHARLOTTE.

Mais, mon guieu! je t'aime aussi.

PIERROT.

Oui, tu m'aimes d'une belle dégaîne!

CHARLOTTE.

Quement veux-tu donc qu'on fasse?

PIERROT.

Je veux que l'en fasse comme l'en fait quand l'en aime comme il faut.

CHARLOTTE.

Ne t'aimé-je pas aussi comme il faut?

PIERROT.

Non. Quand ça est, ça se voit; et l'en fait mille petites singeries aux personnes, quand en les aime du bon du cœur. Regarde la grosse Thomasse, comme alle est assotée du jeune Robain : alle est toujou autour de li à l'agacer, et ne le laisse jamais en repos. Toujou alle li fait queuque niche, ou li baille queuque taloche en passant; et, l'autre jour qu'il étoit assis sur un escabiau, alle fut le tirer de dessous li, et le fit choir tout de son long par tarre. Jarni! vlà où l'en voit les gens qui aimont! Mais toi, tu ne me dis jamais mot, t'es toujou là comme eune vrai souche de bois; et je passerois vingt fois devant toi, que tu ne te grouillerois pas pour me bailler le moindre coup, ou me dire la moindre chose. Ventreguienne! ça n'est pas bian, après tout; et t'es trop froide pour les gens.

CHARLOTTE.

Que veux-tu que j'y fasse? C'est mon himeur, et je ne me pis refondre.

PIERROT.

Ignia himeur qui tienne. Quand en a de l'amiquié pour les parsonnes, l'en en baille toujou queuque petite signifiance.

CHARLOTTE.

Enfin, je t'aime tout autant que je pis; et, si tu n'es pas content de ça, tu n'as qu'à en aimer queuque autre.

PIERROT.

Hé bian! vlà pas mon compte? Tétigué! si tu m'aimois, me dirois-tu ça?

CHARLOTTE.

Pourquoi me viens-tu aussi tarabuster l'esprit?

PIERROT.

Morgué! queu mal te fais-je? Je ne te demande qu'un peu d'amiquié.

CHARLOTTE.

Hé bian! laisse faire aussi, et ne me presse point tant. Peut-être que ça viendra tout d'un coup sans y songer.

PIERROT.

Touche donc là, Charlotte.

CHARLOTTE, *donnant sa main.*

Hé bian! quien.

PIERROT.

Promets-moi donc que tu tâcheras de m'aimer davantage.

CHARLOTTE.

J'y ferai tout ce que je pourrai; mais il faut que ça vienne de lui-même. Piarrot, est-ce là ce monsieu?

PIERROT.

Oui, le vlà.

CHARLOTTE.

Ah! mon guieu! qu'il est genti! et que ç'auroit été dommage qu'il eût été nayé!

PIERROT.

Je revians tout à l'heure; je m'en vais boire chopaine pour me rebouter tant soit peu de la fatigue que j'ai eue.

SCÈNE II.

D. JUAN, SGANARELLE; CHARLOTTE,
DANS LE FOND DU THÉATRE.

D. JUAN.

Nous avons manqué notre coup, Sganarelle, et cette bourrasque imprévue a renversé avec notre barque le projet que nous avions fait : mais, à te dire vrai, la paysanne que je viens de quitter répare ce malheur, et je lui ai trouvé des charmes qui effacent de mon esprit tout le chagrin que me donnoit le mauvais succès de notre entreprise. Il ne faut pas que ce cœur m'échappe; et j'y ai déjà jeté des dispositions à ne pas me souffrir long-temps pousser des soupirs.

SGANARELLE.

Monsieur, j'avoue que vous m'étonnez. A peine somnes-nous échappés d'un péril de mort, qu'au lieu de rendre grâce au ciel de la pitié qu'il a daigné prendre de nous, vous travaillez tout de nouveau à attirer sa colère par vos fantaisies accoutumées et vos amours cr... (D. Juan prend un air menaçant.) Paix ! coquin que vous êtes ; vous ne savez ce que vous dites, et monsieur sait ce qu'il fait. Allons.

D. JUAN, apercevant Charlotte.

Ah ! ah ! d'où sort cette autre paysanne, Sganarelle ? As-tu rien vu de plus joli ? et ne trouves-tu pas, dis-moi, que celle-ci vaut bien l'autre ?

SGANARELLE.

Assurément. (à part.) Autre pièce nouvelle !

D. JUAN, à Charlotte.

D'où me vient, la belle, une rencontre si agréable ? Quoi ! dans ces lieux champêtres, parmi ces arbres et ces rochers, on trouve des personnes faites comme vous êtes !

CHARLOTTE.

Vous voyez, monsieu.

D. JUAN.

Êtes-vous de ce village ?

CHARLOTTE.

Oui, monsieu

D. JUAN.

Et vous y demeurez ?

CHARLOTTE.

Oui, monsieu.

D. JUAN.

Vous vous appelez ?

CHARLOTTE.

Charlotte, pour vous sarvir.

D. JUAN.

Ah! la belle personne! et que ses yeux sont pénétrants!

CHARLOTTE.

Monsieu, vous me rendez toute honteuse.

D. JUAN.

Ah! n'ayez point de honte d'entendre dire vos vérités. Sganarelle, qu'en dis-tu? Peut-on rien voir de plus agréable? Tournez-vous un peu, s'il vous plaît. Ah! que cette taille est jolie! Haussez un peu la tête, de grâce. Ah! que ce visage est mignon! Ouvrez vos yeux entièrement. Ah! qu'ils sont beaux! Que je voie un peu vos dents, je vous prie. Ah! qu'elles sont amoureuses, et ces lèvres appétissantes! Pour moi, je suis ravi, et je n'ai jamais vu une si charmante personne.

CHARLOTTE.

Monsieu, cela vous plaît à dire, et je ne sais pas si c'est pour vous railler de moi.

D. JUAN.

Moi, me railler de vous? Dieu m'en garde! Je vous aime trop pour cela, et c'est du fond du cœur que je vous parle.

CHARLOTTE.

Je vous sis bian obligée, si ça est.

D. JUAN.

Point du tout, vous ne m'êtes point obligée de tout ce

ACTE II, SCÈNE II.

que je dis; et ce n'est qu'à votre beauté que vous en êtes redevable.

CHARLOTTE.

Monsieu, tout ça est trop bian dit pour moi, et je n'ai pas d'esprit pour vous répondre.

D. JUAN.

Sganarelle, regarde un peu ses mains.

CHARLOTTE.

Fi, monsieu! elles sont noires comme je ne sais quoi.

D. JUAN.

Ah! que dites-vous là? elles sont les plus blanches du monde : souffrez que je les baise, je vous prie.

CHARLOTTE.

Monsieu, c'est trop d'honneur que vous me faites; et, si j'avois su ça tantôt, je n'aurois pas manqué de les laver avec du son.

D. JUAN.

Hé! dites-moi un peu, belle Charlotte, vous n'êtes pas mariée, sans doute?

CHARLOTTE.

Non, monsieu; mais je dois bientôt l'être avec Piarrot, le fils de la voisine Simonnette.

D. JUAN.

Quoi! une personne comme vous seroit la femme d'un simple paysan! Non, non; c'est profaner tant de beautés, et vous n'êtes pas née pour demeurer dans un village. Vous méritez, sans doute, une meilleure fortune; et le ciel, qui le connoît bien, m'a conduit ici tout exprès pour empêcher ce mariage, et rendre justice à vos charmes : car enfin, belle Charlotte, je vous aime de tout mon cœur; et il ne tiendra qu'à vous que je vous arrache de ce misérable lieu, et que je vous mette dans l'état où vous méritez d'être. Cet amour est bien prompt, sans doute : mais quoi! c'est un effet, Charlotte, de votre grande beauté; et l'on vous aime autant en un quart d'heure qu'on feroit une autre en six mois.

CHARLOTTE.

Aussi, vrai, monsieu, je ne sais comment faire quand vous parlez. Ce que vous dites me fait aise, et j'aurois toutes les envies du monde de vous croire; mais on m'a toujours dit qu'il ne faut jamais croire les monsieux, et que vous autres courtisans êtes des enjôleux qui ne songez qu'à abuser les filles.

D. JUAN.

Je ne suis pas de ces gens-là.

SGANARELLE, à part.

Il n'a garde.

CHARLOTTE.

Voyez-vous, monsieu, il n'y a pas plaisir à se laisser abuser. Je suis une pauvre paysanne; mais j'ai l'honneur en recommandation, et j'aimerois mieux me voir morte que de me voir déshonorée.

D. JUAN.

Moi, j'aurois l'âme assez méchante pour abuser une personne comme vous? Je serois assez lâche pour vous déshonorer? Non, non; j'ai trop de conscience pour cela.

Je vous aime, Charlotte, en tout bien et en tout honneur ; et, pour vous montrer que je dis vrai, sachez que je n'ai point d'autre dessein que de vous épouser. En voulez-vous un plus grand témoignage ? M'y voilà prêt, quand vous voudrez ; et je prends à témoin l'homme que voilà de la parole que je vous donne.

SGANARELLE.

Non, non, ne craignez point ; il se mariera avec vous tant que vous voudrez.

D. JUAN.

Ah ! Charlotte, je vois bien que vous ne me connoissez pas encore. Vous me faites grand tort de juger de moi par les autres ; et s'il y a des fourbes dans le monde, des gens qui ne cherchent qu'à abuser des filles, vous devez me tirer du nombre, et ne pas mettre en doute la sincérité de ma foi : et puis, votre beauté vous assure de tout. Quand on est faite comme vous, on doit être à couvert de toutes ces sortes de craintes : vous n'avez point l'air, croyez-moi, d'une personne qu'on abuse ; et pour moi, je l'avoue, je me percerois le cœur de mille coups, si j'avois eu la moindre pensée de vous trahir.

CHARLOTTE.

Mon guieu ! je ne sais si vous dites vrai, ou non, mais vous faites que l'on vous croit.

D. JUAN.

Lorsque vous me croirez, vous me rendrez justice assurément ; et je vous réitère encore la promesse que je vous ai faite. Ne l'acceptez-vous pas? et ne voulez-vous pas consentir à être ma femme?

CHARLOTTE.

Oui, pourvu que ma tante le veuille.

D. JUAN.

Touchez donc là, Charlotte, puisque vous le voulez bien de votre part.

CHARLOTTE.

Mais, au moins, monsieu, ne m'allez pas tromper, je vous prie; il y auroit de la conscience à vous; et vous voyez comme j'y vais à la bonne foi.

D. JUAN.

Comment! il semble que vous doutiez encore de ma sincérité! Voulez-vous que je fasse des serments épouvantables? Que le ciel...

CHARLOTTE.

Mon guieu! ne jurez point; je vous crois.

D. JUAN.

Donnez-moi donc un petit baiser, pour gage de votre parole.

CHARLOTTE.

Oh! monsieu, attendez que je soyons mariés, je vous prie : après ça, je vous baiserai tant que vous voudrez.

D. JUAN.

Hé bien! belle Charlotte, je veux tout ce que vous voulez; abandonnez-moi seulement votre main, et souffrez que, par mille baisers, je lui exprime le ravissement où je suis.

SCÈNE III.

D. JUAN, SGANARELLE, PIERROT, CHARLOTTE.

PIERROT, *poussant don Juan qui baise la main de Charlotte.*

Tout doucement, monsieu; tenez-vous, s'il vous plaît. Vous vous échauffez trop, et vous pourriez gagner la purésie.

D. JUAN, *repoussant rudement Pierrot.*

Qui m'amène cet impertinent?

PIERROT, *se mettant entre don Juan et Charlotte.*

Je vous dis qu'ou vous tegniez, et qu'ou ne caressiez point nos accordées.

D. JUAN, *repoussant encore Pierrot.*

Ah! que de bruit!

PIERROT.

Jerniguienne! ce n'est pas comme ça qu'il faut pousser les gens.

CHARLOTTE, *prenant Pierrot par le bras.*

Et laisse-le faire aussi, Piarrot.

PIERROT.

Quement! que je le laisse faire? Je ne veux pas, moi.

D. JUAN.

Ah!

PIERROT.

Tétiguienne! parce qu'ous êtes monsieu, vous viendrez caresser nos femmes à notre barbe? Allez-v's-en caresser les vôtres.

D. JUAN.

Hé!

PIERROT.

Hé! (Don Juan lui donne un soufflet.) Tétigué! ne me frappez pas. (autre soufflet.) Oh! jernigué! (autre soufflet.) Ventregué! (autre soufflet.) Palsanguié! morguienne! ça n'est pas bian de battre les gens, et ce n'est pas là la récompense de v's avoir sauvé d'être nayé.

CHARLOTTE.

Piarrot, ne te fâche point.

PIERROT.

Je me veux fâcher; et t'es une vilaine, toi, d'endurer qu'on te cajole.

CHARLOTTE.

Oh! Piarrot, ce n'est pas ce que tu penses. Ce monsieu veut m'épouser, et tu ne dois pas te bouter en colère.

PIERROT.

Quement! jerni! tu m'es promise.

CHARLOTTE.

Ça n'y fait rian, Piarrot. Si tu m'aimes, ne dois-tu pas être bian aise que je devienne madame?

PIERROT.

Jernigué! non. J'aime mieux te voir crevée que de te voir à un autre.

CHARLOTTE.

Va, va, Piarrot, ne te mets point en peine. Si je sis madame, je te ferai gagner queuque chose, et tu apporteras du beurre et du fromage cheux nous.

PIERROT.

Ventreguienne! je gni en porterai jamais, quand tu m'en paierois deux fouas autant. Est-ce donc comme ça que t'écoutes ce qu'il te dit? Morguienne! si j'avois su ça tantôt, je me serois bian gardé de le tirer de gliau, et je gli aurois baillé un bon coup d'aviron sur la tête.

D. JUAN, *s'approchant de Pierrot pour le frapper.*

Qu'est-ce que vous dites?

PIERROT, *se mettant derrière Charlotte.*

Jerniguienne! je ne crains parsonne.

D. JUAN, *passant du côté où est Pierrot.*

Attendez-moi un peu.

PIERROT, *repassant de l'autre côté.*

Je me moque de tout, moi.

D. JUAN, *courant après Pierrot.*

Voyons cela.

PIERROT, *se sauvant encore derrière Charlotte.*

J'en avons bian vu d'autres.

D. JUAN.

Ouais!

SGANARELLE.

Hé! monsieur, laissez là ce pauvre misérable. C'est conscience de le battre. (*à Pierrot en se mettant entre lui et don Juan.*) Écoute, mon pauvre garçon, retire-toi, et ne lui dis rien.

PIERROT, *passant devant Sganarelle, et regardant fièrement don Juan.*

Je veux lui dire, moi.

D. JUAN, levant la main pour donner un soufflet à Pierrot.

Ah! je vous apprendrai...

(Pierrot baisse la tête, et Sganarelle reçoit le soufflet.)

SGANARELLE, regardant Pierrot.

Peste soit du maroufle!

D. JUAN, à Sganarelle.

Te voilà payé de ta charité.

PIERROT.

Jarni! je vas dire à sa tante tout ce ménage-ci.

SCÈNE IV.

D. JUAN, CHARLOTTE, SGANARELLE.

D. JUAN, à Charlotte.

Enfin je m'en vais être le plus heureux de tous les hommes, et je ne changerois pas mon bonheur contre toutes les choses du monde. Que de plaisirs quand vous serez ma femme! et que...

SCÈNE V.

D. JUAN, MATHURINE, CHARLOTTE, SGANARELLE.

SGANARELLE, apercevant Mathurine.

Ah! ah!

MATHURINE, à don Juan.

Monsieu, que faites-vous donc là avec Charlotte? Est-ce que vous lui parlez d'amour aussi?

ACTE II, SCÈNE V.

D. JUAN, bas, à Mathurine.

Non. Au contraire, c'est elle qui me témoignoit une envie d'être ma femme, et je lui répondois que j'étois engagé à vous.

CHARLOTTE, à don Juan.

Qu'est-ce que c'est donc que vous veut Mathurine?

D. JUAN, bas, à Charlotte.

Elle est jalouse de me voir vous parler, et voudroit bien que je l'épousasse; mais je lui dis que c'est vous que je veux.

MATHURINE.

Quoi! Charlotte...

D. JUAN, bas, à Mathurine.

Tout ce que vous lui direz sera inutile, elle s'est mis cela dans la tête.

CHARLOTTE.

Quement donc! Mathurine...

D. JUAN, bas, à Charlotte.

C'est en vain que vous lui parlerez, vous ne lui ôterez pas cette fantaisie.

MATHURINE.

Est-ce que...?

D. JUAN, bas, à Mathurine.

Il n'y a pas moyen de lui faire entendre raison.

CHARLOTTE.

Je voudrois...

D. JUAN, bas, à Charlotte.

Elle est obstinée comme tous les diables.

MATHURINE.

Vramant...

D. JUAN, bas, à Mathurine.

Ne lui dites rien, c'est une folle.

CHARLOTTE.

Je pense...

D. JUAN, bas, à Charlotte.

Laissez-la là, c'est une extravagante.

MATHURINE.

Non, non, il faut que je lui parle.

CHARLOTTE.

Je veux voir un peu ses raisons.

MATHURINE.

Quoi!...

D. JUAN, bas, à Mathurine.

Je gage qu'elle va vous dire que je lui ai promis de l'épouser.

CHARLOTTE.

Je...

D. JUAN, bas, à Charlotte.

Gageons qu'elle vous soutiendra que je lui ai donné parole de la prendre pour femme.

MATHURINE.

Holà! Charlotte, ça n'est pas bian de courir su le marché des autres.

CHARLOTTE.

Ça n'est pas honnête, Mathurine, d'être jalouse que monsieu me parle.

MATHURINE.

C'est moi que monsieu a vue la première.

CHARLOTTE.

S'il vous a vue la première, il m'a vue la seconde, et m'a promis de m'épouser.

D. JUAN, bas, à Mathurine.

Hé bien! que vous ai-je dit?

MATHURINE, à Charlotte.

Je vous baise les mains; c'est moi, et non pas vous, qu'il a promis d'épouser.

D. JUAN, bas, à Charlotte.

N'ai-je pas deviné?

CHARLOTTE.

A d'autres, je vous prie; c'est moi, vous dis-je.

MATHURINE.

Vous vous moquez des gens; c'est moi, encore un coup.

CHARLOTTE.

Le vlà qui est pour le dire, si je n'ai pas raison.

MATHURINE.

Le vlà qui est pour me démentir, si je ne dis pas vrai.

CHARLOTTE.

Est-ce, monsieu, que vous lui avez promis de l'épouser?

D. JUAN, bas, à Charlotte.

Vous vous raillez de moi.

MATHURINE.

Est-il vrai, monsieu, que vous lui avez donné parole d'être son mari?

D. JUAN, bas, à Mathurine.

Pouvez-vous avoir cette pensée?

CHARLOTTE.

Vous voyez qu'al le soutient.

D. JUAN, bas, à Charlotte.

Laissez-la faire.

MATHURINE.

Vous êtes témoin comme al l'assure.

D. JUAN, bas, à Mathurine.

Laissez-la dire.

CHARLOTTE.

Non, non, il faut savoir la vérité.

MATHURINE.

Il est question de juger ça.

CHARLOTTE.

Oui, Mathurine, je veux que monsieu vous montre votre bec jaune.

MATHURINE.

Oui, Charlotte, je veux que monsieu vous rende un peu camuse.

CHARLOTTE.

Monsieu, videz la querelle, s'il vous plaît.

MATHURINE.

Mettez-nous d'accord, monsieu.

CHARLOTTE, à Mathurine.

Vous allez voir.

MATHURINE, à Charlotte.

Vous allez voir vous-même.

ACTE II, SCÈNE V.

CHARLOTTE, à don Juan.

Dites.

MATHURINE, à don Juan.

Parlez.

D. JUAN.

Que voulez-vous que je dise? Vous soutenez également toutes deux que je vous ai promis de vous prendre pour femmes. Est-ce que chacune de vous ne sait pas ce qui en est, sans qu'il soit nécessaire que je m'explique davantage? Pourquoi m'obliger là-dessus à des redites? Celle à qui j'ai promis effectivement n'a-t-elle pas en elle-même de quoi se moquer des discours de l'autre? et doit-elle se mettre en peine, pourvu que j'accomplisse ma promesse? Tous les discours n'avancent point les choses. Il faut faire, et non pas dire; et les effets décident mieux que les paroles. Aussi n'est-ce que par-là que je vous veux mettre d'accord; et l'on verra, quand je me marierai, laquelle des deux a mon cœur. (bas, à Mathurine.) Laissez-lui croire ce qu'elle voudra. (bas, à Charlotte.) Laissez-la se flatter dans son imagination. (bas, à Mathurine.) Je vous adore. (bas, à Charlotte.) Je suis tout à vous. (bas, à Mathurine.) Tous les visages sont laids auprès du vôtre. (bas, à Charlotte.) On ne peut plus souffrir les autres quand on vous a vue. (haut.) J'ai un petit ordre à donner; je viens vous retrouver dans un quart d'heure.

SCÈNE VI.

CHARLOTTE, MATHURINE, SGANARELLE.

CHARLOTTE, à Mathurine.

Je suis celle qu'il aime, au moins.

MATHURINE, à Charlotte.

C'est moi qu'il épousera.

SGANARELLE, arrêtant Charlotte et Mathurine.

Ah! pauvres filles que vous êtes, j'ai pitié de votre innocence, et je ne puis souffrir de vous voir courir à votre malheur. Croyez-moi, l'une et l'autre : ne vous amusez point à tous les contes qu'on vous fait, et demeurez dans votre village.

SCÈNE VII.

D. JUAN, CHARLOTTE, MATHURINE, SGANARELLE.

D. JUAN, dans le fond du théâtre, à part.

Je voudrois bien savoir pourquoi Sganarelle ne me suit pas.

SGANARELLE.

Mon maître est un fourbe ; il n'a dessein que de vous abuser, et en a bien abusé d'autres : c'est l'épouseur du genre humain, et... (apercevant don Juan.) Cela est faux ; et quiconque vous dira cela, vous lui devez dire qu'il en a menti. Mon maître n'est point l'épouseur du genre humain, il n'est point fourbe ; il n'a pas dessein de vous

ACTE II, SCÈNE VII.

tromper, et n'en a point abusé d'autres. Ah! tenez, le voilà; demandez le plutôt à lui-même.

D. JUAN, *regardant Sganarelle, et le soupçonnant d'avoir parlé.*

Oui!

SGANARELLE.

Monsieur, comme le monde est plein de médisants, je vais au-devant des choses; et je leur disois que, si quelqu'un leur venoit dire du mal de vous, elles se gardassent bien de le croire, et ne manquassent pas de lui dire qu'il en auroit menti.

D. JUAN.

Sganarelle!

SGANARELLE, *à Charlotte et à Mathurine.*

Oui, monsieur est homme d'honneur; je le garantis tel.

D. JUAN.

Hon!

SGANARELLE.

Ce sont des impertinents.

SCÈNE VIII.

D. JUAN, LA RAMÉE, CHARLOTTE, MATHURINE, SGANARELLE.

LA RAMÉE, *bas, à don Juan.*

Monsieur, je viens vous avertir qu'il ne fait pas bon ici pour vous.

D. JUAN.

Comment?

LA RAMÉE.

Douze hommes à cheval vous cherchent, qui doivent arriver ici dans un moment. Je ne sais par quel moyen ils peuvent vous avoir suivi; mais j'ai appris cette nouvelle d'un paysan qu'ils ont interrogé, et auquel ils vous ont dépeint. L'affaire presse; et le plus tôt que vous pourrez sortir d'ici sera le meilleur.

SCÈNE IX.

D. JUAN, CHARLOTTE, MATHURINE, SGANARELLE.

D. JUAN, à Charlotte et à Mathurine.

Une affaire pressante m'oblige de partir d'ici; mais je vous prie de vous ressouvenir de la parole que je vous ai donnée, et de croire que vous aurez de mes nouvelles avant qu'il soit demain au soir.

SCÈNE X.

D. JUAN, SGANARELLE.

D. JUAN.

Comme la partie n'est pas égale, il faut user de stratagème, et éluder adroitement le malheur qui me cherche. Je veux que Sganarelle se revête de mes habits; et moi...

ACTE II, SCÈNE X.

SGANARELLE.

Monsieur, vous vous moquez. M'exposer à être tué sous vos habits, et...

D. JUAN.

Allons vite, c'est trop d'honneur que je vous fais ; et bienheureux est le valet qui peut avoir la gloire de mourir pour son maître.

SGANARELLE.

(seul.)

Je vous remercie d'un tel honneur. O ciel, puisqu'il s'agit de mort, fais-moi la grâce de n'être point pris pour un autre !

FIN DU SECOND ACTE.

ACTE TROISIÈME.

SCÈNE I.

D. JUAN, EN HABIT DE CAMPAGNE; SGANARELLE, EN MÉDECIN.

SGANARELLE.

MA foi, monsieur, avouez que j'ai eu raison, et que nous voilà l'un et l'autre déguisés à merveille. Votre premier dessein n'étoit point du tout à propos, et ceci nous cache bien mieux que tout ce que vous vouliez faire.

D. JUAN.

Il est vrai que te voilà bien; et je ne sais où tu as été déterrer cet attirail ridicule.

SGANARELLE.

Oui. C'est l'habit d'un vieux médecin, qui a été laissé en gage au lieu où je l'ai pris, et il m'en a coûté de l'argent pour l'avoir. Mais savez-vous, monsieur, que cet habit me met déjà en considération, que je suis salué des gens que je rencontre, et que l'on me vient consulter ainsi qu'un habile homme?

D. JUAN.

Comment donc?

SGANARELLE.

Cinq ou six paysans et paysannes, en me voyant pas-

er, me sont venus demander mon avis sur différentes
maladies.

D. JUAN.

Tu leur as répondu que tu n'y entendois rien?

SGANARELLE.

Moi? point du tout. J'ai voulu soutenir l'honneur de
mon habit; j'ai raisonné sur le mal, et leur ai fait des ordonnances à chacun.

D. JUAN.

Et quels remèdes encore leur as-tu ordonnés?

SGANARELLE.

Ma foi, monsieur, j'en ai pris par où j'en ai pu attraper;
j'ai fait mes ordonnances à l'aventure; et ce seroit une
chose plaisante, si les malades guérissoient, et qu'on m'en
vînt remercier.

D. JUAN.

Et pourquoi non? Par quelle raison n'aurois-tu pas les
mêmes priviléges qu'ont tous les autres médecins? Ils
n'ont pas plus de part que toi aux guérisons des malades,
et tout leur art est pure grimace. Ils ne font rien que recevoir la gloire des heureux succès : et tu peux profiter
comme eux du bonheur du malade, et voir attribuer à tes
remèdes tout ce qui peut venir des faveurs du hasard et
des forces de la nature.

SGANARELLE.

Comment! monsieur, vous êtes aussi impie en médecine?

D. JUAN.

C'est une des grandes erreurs qui soient parmi les hommes.

SGANARELLE.

Quoi! vous ne croyez pas au séné, ni à la casse, ni au vin émétique?

D. JUAN.

Et pourquoi veux-tu que j'y croie?

SGANARELLE.

Vous avez l'âme bien mécréante. Cependant vous voyez depuis un temps que le vin émétique fait bruire ses fuseaux : ses miracles ont converti les plus incrédules esprits; et il n'y a pas trois semaines que j'en ai vu, moi qui vous parle, un effet merveilleux.

D. JUAN.

Et quel?

SGANARELLE.

Il y avoit un homme qui, depuis six jours, étoit à l'agonie : on ne savoit plus que lui ordonner, et tous les remèdes ne faisoient rien: on s'avisa à la fin de lui donner de l'émétique.

D. JUAN.

Il réchappa, n'est-ce pas?

SGANARELLE.

Non, il mourut.

D. JUAN.

L'effet est admirable!

ACTE III, SCÈNE I.

SGANARELLE.

Comment! il y avoit six jours entiers qu'il ne pouvoit mourir, et cela le fit mourir tout d'un coup. Voulez-vous en de plus efficace?

D. JUAN.

Tu as raison.

SGANARELLE.

Mais laissons là la médecine où vous ne croyez point, parlons des autres choses; car cet habit me donne de l'esprit, et je me sens en humeur de disputer contre vous. Vous savez bien que vous me permettez les disputes, et que vous ne me défendez que les remontrances.

D. JUAN.

Hé bien?

SGANARELLE.

Je veux savoir vos pensées à fond, et vous connoître un peu mieux que je ne fais. Çà, quand voulez-vous mettre fin à vos débauches, et mener la vie d'un honnête homme?

D. JUAN, lève la main pour lui donner un soufflet.

Ah! maître sot, vous allez d'abord aux remontrances.

SGANARELLE, en se reculant.

Morbleu! je suis bien sot en effet de vouloir m'amuser à raisonner avec vous : faites tout ce que vous voudrez; il m'importe bien que vous vous perdiez ou non, et que...

D. JUAN.

Tais-toi. Songeons à notre affaire. Ne serions-nous point égarés? Appelle cet homme que voilà là-bas, pour lui demander le chemin.

SCÈNE II.

D. JUAN, SGANARELLE, FRANCISQUE.

SGANARELLE.

Hola ho! l'homme! mon compère! Ho! l'ami! un petit mot, s'il vous plaît. Enseignez-nous un peu le chemin qui mène à la ville.

FRANCISQUE.

Vous n'avez qu'à suivre cette route, messieurs, et détourner à main droite quand vous serez au bout de la forêt. Mais je vous donne avis que vous devez vous tenir sur vos gardes, et que, depuis quelque temps, il y a des voleurs ici autour.

D. JUAN.

Je te suis bien obligé, mon ami, et je te rends grâce de tout mon cœur de ton bon avis.

SCÈNE III.

D. JUAN, SGANARELLE.

SGANARELLE.

Ah! monsieur! quel bruit! quel cliquetis!

D. JUAN, *regardant dans la forêt.*

Que vois-je là? un homme attaqué par trois autres! la partie est trop inégale, et je ne dois pas souffrir cette lâcheté.

(*Il met l'épée la main, et court au lieu du combat.*)

SCÈNE IV.

SGANARELLE.

Mon maître est un vrai enragé d'aller se présenter à un péril qui ne le cherche pas! Mais, ma foi, le secours a servi, et les deux ont fait fuir les trois.

SCÈNE V.

D. JUAN, D. CARLOS; SGANARELLE,
AU FOND DU THÉATRE.

D. CARLOS, *remettant son épée.*

On voit, par la fuite de ces voleurs, de quel secours est votre bras. Souffrez, monsieur, que je vous rende grâce d'une action si généreuse, et que...

D. JUAN.

Je n'ai rien fait, monsieur, que vous n'eussiez fait à ma place. Notre propre honneur est intéressé dans de pareilles aventures; et l'action de ces coquins étoit si lâche, que c'eût été y prendre part que de ne s'y pas opposer. Mais par quelle rencontre vous êtes-vous trouvé entre leurs mains?

D. CARLOS.

Je m'étois, par hasard, égaré d'un frère et de tous ceux de notre suite; et comme je cherchois à les rejoindre, j'ai fait rencontre de ces voleurs, qui d'abord ont tué mon cheval, et qui, sans votre valeur, en auroient fait autant de moi.

D. JUAN.

Votre dessein étoit-il d'aller du côté de la ville?

D. CARLOS.

Oui, mais sans y vouloir entrer; et nous nous voyons obligés, mon frère et moi, à tenir la campagne pour une de ces fâcheuses affaires qui réduisent les gentilshommes à se sacrifier, eux et leur famille, à la sévérité de leur honneur, puisque enfin le plus doux succès en est toujours funeste, et que, si l'on ne quitte pas la vie, on est contraint de quitter le royaume; et c'est en quoi je trouve la condition d'un gentilhomme malheureuse, de ne pouvoir point s'assurer sur toute la prudence et toute l'honnêteté de sa conduite, d'être asservi par les lois de l'honneur au déréglement de la conduite d'autrui, et de voir sa vie, son repos et ses biens, dépendre de la fantaisie du premier téméraire qui s'avisera de lui faire une de ces injures pour qui un honnête homme doit périr.

D. JUAN.

On a cet avantage, qu'on fait courir le même risque et passer aussi mal le temps à ceux qui prennent fantaisie de nous venir faire une offense de gaîté de cœur. Mais ne seroit-ce point une indiscrétion que de vous demander quelle peut être votre affaire?

D. CARLOS.

La chose en est aux termes de n'en plus faire de secret; et, lorsque l'injure a une fois éclaté, notre honneur ne va point à vouloir cacher notre honte, mais à faire éclater notre vengeance, et à publier même le dessein que nous

n'avons. Ainsi, monsieur, je ne feindrai point de vous
dire que l'offense que nous cherchons à venger est une
sœur séduite et enlevée d'un couvent, et que l'auteur de
cette offense est un don Juan Tenorio, fils de don Louis
Tenorio. Nous le cherchons depuis quelques jours, et
nous l'avons suivi ce matin sur le rapport d'un valet qui
nous a dit qu'il sortoit à cheval, accompagné de quatre ou
cinq, et qu'il avoit pris le long de cette côte: mais tous
nos soins ont été inutiles, et nous n'avons pu découvrir
ce qu'il est devenu.

D. JUAN.

Le connoissez-vous, monsieur, ce don Juan dont vous
parlez?

D. CARLOS.

Non, quant à moi. Je ne l'ai jamais vu, et je l'ai seulement ouï dépeindre à mon frère : mais la renommée n'en
dit pas force bien, et c'est un homme dont la vie...

D. JUAN.

Arrêtez, monsieur, s'il vous plaît, il est un peu de mes
amis, et ce seroit à moi une espèce de lâcheté que d'en
ouïr dire du mal.

D. CARLOS.

Pour l'amour de vous, monsieur, je n'en dirai rien du
tout. C'est bien la moindre chose que je vous doive, après
m'avoir sauvé la vie, que de me taire devant vous d'une
personne que vous connoissez, lorsque je ne puis en parler sans en dire du mal : mais, quelque ami que vous lui
soyez, j'ose espérer que vous n'approuverez pas son ac-

tion, et ne trouverez pas étrange que nous cherchions d'en prendre vengeance.

D. JUAN.

Au contraire, je vous y veux servir, et vous épargner des soins inutiles. Je suis ami de don Juan, je ne puis pas m'en empêcher; mais il n'est pas raisonnable qu'il offense impunément des gentilshommes, et je m'engage à vous faire faire raison par lui.

D. CARLOS.

Et quelle raison peut-on faire à ces sortes d'injures?

D. JUAN.

Toute celle que votre honneur peut souhaiter; et, sans vous donner la peine de chercher don Juan davantage, je m'oblige à le faire trouver au lieu que vous voudrez, et quand il vous plaira.

D. CARLOS.

Cet espoir est bien doux, monsieur, à des cœurs offensés; mais, après ce que je vous dois, ce me seroit une trop sensible douleur que vous fussiez de la partie.

D. JUAN.

Je suis si attaché à don Juan, qu'il ne sauroit se battre que je ne me batte aussi. Mais enfin j'en réponds comme de moi-même, et vous n'avez qu'à dire quand vous voulez qu'il paroisse et vous donne satisfaction.

D. CARLOS.

Que ma destinée est cruelle! Faut-il que je vous doive la vie, et que don Juan soit de vos amis?

SCÈNE VI.

D. ALONSE, D. CARLOS, D. JUAN, SGANARELLE.

D. ALONSE, parlant à ceux de sa suite, sans voir don Carlos ni don Juan.

Faites boire là mes chevaux, et qu'on les amène après nous; je veux un peu marcher à pied. (les apercevant tous deux.) O ciel! que vois-je ici! Quoi! mon frère, vous voilà avec notre ennemi mortel!

D. CARLOS.

Notre ennemi mortel!

D. JUAN, mettant la main sur la garde de son épée.

Oui, je suis don Juan; et l'avantage du nombre ne m'obligera pas à vouloir déguiser mon nom.

D. ALONSE, mettant l'épée à la main.

Ah! traître, il faut que tu périsses, et...

(Sganarelle court se cacher.)

D. CARLOS.

Ah! mon frère, arrêtez : je lui suis redevable de la vie; et, sans le secours de son bras, j'aurois été tué par des voleurs que j'ai trouvés.

D. ALONSE.

Et voulez-vous que cette considération empêche notre vengeance? Tous les services que nous rend une main ennemie ne sont d'aucun mérite pour engager notre âme; et, s'il faut mesurer l'obligation à l'injure, votre reconnoissance, mon frère, est ici ridicule; et, comme l'honneur est infiniment plus précieux que la vie, c'est ne devoir rien proprement que d'être redevable de la vie à qui nous a ôté l'honneur.

D. CARLOS.

Je sais la différence, mon frère, qu'un gentilhomme doit toujours mettre entre l'un et l'autre; et la reconnoissance de l'obligation n'efface point en moi le ressentiment de l'injure : mais souffrez que je lui rende ici ce qu'il m'a prêté, que je m'acquitte sur-le-champ de la vie que je lui dois, par un délai de notre vengeance, et lui laisse la liberté de jouir durant quelques jours du fruit de son bienfait.

D. ALONSE.

Non, non; c'est hasarder notre vengeance que de la reculer, et l'occasion de la prendre peut ne plus revenir : le ciel nous l'offre ici, c'est à nous d'en profiter. Lorsque l'honneur est blessé mortellement, on ne doit point songer à garder aucunes mesures; et, si vous répugnez à prêter votre bras à cette action, vous n'avez qu'à vous retirer, et laisser à ma main la gloire d'un tel sacrifice.

D. CARLOS.

De grâce, mon frère...

D. ALONSE.

Tous ces discours sont superflus; il faut qu'il meure.

D. CARLOS.

Arrêtez-vous, vous dis-je, mon frère; je ne souffrirai point du tout qu'on attaque ses jours; et je jure le ciel que je le défendrai ici contre qui que ce soit, et je saurai lui ire un rempart de cette même vie qu'il a sauvée; et, pour adresser vos coups, il faudra que vous me perciez.

D. ALONSE.

Quoi! vous prenez le parti de notre ennemi contre moi! et, loin d'être saisi à son aspect des mêmes transports que je sens, vous faites voir pour lui des sentiments pleins de douceur.

D. CARLOS.

Mon frère, montrons de la modération dans une action légitime, et ne vengeons point notre honneur avec cet emportement que vous témoignez. Ayons un cœur dont nous soyons les maîtres, une valeur qui n'ait rien de farouche, et qui se porte aux choses par une pure délibération de notre raison, et non point par le mouvement d'une aveugle colère. Je ne veux point, mon frère, demeurer redevable à mon ennemi, et je lui ai une obligation dont il faut que je m'acquitte avant toutes choses. Votre vengeance, pour être différée, n'en sera pas moins éclatante : au contraire, elle en tirera de l'avantage; et cette occasion de l'avoir pu prendre la fera paroître plus juste aux yeux de tout le monde.

D. ALONSE.

O l'étrange foiblesse, et l'aveuglement effroyable, de hasarder ainsi les intérêts de son honneur pour la ridicule pensée d'une obligation chimérique!

D. CARLOS.

Non, mon frère, ne vous mettez pas en peine. Si je fais une faute, je saurai bien la réparer, et je me charge de tout le soin de notre honneur : je sais à quoi il nous oblige; et cette suspension d'un jour que ma reconnoissance lui demande ne fera qu'augmenter l'ardeur que j'ai de le satisfaire. Don Juan, vous voyez que j'ai soin de vous rendre le bien que j'ai reçu de vous; et vous devez par-là juger du reste, croire que je m'acquitte avec même chaleur de ce que je dois, et que je ne serai pas moins exact à vous payer l'injure que le bienfait. Je ne veux point vous obliger ici à expliquer vos sentiments, et je vous donne la liberté de penser à loisir aux résolutions que vous avez à prendre. Vous connoissez assez la grandeur de l'offense que vous nous avez faite, et je vous fais juge vous-même des réparations qu'elle demande. Il est des moyens doux pour nous satisfaire; il en est de violents et de sanglants : mais enfin, quelque choix que vous fassiez, vous m'avez donné parole de me faire faire raison par don Juan; songez à me la faire, je vous prie, et vous ressouvenez que, hors d'ici, je ne dois plus qu'à mon honneur.

D. JUAN.

Je n'ai rien exigé de vous, et vous tiendrai ce que j'ai promis.

D. CARLOS.

Allons, mon frère; un moment de douceur ne fait aucune injure à la sévérité de notre devoir.

SCÈNE VII.

D. JUAN, SGANARELLE.

D. JUAN.

Hola! hé! Sganarelle.

SGANARELLE, *sortant de l'endroit où il étoit caché.*
Plaît-il?

D. JUAN.

Comment! coquin, tu fuis quand on m'attaque!

SGANARELLE.

Pardonnez-moi, monsieur, je viens seulement d'ici près. Je crois que cet habit est purgatif, et que c'est prendre médecine que de le porter.

D. JUAN.

Peste soit l'insolent! Couvre au moins ta poltronnerie d'un voile plus honnête. Sais-tu bien qui est celui à qui j'ai sauvé la vie?

SGANARELLE.

Moi? non.

D. JUAN.

C'est un frère d'Elvire.

SGANARELLE.

Un...

D. JUAN.

Il est assez honnête homme; il en a bien usé; et j'ai regret d'avoir démêlé avec lui.

SGANARELLE.

Il vous seroit aisé de pacifier toutes choses.

D. JUAN.

Oui; mais ma passion est usée pour done Elvire, et l'engagement ne compatit point avec mon humeur. J'aime la liberté en amour, tu le sais; et je ne saurois me résoudre à renfermer mon cœur entre quatre murailles. Je te l'ai dit vingt fois; j'ai une pente naturelle à me laisser aller à tout ce qui m'attire. Mon cœur est à toutes les belles; et c'est à elles à le prendre tour à tour, et à le garder tant qu'elles le pourront. Mais quel est le superbe édifice que je vois entre ces arbres?

SGANARELLE.

Vous ne le savez pas?

D. JUAN.

Non, vraiment.

SGANARELLE.

Bon! c'est le tombeau que le commandeur faisoit faire lorsque vous le tuâtes.

D. JUAN.

Ah! tu as raison. Je ne savois pas que c'étoit de ce côté-ci qu'il étoit. Tout le monde m'a dit des merveilles de cet ouvrage, aussi-bien que de la statue du commandeur; et j'ai envie de l'aller voir.

SGANARELLE.

Monsieur, n'allez point là.

D. JUAN.

Pourquoi?

SGANARELLE.

Cela n'est pas civil d'aller voir un homme que vous avez tué.

D. JUAN.

Au contraire, c'est une visite dont je lui veux faire civilité, et qu'il doit recevoir de bonne grâce, s'il est galant homme. Allons, entrons dedans.

(Le tombeau s'ouvre, et l'on voit la statue du commandeur.)

SGANARELLE.

Ah! que cela est beau! Les belles statues! le beau marbre! les beaux piliers! Ah! que cela est beau! Qu'en dites-vous, monsieur?

D. JUAN.

Qu'on ne peut voir aller plus loin l'ambition d'un homme mort; et ce que je trouve admirable, c'est qu'un homme qui s'est passé durant sa vie d'une assez simple demeure en veuille avoir une si magnifique pour quand il n'en a plus que faire.

SGANARELLE.

Voici la statue du commandeur.

D. JUAN.

Parbleu! le voilà bon avec son habit d'empereur romain!

SGANARELLE.

Ma foi, monsieur, voilà qui est bien fait. Il semble qu'il est en vie, et qu'il s'en va parler. Il jette des regards sur nous qui me feroient peur si j'étois tout seul; et je pense qu'il ne prend pas plaisir de nous voir.

D. JUAN.

Il auroit tort, et ce seroit mal recevoir l'honneur que je lui fais. Demande-lui s'il veut venir souper avec moi.

SGANARELLE.

C'est une chose dont il n'a pas besoin, je crois.

D. JUAN.

Demande-lui, te dis-je.

SGANARELLE.

Vous moquez-vous? ce seroit être fou que d'aller parler à une statue.

D. JUAN.

Fais ce que je te dis.

SGANARELLE.

Quelle bizarrerie! Seigneur commandeur... (à part.) Je ris de ma sottise; mais c'est mon maître qui me la fait faire. (haut.) Seigneur commandeur, mon maître don Juan vous demande si vous voulez lui faire l'honneur de venir souper avec lui. (La statue baisse la tête.) Ah!

D. JUAN.

Qu'est-ce? Qu'as-tu? Dis donc? Veux-tu parler?

SGANARELLE, baissant la tête comme la statue.

La statue...

D. JUAN.

Hé bien! que veux-tu dire, traître?

SGANARELLE.

Je vous dis que la statue...

D. JUAN.

Hé bien! la statue? Je t'assomme, si tu ne parles.

SGANARELLE.

La statue m'a fait signe.

D. JUAN.

La peste le coquin!

SGANARELLE.

Elle m'a fait signe, vous dis-je; il n'est rien de plus vrai. Allez-vous-en lui parler vous-même pour voir. Peut-être...

D. JUAN.

Viens, maraud, viens. Je te veux bien faire toucher au doigt ta poltronnerie : prends garde. Le seigneur commandeur voudroit-il venir souper avec moi?

(La statue baisse encore la tête.)

SGANARELLE.

Je ne voudrois pas en tenir dix pistoles. Hé bien, monsieur?

D. JUAN.

Allons, sortons d'ici.

SGANARELLE, seul.

Voilà de mes esprits forts qui ne veulent rien croire!

FIN DU TROISIÈME ACTE.

ACTE QUATRIÈME.

SCÈNE I.

D. JUAN, SGANARELLE, RAGOTIN.

D. JUAN, à Sganarelle.

Quoi qu'il en soit, laissons cela : c'est une bagatelle; et nous pouvons avoir été trompés par un faux jour, ou surpris de quelque vapeur qui nous ait troublé la vue.

SGANARELLE.

Hé! monsieur, ne cherchez point à démentir ce que nous avons vu des yeux que voilà. Il n'est rien de plus véritable que ce signe de tête; et je ne doute point que le ciel, scandalisé de votre vie, n'ait produit ce miracle pour vous convaincre, et pour vous retirer de...

D. JUAN.

Écoute. Si tu m'importunes davantage de tes sottes moralités, si tu me dis encore le moindre mot là-dessus, je vais appeler quelqu'un, demander un nerf de bœuf, te faire tenir par trois ou quatre, et te rouer de mille coups. M'entends-tu bien?

SGANARELLE.

Fort bien, monsieur, le mieux du monde. Vous vous expliquez clairement; c'est ce qu'il y a de bon en vous, que vous n'allez point chercher de détours : vous dites les choses avec une netteté admirable.

D. JUAN.

Allons, qu'on me fasse souper le plus tôt que l'on pourra. Une chaise, petit garçon.

SCÈNE II.

D. JUAN, SGANARELLE, LA VIOLETTE, RAGOTIN.

LA VIOLETTE.

Monsieur, voilà votre marchand, monsieur Dimanche, qui demande à vous parler.

SGANARELLE.

Bon! voilà ce qu'il nous faut qu'un compliment de créancier! De quoi s'avise-t-il de nous venir demander de l'argent? et que ne lui disois-tu que monsieur n'y est pas?

LA VIOLETTE.

Il y a trois quarts d'heure que je le lui dis; mais il ne veut pas le croire, et s'est assis là-dedans pour attendre.

SGANARELLE.

Qu'il attende tant qu'il voudra.

D. JUAN.

Non; au contraire, faites-le entrer. C'est une fort mauvaise politique que de se faire celer aux créanciers. Il est bon de les payer de quelque chose; et j'ai le secret de les renvoyer satisfaits, sans leur donner un double.

SCÈNE III.

D. JUAN, M. DIMANCHE, SGANARELLE, LA VIOLETTE, RAGOTIN.

D. JUAN.

Ah! monsieur Dimanche, approchez. Que je suis ravi de vous voir! et que je veux de mal à mes gens de ne vous pas faire entrer d'abord! J'avois donné ordre qu'on ne me fît parler à personne : mais cet ordre n'est pas pour vous, et vous êtes en droit de ne trouver jamais de porte fermée chez moi.

M. DIMANCHE.

Monsieur, je vous suis fort obligé.

D. JUAN, parlant à la Violette et à Ragotin.

Parbleu! coquins, je vous apprendrai à laisser monsieur Dimanche dans une antichambre, et je vous ferai connoître les gens.

M. DIMANCHE.

Monsieur, cela n'est rien.

D. JUAN, à M. Dimanche.

Comment! vous dire que je n'y suis pas, à monsieur Dimanche, au meilleur de mes amis!

M. DIMANCHE.

Monsieur, je suis votre serviteur. J'étois venu...

D. JUAN.

Allons vite, un siége pour monsieur Dimanche.

M. DIMANCHE.

Monsieur, je suis bien comme cela.

D. JUAN.

Point, point; je veux que vous soyez assis comme moi.

M. DIMANCHE.

Cela n'est point nécessaire.

D. JUAN.

Otez ce pliant, et apportez un fauteuil.

M. DIMANCHE.

Monsieur, vous vous moquez, et...

D. JUAN.

Non, non : je sais ce que je vous dois; et je ne veux point qu'on mette de différence entre nous deux.

M. DIMANCHE.

Monsieur...

D. JUAN.

Allons, asseyez-vous.

M. DIMANCHE.

Il n'est pas besoin, monsieur, et je n'ai qu'un mot à vous dire. J'étois...

D. JUAN.

Mettez-vous là, vous dis-je.

M. DIMANCHE.

Non, monsieur, je suis bien. Je viens pour...

D. JUAN.

Non, je ne vous écoute point, si vous n'êtes point assis.

M. DIMANCHE.

Monsieur, je fais ce que vous voulez. Je...

D. JUAN.

Parbleu! monsieur Dimanche, vous vous portez bien.

M. DIMANCHE.

Oui, monsieur, pour vous rendre service. Je suis venu...

D. JUAN.

Vous avez un fonds de santé admirable, des lèvres fraîches, un teint vermeil, et des yeux vifs.

M. DIMANCHE.

Je voudrois bien...

D. JUAN.

Comment se porte madame Dimanche votre épouse?

M. DIMANCHE.

Fort bien, monsieur, dieu merci.

D. JUAN.

C'est une brave femme.

M. DIMANCHE.

Elle est votre servante, monsieur. Je venois...

D. JUAN.

Et votre petite fille Claudine, comment se porte-t-elle?

M. DIMANCHE.

Le mieux du monde.

D. JUAN.

La jolie petite fille que c'est! Je l'aime de tout mon cœur.

ACTE IV, SCÈNE III.

M. DIMANCHE.

C'est trop d'honneur que vous lui faites, monsieur. Je vous...

D. JUAN.

Et le petit Colin, fait-il toujours bien du bruit avec son tambour?

M. DIMANCHE.

Toujours de même, monsieur. Je...

D. JUAN.

Et votre petit chien Brusquet, gronde-t-il toujours aussi fort, et mord-il toujours bien aux jambes les gens qui vont chez vous?

M. DIMANCHE.

Plus que jamais, monsieur, et nous ne saurions en chevir[1].

D. JUAN.

Ne vous étonnez pas si je m'informe des nouvelles de toute la famille, car j'y prends beaucoup d'intérêt.

M. DIMANCHE.

Nous vous sommes, monsieur, infiniment obligés. Je...

D. JUAN, *lui tendant la main*.

Touchez donc là, monsieur Dimanche. Êtes-vous bien de mes amis?

M. DIMANCHE.

Monsieur, je suis votre serviteur.

---

[1] *Chevir,* vieux mot qui signifie *sortir d'affaire, venir à bout.*

D. JUAN.

Parbleu! je suis à vous de tout mon cœur.

M. DIMANCHE.

Vous m'honorez trop. Je...

D. JUAN.

Il n'y a rien que je ne fisse pour vous.

M. DIMANCHE.

Monsieur, vous avez trop de bonté pour moi.

D. JUAN.

Et cela sans intérêt, je vous prie de le croire.

M. DIMANCHE.

Je n'ai point mérité cette grâce, assurément. Mais, monsieur...

D. JUAN.

Or çà, monsieur Dimanche, sans façon, voulez-vous souper avec moi?

M. DIMANCHE.

Non, monsieur, il faut que je m'en retourne tout à l'heure. Je...

D. JUAN, se levant.

Allons vite, un flambeau pour conduire monsieur Dimanche; et que quatre ou cinq de mes gens prennent des mousquetons pour l'escorter.

M. DIMANCHE, se levant aussi.

Monsieur, il n'est pas nécessaire, et je m'en irai bien tout seul. Mais...

(Sganarelle ôte les siéges promptement.)

ACTE IV, SCÈNE III.

D. JUAN.

Comment! je veux qu'on vous escorte, et je m'intéresse trop à votre personne. Je suis votre serviteur, et, de plus, votre débiteur.

M. DIMANCHE.

Ah! monsieur...

D. JUAN.

C'est une chose que je ne cache pas, et je le dis à tout le monde.

M. DIMANCHE.

Si...

D. JUAN.

Voulez-vous que je vous reconduise?

M. DIMANCHE.

Ah! monsieur, vous vous moquez. Monsieur...

D. JUAN.

Embrassez-moi donc, s'il vous plaît. Je vous prie, encore une fois, d'être persuadé que je suis tout à vous, et qu'il n'y a rien au monde que je ne fisse pour votre service. (Il sort.)

SCÈNE IV.

M. DIMANCHE, SGANARELLE.

SGANARELLE.

Il faut avouer que vous avez en monsieur un homme qui vous aime bien.

M. DIMANCHE.

Il est vrai, il me fait tant de civilités et tant de compliments, que je ne saurois jamais lui demander de l'argent.

SGANARELLE.

Je vous assure que toute sa maison périroit pour vous : et je voudrois qu'il vous arrivât quelque chose, que quelqu'un s'avisât de vous donner des coups de bâton; vous verriez de quelle manière...

M. DIMANCHE.

Je le crois. Mais, Sganarelle, je vous prie de lui dire un petit mot de mon argent.

SGANARELLE.

Oh! ne vous mettez pas en peine, il vous paiera le mieux du monde.

M. DIMANCHE.

Mais vous, Sganarelle, vous me devez quelque chose en votre particulier.

SGANARELLE.

Fi! ne parlez pas de cela.

M. DIMANCHE.

Comment! je...

SGANARELLE.

Ne sais-je pas bien que je vous dois?

M. DIMANCHE.

Oui. Mais...

SGANARELLE.

Allons, monsieur Dimanche, je vais vous éclairer.

ACTE IV, SCÈNE IV.

M. DIMANCHE.

Mais mon argent?

SGANARELLE, prenant M. Dimanche par le bras.

Vous moquez-vous?

M. DIMANCHE.

Je veux...

SGANARELLE, le tirant.

Hé!

M. DIMANCHE.

J'entends.

SGANARELLE, le poussant vers la porte.

Bagatelle!

M. DIMANCHE.

Mais...

SGANARELLE, le poussant encore.

Fi!

M. DIMANCHE.

Je...

SGANARELLE, le poussant tout-à-fait hors du théâtre.

Fi! vous dis-je.

SCÈNE V.

D. JUAN, LA VIOLETTE, SGANARELLE.

LA VIOLETTE, à don Juan.

Monsieur, voilà monsieur votre père.

D. JUAN.

Ah! me voici bien! Il me falloit cette visite pour me faire enrager.

SCÈNE VI.

D. LOUIS, D. JUAN, SGANARELLE.

D. LOUIS.

Je vois bien que je vous embarrasse, et que vous vous passeriez fort aisément de ma venue. A dire vrai, nous nous incommodons étrangement l'un l'autre : si vous êtes las de me voir, je suis bien las aussi de vos déportements. Hélas! que nous savons peu ce que nous faisons, quand nous ne laissons pas au ciel le soin des choses qu'il nous faut, quand nous voulons être plus avisés que lui, et que nous venons l'importuner par nos souhaits aveugles et nos demandes inconsidérées! J'ai souhaité un fils avec des ardeurs non-pareilles, je l'ai demandé sans relâche avec des transports incroyables; et ce fils que j'obtiens en fatiguant le ciel de vœux, est le chagrin et le supplice de cette vie même dont je croyois qu'il devoit être la joie et la consolation. De quel œil, à votre avis, pensez-vous que je puisse voir cet amas d'actions indignes dont on a peine, aux yeux du monde, d'adoucir le mauvais visage, cette suite continuelle de méchantes affaires qui nous réduisent, à toute heure, à lasser les bontés du souverain, et qui ont épuisé auprès de lui le mérite de mes services et le crédit de mes amis? Ah! quelle bassesse est la vôtre! Ne rougissez-vous point de mériter si peu votre naissance? Êtes-vous en droit, dites-moi, d'en tirer quelque vanité? et qu'avez-vous fait dans le monde pour être gentilhomme? Croyez-vous qu'il suffise d'en porter le nom et les armes, et que ce nous soit une gloire d'être sortis d'un sang noble, lorsque nous vivons en infâmes ? Non, non, la naissance n'est rien où la vertu n'est pas. Aussi nous n'avons part à la gloire de nos ancêtres qu'autant que nous nous efforçons de leur ressembler ; et cet éclat de leurs actions qu'ils répandent sur nous nous impose un engagement de leur faire le même honneur, de suivre les pas qu'ils nous tracent, et de ne point dégénérer de leur vertu, si nous voulons être estimés leurs véritables descendants. Ainsi vous descendez en vain des aïeux dont vous êtes né ; ils vous désavouent pour leur sang ; et tout ce qu'ils ont fait d'illustre ne vous donne aucun avantage : au contraire, l'éclat n'en rejaillit sur vous qu'à votre déshonneur, et leur gloire est un flambeau qui éclaire aux yeux d'un chacun la honte de vos actions. Apprenez enfin qu'un gentilhomme qui vit mal est un monstre dans la nature ; que la vertu est le premier titre de noblesse ; que je regarde bien moins au nom qu'on signe qu'aux actions qu'on fait ; et que je ferois plus d'état du fils d'un crocheteur qui seroit honnête homme, que du fils d'un monarque qui vivroit comme vous.

D. JUAN.

Monsieur, si vous étiez assis, vous en seriez mieux pour parler.

D. LOUIS.

Non, insolent, je ne veux point m'asseoir, ni parler davantage ; et je vois bien que toutes mes paroles ne font rien sur ton âme: mais sache, fils indigne, que la tendresse paternelle est poussée à bout par tes actions; que je saurai, plus tôt que tu ne penses, mettre une borne à tes déréglements, prévenir sur toi le courroux du ciel, et laver, par ta punition, la honte de t'avoir fait naître.

SCÈNE VII.

D. JUAN, SGANARELLE.

D. JUAN, adressant encore la parole à son père, quoiqu'il soit sorti.

Hé! mourez le plus tôt que vous pourrez, c'est le mieux que vous puissiez faire. Il faut que chacun ait son tour, et j'enrage de voir des pères qui vivent autant que leurs fils.

(Il se met dans un fauteuil.)

SGANARELLE.

Ah! monsieur, vous avez tort.

D. JUAN, se levant.

J'ai tort!

SGANARELLE, tremblant.

Monsieur...

D. JUAN.

J'ai tort!

SGANARELLE.

Oui, monsieur, vous avez tort d'avoir souffert ce qu'il vous a dit, et vous le deviez mettre dehors par les épaules. A-t-on jamais rien vu de plus impertinent? un père venir faire des remontrances à son fils, et lui dire de corriger ses actions, de se ressouvenir de sa naissance, de mener une vie d'honnête homme, et cent autres sottises de pareille nature! Cela se peut-il souffrir à un homme comme vous, qui savez comme il faut vivre? J'admire votre patience; et, si j'avois été en votre place, je l'aurois envoyé promener. (bas, à part.) O complaisance maudite! à quoi me réduis-tu!

D. JUAN.

Me fera-t-on souper bientôt?

SCÈNE VIII.

D. JUAN, SGANARELLE, RAGOTIN.

RAGOTIN.

Monsieur, voici une dame voilée qui vient vous parler.

D. JUAN.

Que pourroit-ce être?

SGANARELLE.

Il faut voir.

SCÈNE IX.

DONE ELVIRE, voilée; D. JUAN, SGANARELLE.

DONE ELVIRE.

Ne soyez point surpris, don Juan, de me voir à cette heure et dans cet équipage. C'est un motif pressant qui m'oblige à cette visite; et ce que j'ai à vous dire ne veut point du tout de retardement. Je ne viens point ici pleine de ce courroux que j'ai tantôt fait éclater ; et vous me voyez bien changée de ce que j'étois ce matin. Ce n'est plus cette done Elvire qui faisoit des vœux contre vous, et dont l'âme irritée ne jetoit que menaces et ne respiroit que vengeance. Le ciel a banni de mon âme toutes ces indignes ardeurs que je sentois pour vous, tous ces transports tumultueux d'un attachement criminel, tous ces honteux emportements d'un amour terrestre et grossier, et il n'a laissé dans mon cœur pour vous qu'une flamme épurée de tout le commerce des sens, une tendresse toute sainte, un amour détaché de tout, qui n'agit point pour soi, et ne se met en peine que de votre intérêt.

D. JUAN, bas, à Sganarelle.

Tu pleures, je pense ?

SGANARELLE.

Pardonnez-moi.

DONE ELVIRE.

C'est ce parfait et pur amour qui me conduit ici pour votre bien, pour vous faire part d'un avis du ciel, et tâcher de vous retirer du précipice où vous courez. Oui, don Juan, je sais tous les déréglements de votre vie ; et ce même ciel, qui m'a touché le cœur et fait jeter les yeux sur les égarements de ma conduite, m'a inspiré de vous venir trouver, et vous dire de sa part que vos offenses ont épuisé sa miséricorde, que sa colère redoutable est près de tomber sur vous, qu'il est en vous de l'éviter par un prompt repentir, et que peut-être vous n'avez pas encore un jour à vous pouvoir soustraire au plus grand de tous les malheurs. Pour moi, je ne tiens plus à vous par aucun attachement du monde. Je suis revenue, grâces au ciel, de toutes mes folles pensées; ma retraite est résolue, et je ne demande qu'assez de vie pour pouvoir expier la faute que j'ai faite, et mériter par une austère pénitence le pardon de l'aveuglement où m'ont plongée les transports d'une passion condamnable. Mais, dans cette retraite, j'aurois une douleur extrême qu'une personne que j'ai chérie tendrement devînt un exemple funeste de la justice du ciel; et ce me sera une joie incroyable, si je puis vous porter à détourner de dessus votre tête l'épouvantable coup qui vous menace. De grâce, don Juan, accordez-moi, pour dernière faveur, cette douce consolation; ne me refusez point votre salut, que je vous demande avec larmes; et si vous n'êtes point touché de votre intérêt, soyez-le au moins de mes prières, et m'épargnez le cruel déplaisir de vous voir condamner à des supplices éternels.

SGANARELLE, à part.

Pauvre femme!

DONE ELVIRE.

Je vous ai aimé avec une tendresse extrême; rien au monde ne m'a été si cher que vous; j'ai oublié mon devoir pour vous, j'ai fait toutes choses pour vous; et toute la récompense que je vous en demande, c'est de corriger votre vie, et de prévenir votre perte. Sauvez-vous, je vous prie, ou pour l'amour de vous, ou pour l'amour de moi. Encore une fois, don Juan, je vous le demande avec larmes; et si ce n'est assez des larmes d'une personne que vous avez aimée, je vous en conjure par tout ce qui est le plus capable de vous toucher.

SGANARELLE, à part, regardant don Juan.

Cœur de tigre!

DONE ELVIRE.

Je m'en vais après ce discours; et voilà tout ce que j'avois à vous dire.

D. JUAN.

Madame, il est tard, demeurez ici; on vous y logera le mieux qu'on pourra.

DONE ELVIRE.

Non, don Juan; ne me retenez pas davantage.

D. JUAN.

Madame, vous me ferez plaisir de demeurer, je vous assure.

DONE ELVIRE.

Non, vous dis-je; ne perdons point de temps en discours superflus. Laissez-moi vite aller, ne faites aucune instance pour me conduire, et songez seulement à profiter de mon avis.

SCÈNE X.

D. JUAN, SGANARELLE.

D. JUAN.

Sais-tu bien que j'ai encore senti quelque peu d'émotion pour elle, que j'ai trouvé de l'agrément dans cette nouveauté bizarre, et que son habit négligé, son air languissant, et ses larmes, ont réveillé en moi quelques petits restes d'un feu éteint?

SGANARELLE.

C'est-à-dire que ses paroles n'ont fait aucun effet sur vous?

D. JUAN.

Vite, à souper.

SGANARELLE.

Fort bien.

SCÈNE XI.

D. JUAN, SGANARELLE, LA VIOLETTE, RAGOTIN.

D. JUAN, se mettant à table.

Sganarelle, il faut songer à s'amender pourtant.

SGANARELLE.

Oui-dà.

D. JUAN.

Oui, ma foi, il faut s'amender. Encore vingt ou trente ans de cette vie-ci, et puis nous songerons à nous.

SGANARELLE.

Oh!

D. JUAN.

Qu'en dis-tu?

SGANARELLE.

Rien. Voilà le souper.
(Il prend un morceau d'un des plats qu'on apporte, et le met dans sa bouche.)

D. JUAN.

Il me semble que tu as la joue enflée, qu'est-ce que c'est? Parle donc : qu'as-tu là ?

SGANARELLE.

Rien.

D. JUAN.

Montre un peu. Parbleu! c'est une fluxion qui lui est tombée sur la joue. Vite, une lancette pour percer cela. Le pauvre garçon n'en peut plus, et cet abcès le pourroit étouffer. Attends. Voyez comme il étoit mûr. Ah! coquin que vous êtes!...

SGANARELLE.

Ma foi, monsieur, je voulois voir si votre cuisinier n'avoit point mis trop de sel ou trop de poivre.

D. JUAN.

Allons, mets-toi là, et mange. J'ai à faire de toi quand j'aurai soupé. Tu as faim, à ce que je vois.

SGANARELLE, *se mettant à table.*

Je le crois bien, monsieur, je n'ai point mangé depuis ce matin. Tâtez de cela, voilà qui est le meilleur du

monde. (à Ragotin, qui, à mesure que Sganarelle met quelque chose sur son assiette, la lui ôte dès que Sganarelle tourne la tête.) Mon assiette! Tout doux, s'il vous plaît. Vertubleu! petit compère; que vous êtes habile à donner des assiettes nettes! Et vous, petit la Violette, que vous savez présenter à boire à propos!
(Pendant que la Violette donne à boire à Sganarelle, Ragotin ôte encore son assiette.)

D. JUAN.

Qui peut frapper de cette sorte?

SGANARELLE.

Qui diable nous vient troubler dans notre repas?

D. JUAN.

Je veux souper en repos au moins, et qu'on ne laisse entrer personne.

SGANARELLE.

Laissez-moi faire; je m'y en vais moi-même.

DON JUAN, voyant revenir Sganarelle effrayé.

Qu'est-ce donc? Qu'y a-t-il?

SGANARELLE, baissant la tête comme la statue.

Le... qui est là.

D. JUAN.

Allons voir, et montrons que rien ne me sauroit ébranler.

SGANARELLE.

Ah! pauvre Sganarelle, où te cacheras-tu?

SCÈNE XII.

D. JUAN, LA STATUE du COMMANDEUR, SGANARELLE, LA VIOLETTE, RAGOTIN.

D. JUAN, à ses gens.

Une chaise et un couvert. Vite donc.

(Don Juan et la statue se mettent à table.)

(à Sganarelle.) Allons, mets-toi à table.

SGANARELLE.

Monsieur, je n'ai plus faim.

D. JUAN.

Mets-toi là, te dis-je. A boire. A la santé du commandeur. Je te la porte, Sganarelle. Qu'on lui donne du vin.

SGANARELLE.

Monsieur, je n'ai pas soif.

D. JUAN.

Bois, et chante ta chanson pour régaler le commandeur.

SGANARELLE.

Je suis enrhumé, monsieur.

D. JUAN.

Il n'importe. Allons. (à ses gens.) Vous autres, venez; accompagnez sa voix.

LA STATUE.

Don Juan, c'est assez. Je vous invite à venir demain souper avec moi. En aurez-vous le courage?

D. JUAN.

Oui, j'irai, accompagné du seul Sganarelle.

ACTE IV, SCÈNE XII.

SGANARELLE.

Je vous rends grâce; il est demain jeûne pour moi.

D. JUAN, à Sganarelle.

Prends ce flambeau.

LA STATUE.

On n'a pas besoin de lumière quand on est conduit par le ciel.

FIN DU QUATRIÈME ACTE

ACTE CINQUIÈME.

SCÈNE I.

D. LOUIS, D. JUAN, SGANARELLE.

D. LOUIS.

Quoi! mon fils, seroit-il possible que la bonté du ciel eût exaucé mes vœux? Ce que vous me dites est-il bien vrai? ne m'abusez-vous point d'un faux espoir? et puis-je prendre quelque assurance sur la nouveauté surprenante d'une telle conversion?

D. JUAN.

Oui, vous me voyez revenu de toutes mes erreurs; je ne suis plus le même d'hier au soir, et le ciel tout d'un coup a fait en moi un changement qui va surprendre tout le monde. Il a touché mon âme et dessillé mes yeux; et je regarde avec horreur le long aveuglement où j'ai été, et les désordres criminels de la vie que j'ai menée. J'en repasse dans mon esprit toutes les abominations, et m'étonne comme le ciel les a pu souffrir si long-temps, et n'a pas vingt fois sur ma tête laissé tomber les coups de sa justice redoutable. Je vois les grâces que sa bonté m'a faites en ne me punissant point de mes crimes; et je prétends en profiter comme je dois, faire éclater aux yeux du

monde un soudain changement de vie, réparer par-là le
scandale de mes actions passées, et m'efforcer d'en obtenir
du ciel une pleine rémission. C'est à quoi je vais travailler ; et je vous prie, monsieur, de vouloir bien contribuer à ce dessein, et m'aider vous-même à faire choix
d'une personne qui me serve de guide, et sous la conduite
de qui je puisse marcher sûrement dans le chemin où je
m'en vais entrer.

D. LOUIS.

Ah! mon fils, que la tendresse d'un père est aisément
rappelée, et que les offenses d'un fils s'évanouissent vite
au moindre mot de repentir! Je ne me souviens plus déjà
de tous les déplaisirs que vous m'avez donnés, et tout est
effacé par les paroles que vous venez de me faire entendre.
Je ne me sens pas, je l'avoue; je jette des larmes de joie,
tous mes vœux sont satisfaits, et je n'ai plus rien désormais à demander au ciel. Embrassez-moi, mon fils, et
persistez, je vous conjure, dans cette louable pensée.
Pour moi, j'en vais tout de ce pas porter l'heureuse nouvelle à votre mère, partager avec elle les doux transports
du ravissement où je suis, et rendre grâces au ciel des
saintes résolutions qu'il a daigné vous inspirer.

SCÈNE II.

D. JUAN, SGANARELLE.

SGANARELLE.

Ah! monsieur, que j'ai de joie de vous voir converti! Il y a long-temps que j'attendois cela; et voilà, grâce au ciel, tous mes souhaits accomplis.

D. JUAN.

La peste le benêt!

SGANARELLE.

Comment! le benêt!

D. JUAN.

Quoi! tu prends pour de bon argent ce que je viens de dire? et tu crois que ma bouche étoit d'accord avec mon cœur?

SGANARELLE.

Quoi! ce n'est pas... Vous ne... Votre... (à part.) O quel homme! quel homme! quel homme!

D. JUAN.

Non, non, je ne suis pas changé, et mes sentiments sont toujours les mêmes.

SGANARELLE.

Vous ne vous rendez pas à la surprenante merveille de cette statue mouvante et parlante?

D. JUAN.

Il y a bien quelque chose là-dedans que je ne comprends pas : mais quoi que ce puisse être, cela n'est pas capable ni de convaincre mon esprit ni d'ébranler mon âme; et si j'ai dit que je voulois corriger ma conduite, et me jeter dans un train de vie exemplaire, c'est un dessein que j'ai formé par pure politique, un stratagème utile, une grimace nécessaire où je veux me contraindre, pour ménager un père dont j'ai besoin, et me mettre à couvert, du côté des hommes, de cent fâcheuses aventures qui pourroient m'arriver. Je veux bien, Sganarelle, t'en faire confidence, et je suis bien aise d'avoir un témoin des véritables motifs qui m'obligent à faire les choses.

SGANARELLE.

Quoi! toujours libertin et débauché, vous voulez cependant vous ériger en homme de bien.

D. JUAN.

Et pourquoi non? il y en a tant d'autres comme moi qui se mêlent de ce métier, et qui se servent du même masque pour abuser le monde!

SGANARELLE, à part.

Ah! quel homme! quel homme!

D. JUAN.

Il n'y a plus de honte maintenant à cela : l'hypocrisie est un vice à la mode, et tous les vices à la mode passent pour vertus. La profession d'hypocrite a de merveilleux avantages. C'est un art de qui l'imposture est toujours respectée; et, quoiqu'on la découvre, on n'ose rien dire contre elle. Tous les autres vices des hommes sont exposés à la censure, et chacun a la liberté de les attaquer hautement; mais l'hypocrisie est un vice privilégié qui de sa main ferme la bouche à tout le monde, et jouit en repos d'une impunité souveraine. On lie, à force de grimaces, une société étroite avec tous les gens du parti. Qui en choque un se les attire tous sur les bras; et ceux que l'on sait même agir de bonne foi là-dessus, et que chacun connoît pour être véritablement touchés; ceux-là, dis-je, sont le plus souvent les dupes des autres; ils donnent bonnement dans le panneau des grimaciers, et appuient aveuglément les singes de leurs actions. Combien crois-tu que j'en connoisse qui, par ce stratagème, ont rhabillé adroitement les désordres de leur jeunesse, et, sous un dehors respecté, ont la permission d'être les plus méchants hommes du monde? On a beau savoir leurs intrigues, et les connoître pour ce qu'ils sont : ils ne laissent pas pour cela d'être en crédit parmi les gens; et quelque baissement de tête, un soupir mortifié, deux roulements d'yeux, rajustent dans le monde tout ce qu'ils peuvent faire. C'est sous cet abri favorable que je veux mettre en sûreté mes affaires. Je ne quitterai point mes douces habitudes; mais j'aurai soin de me cacher, et me divertirai à petit bruit. Que si je viens à être découvert, je verrai, sans me remuer, prendre mes intérêts à toute ma cabale, et je serai défendu par elle envers et contre tous. Enfin c'est là le vrai moyen de faire impunément tout ce que je voudrai. Je m'érigerai en censeur des actions d'autrui, jugerai mal de tout le monde, et n'aurai bonne opinion que de moi. Dès qu'une fois on m'aura choqué tant soit peu, je ne pardonnerai jamais, et garderai tout doucement une haine irréconciliable. Je ferai le vengeur de la vertu opprimée; et, sous ce prétexte commode, je pousserai mes ennemis, je les accuserai d'impiété, et saurai déchaîner contre eux des zélés indiscrets, qui, sans connoissance de cause, crieront contre eux, qui les accableront d'injures, et les damneront hautement de leur autorité privée. C'est ainsi qu'il faut profiter des foiblesses des hommes, et qu'un sage esprit s'accommode aux vices de son siècle.

SGANARELLE.

O ciel! qu'entends-je ici! Il ne vous manquoit plus que d'être hypocrite pour vous achever de tout point, et voilà le comble des abominations. Monsieur, cette dernière-ci m'emporte, et je ne puis m'empêcher de parler. Faites-moi tout ce qu'il vous plaira; battez-moi, assommez-moi de coups, tuez-moi si vous voulez; il faut que je décharge mon cœur, et qu'en valet fidèle je vous dise ce que je dois. Sachez, monsieur, que tant va la cruche à l'eau qu'enfin elle se brise; et, comme dit fort bien cet auteur que je ne connois pas, l'homme est en ce monde ainsi que l'oiseau sur la branche; la branche est attachée à l'arbre; qui s'attache à l'arbre suit de bons préceptes; les bons préceptes valent mieux que les belles paroles; les belles paroles se trouvent à la cour; à la cour sont les courtisans; les courtisans suivent la mode; la mode vient de la fantaisie; la fantaisie est une faculté de l'âme; l'âme est ce qui nous donne la vie; la vie finit par la mort... et... songez à ce que vous deviendrez.

D. JUAN.

Oh ! le beau raisonnement !

SGANARELLE.

Après cela, si vous ne vous rendez, tant pis pour vous.

SCÈNE III.

D. CARLOS, D. JUAN, SGANARELLE.

D. CARLOS.

Don Juan, je vous trouve à propos, et suis bien aise de vous parler ici plutôt que chez vous, pour vous demander vos résolutions. Vous savez que ce soin me regarde, et que je me suis en votre présence chargé de cette affaire. Pour moi, je ne le cèle point, je souhaite fort que les choses aillent dans la douceur; et il n'y a rien que je ne fasse pour porter votre esprit à vouloir prendre cette voie, et pour vous voir publiquement confirmer à ma sœur le nom de votre femme.

D. JUAN, d'un ton hypocrite.

Hélas ! je voudrois bien de tout mon cœur vous donner la satisfaction que vous souhaitez : mais le ciel s'y oppose directement, il a inspiré à mon âme le dessein de changer de vie; et je n'ai point d'autres pensées maintenant que de quitter entièrement tous les attachements du monde, de me dépouiller au plus tôt de toutes sortes de vanités, et de corriger désormais par une austère conduite tous les déréglements criminels où m'a porté le feu d'une aveugle jeunesse.

D. CARLOS.

Ce dessein, don Juan, ne choque point ce que je dis; et la compagnie d'une femme légitime peut bien s'accommoder avec les louables pensées que le ciel vous inspire.

D. JUAN.

Hélas! point du tout. C'est un dessein que votre sœur elle-même a pris; elle a résolu sa retraite, et nous avons été touchés tous deux en même temps.

D. CARLOS.

Sa retraite ne peut nous satisfaire, pouvant être imputée au mépris que vous feriez d'elle et de notre famille; et notre honneur demande qu'elle vive avec vous.

D. JUAN.

Je vous assure que cela ne se peut. J'en avois, pour moi, toutes les envies du monde; et je me suis, même encore aujourd'hui, conseillé au ciel pour cela : mais lorsque je l'ai consulté, j'ai entendu une voix qui m'a dit que je ne devois point songer à votre sœur, et qu'avec elle assurément je ne ferois point mon salut.

D. CARLOS.

Croyez-vous, don Juan, nous éblouir par ces belles excuses?

D. JUAN.

J'obéis à la voix du ciel.

D. CARLOS.

Quoi! vous voulez que je me paie d'un semblable discours?

D. JUAN.

C'est le ciel qui le veut ainsi.

D. CARLOS.

Vous aurez fait sortir ma sœur d'un couvent pour la laisser ensuite ?

D. JUAN.

Le ciel l'ordonne de la sorte.

D. CARLOS.

Nous souffrirons cette tache en notre famille ?

D. JUAN.

Prenez-vous-en au ciel.

D. CARLOS.

Hé quoi ! toujours le ciel !

D. JUAN.

Le ciel le souhaite comme cela.

D. CARLOS.

Il suffit, don Juan; je vous entends. Ce n'est pas ici que je veux vous prendre, et le lieu ne le souffre pas ; mais, avant qu'il soit peu, je saurai vous trouver.

D. JUAN.

Vous ferez ce que vous voudrez. Vous savez que je ne manque point de cœur, et que je sais me servir de mon épée quand il le faut. Je m'en vais passer tout à l'heure dans cette petite rue écartée qui mène au grand couvent. Mais je vous déclare, pour moi, que ce n'est point moi

qui me veux battre; le ciel m'en défend la pensée : et, si
vous m'attaquez, nous verrons ce qui en arrivera.

D. CARLOS.

Nous verrons, de vrai, nous verrons.

SCÈNE IV.

D. JUAN, SGANARELLE.

SGANARELLE.

Monsieur, quel diable de style prenez-vous là? Ceci
est bien pis que le reste, et je vous aimerois bien mieux
encore comme vous étiez auparavant. J'espérois toujours
de votre salut : mais c'est maintenant que j'en désespère;
et je crois que le ciel, qui vous a souffert jusqu'ici, ne
pourra souffrir du tout cette dernière horreur.

D. JUAN.

Va, va, le ciel n'est pas si exact que tu penses; et si
toutes les fois que les hommes...

SCÈNE V.

D. JUAN, SGANARELLE, UN SPECTRE EN FEMME VOILÉE.

SGANARELLE, apercevant le spectre.

Ah! monsieur, c'est le ciel qui vous parle, et c'est un
avis qu'il vous donne.

D. JUAN.

Si le ciel me donne un avis, il faut qu'il parle un peu
plus clairement, s'il veut que je l'entende.

LE SPECTRE.

Don Juan n'a plus qu'un moment à pouvoir profiter de la miséricorde du ciel; et, s'il ne se repent ici, sa perte est résolue.

SGANARELLE.

Entendez-vous, monsieur?

D. JUAN.

Qui ose tenir ces paroles? Je crois connoître cette voix.

SGANARELLE.

Ah! monsieur, c'est un spectre; je le reconnois au marcher.

D. JUAN.

Spectre, fantôme, ou diable, je veux voir ce que c'est.
(Le spectre change de figure, et représente le Temps avec sa faux à la main.)

SGANARELLE.

O ciel! voyez-vous, monsieur, ce changement de figure?

D. JUAN.

Non, non, rien n'est capable de m'imprimer de la terreur; et je veux éprouver avec mon épée si c'est un corps ou un esprit.
(Le spectre s'envole dans le temps que don Juan veut le frapper.)

SGANARELLE.

Ah! monsieur, rendez-vous à tant de preuves, et jetez-vous dans le repentir.

D. JUAN.

Non, non, il ne sera pas dit, quoi qu'il arrive, que je sois capable de me repentir. Allons, suis-moi.

SCÈNE VI.

LA STATUE du commandeur, D. JUAN, SGANARELLE.

LA STATUE.

Arrêtez, don Juan. Vous m'avez hier donné parole de venir manger avec moi.

D. JUAN.

Oui. Où faut-il aller?

LA STATUE.

Donnez-moi la main.

D. JUAN.

La voilà.

LA STATUE.

Don Juan, l'endurcissement au péché traîne une mort funeste; et les grâces du ciel que l'on renvoie ouvrent un chemin à sa foudre.

D. JUAN.

O ciel! que sens-je? Un feu invisible me brûle, je n'en puis plus, et tout mon corps devient un brasier ardent. Ah! (Le tonnerre tombe, avec un grand bruit et de grands éclairs, sur don Juan. La terre s'ouvre, et l'abîme; et il sort de grands feux de l'endroit où il est tombé.)

SCÈNE VII.

SGANARELLE.

Voila, par sa mort, un chacun satisfait. Ciel offensé, lois violées, filles séduites, familles déshonorées, parents outragés, femmes mises à mal, maris poussés à bout, tout le monde est content. Il n'y a que moi seul de malheureux, qui, après tant d'années de service, n'ai point d'autre récompense que de voir à mes yeux l'impiété de mon maître punie par le plus épouvantable châtiment du monde.

FIN DU FESTIN DE PIERRE.

RÉFLEXIONS
SUR
LE FESTIN DE PIERRE.

Ce sujet ne fut pas du choix de Molière. Une comédie espagnole de Tirso de Molina, intitulée, EL COMBIDADO DE PIEDRA, venoit d'être traduite en italien, et jouée à Paris avec beaucoup de succès : cette vogue passagère excita l'émulation des camarades de Molière : ils pensèrent que, si cette comédie pouvoit être arrangée pour leur théâtre, elle leur procureroit un gain considérable, et ne cessèrent de prier leur chef de se charger de ce travail. Le sujet répugnoit à Molière : le merveilleux sur lequel le dénoûment est fondé lui paroissoit indigne d'un théâtre qu'il avoit épuré ; et le caractère odieux de don Juan, dont les crimes sont du ressort de la justice, plutôt que de celui de la comédie, ne lui déplaisoit pas moins. Cependant il céda au vœu de sa troupe : la pièce fut jouée ; mais le succès ne répondit pas à l'attente de ceux qui avoient spéculé sur cette entreprise. Soit que le goût des habitués de ce théâtre, formé par les chefs-d'œuvre de l'auteur, rejetât un genre qui leur étoit si contraire ; soit que le parti qu'il avoit pris d'écrire en prose une pièce en cinq actes, quoique l'usage fût de les mettre en vers, parût une innovation condamnable, le parterre n'accueillit point LE FESTIN DE PIERRE ; et les ennemis de Molière profitèrent de cette circonstance pour renouveler d'anciennes calomnies [1].

---

[1] Voyez Vie de Molière.

RÉFLEXIONS

Il n'y a de commun entre la pièce de Tirso de Molina et LE FESTIN DE PIERRE de l'auteur françois que l'idée des principaux rôles : tous les détails du style, et tout le dialogue appartiennent à ce dernier : le personnage de M. Dimanche est de son invention.

Molière vit dans ce sujet l'occasion de faire des peintures de mœurs, et de porter un coup terrible aux hypocrites qui avoient empêché la représentation du TARTUFFE : il en profita ; et ses tableaux, pleins de vérité, font le principal mérite de son ouvrage.

Le rôle de don Juan a plus d'un rapport avec les *esprits forts* de cette époque : ils n'avoient, comme on l'a vu dans le Discours préliminaire, aucune prétention à dogmatiser ; leur doctrine ne s'appuyoit pas sur des sophismes captieux ; et, faisant constamment l'application de leur système, ils se livroient sans raisonner à tous les excès qu'entraîne l'absence de la religion et de la morale. C'étoit une philosophie dont la théorie n'exigeoit pas beaucoup d'étude ; et Molière l'a parfaitement développée dans cette pièce.

Sganarelle se distingue de tous les valets que Molière avoit jusqu'alors mis sur le théâtre : il ne favorise qu'à regret les vices de son maître ; ces vices le révoltent ; il ne perd jamais l'occasion de le prêcher. Son extrême ignorance le porte à s'embrouiller souvent dans ses sermons ; et la peur d'être battu lui fait presque toujours tenir une conduite opposée à ses principes. Ce personnage original et naïf soutient l'ouvrage : jamais il ne quitte don Juan ; et ses scrupules, toujours vrais, empêchent qu'on ne soit entièrement révolté par la doctrine de son maître. C'est même un tableau très-moral que celui d'un grand seigneur, plein d'esprit et de valeur, mais dépravé, que son valet, entraîné par la vérité, ne peut s'empêcher de mépriser et de traiter de scélérat. Plus Sganarelle est ignorant et foible, plus don Juan est avili.

La scène la plus comique de cette pièce est celle de M. Dimanche : c'est une peinture fidèle des marchands du dix-septième siècle. Les grands seigneurs prenoient alors un ascendant singulier sur cette sorte de créanciers; ils croyoient leur faire honneur en retenant leur argent : ces derniers avoient autant d'humilité que les autres de hauteur : le plus petit mot de bienveillance et de protection suffisoit pour les satisfaire. Aussi voit-on que don Juan prend très-adroitement ce parti pour éconduire M. Dimanche; il lui fait tant de politesses, que le marchand n'ose lui parler de sa dette, et se borne à implorer la protection du valet de chambre. Rien n'est plus plaisant et plus dramatique.

Elvire, sans étaler des sentiments romanesques, inspire le plus vif intérêt. Les derniers conseils qu'elle donne à l'amant qui l'a trahie sont pleins de tendresse et de véritable sensibilité : ils paroissent d'autant mieux placés à la fin de la pièce, qu'ils mettent le comble à la scélératesse de don Juan, qui s'y montre insensible. Don Louis ne produit pas moins d'effet : la noblesse et l'élévation de son caractère font un contraste très-beau avec la dépravation de son fils : don Juan, trompant de la manière la plus indigne un tel père, est le plus odieux et le plus méchant des hommes.

L'hypocrisie qu'il affecte excita dans le temps beaucoup de scandale : Molière peint dans cette scène la manière dont les faux dévots s'entendent et se soutiennent; l'art qu'ils emploient pour répandre sourdement des calomnies et pour perdre leurs ennemis sans se compromettre. Ce tableau, d'une vérité frappante, étoit destiné à préparer le public au caractère du Tartuffe, le plus hardi que l'auteur eût jamais tracé:

il avoit aussi pour objet d'humilier ceux qui, lorsque les trois premiers actes de ce chef-d'œuvre furent joués devant le roi, se liguèrent pour empêcher qu'il ne fût représenté en public. Les faux dévots ne se tinrent pas pour battus : ils écrivirent contre Molière des libelles [1] qui l'auroient perdu, si Louis XIV ne l'eût pas protégé.

L'auteur avoit déjà attaqué la fureur des duels dans la comédie des Facheux; mais il avoit gardé certains ménagements sur une matière aussi délicate. Il n'est pas question, dans la situation d'Éraste, d'une dispute particulière : ce gentilhomme se refuse seulement à servir de second à un homme qu'il connoît à peine. Dans le Festin de Pierre, Molière ne cacha plus son opinion sur cet abus du courage que Louis XIV faisoit tous ses efforts pour réprimer : il peint un gentilhomme très-brave, obligé de se battre, et faisant des réflexions sur les duels. « C'est en quoi, dit don Carlos, je trouve la situa-
« tion d'un gentilhomme malheureuse, de ne pas pouvoir s'as-
« surer sur toute la prudence et l'honnêteté de sa conduite,
« d'être asservi par les lois de l'honneur au déréglement de la
« conduite d'autrui, et de voir sa vie, son repos et ses biens
« dépendre de la fantaisie du premier téméraire qui s'avisera
« de lui faire une de ces injures pour qui un honnête homme
« doit périr. » Qu'on se représente les mœurs du temps, et l'on sera étonné de la hardiesse de Molière.

Le second acte de cette pièce offre un petit tableau aussi neuf que piquant : c'est une coquette de village : il étoit impossible de mettre plus de naïveté et plus de grâce dans le rôle de Charlotte. Dufresny, qui, plusieurs années après, fit

---

[1] Voyez Vie de Molière.

sur cette idée une comédie en trois actes, demeura bien au-dessous de Molière.

J'ai dit que cette pièce excita du scandale à la première représentation. L'auteur, en traçant avec vérité la scélératesse et la dépravation de don Juan, n'avoit pas senti que, malgré la précaution qu'il avoit prise de couvrir ce caractère d'horreur et de mépris, la peinture trop fidèle de ses vices pouvoit être dangereuse. Il s'en aperçut, et fit des corrections. M. de Voltaire prétend nous avoir transmis une de ces scènes supprimées. « Don Juan, dit-il, rencontre un pauvre dans la « forêt, et lui demande à quoi il passe sa vie. — A prier Dieu « pour les honnêtes gens qui me donnent l'aumône. — Tu « passes ta vie à prier Dieu ? Si cela est, tu dois être fort à ton « aise. — Hélas! monsieur, je n'ai pas souvent de quoi manger. « — Cela ne se peut pas; Dieu ne sauroit laisser mourir de faim « ceux qui le prient du matin au soir : tiens, voilà un louis « d'or; mais je te le donne pour l'amour de l'humanité. » Cette scène n'a rien de comique, elle n'est qu'odieuse : mais on peut douter de l'anecdote. M. de Voltaire prétend avoir vu la scène écrite par Molière entre les mains du fils de Pierre Marcassus, à qui l'auteur l'avoit donnée. Il n'y a qu'un inconvénient dans cette anecdote; c'est, comme l'observe M. Bret, que Pierre Marcassus, avocat au Parlement de Paris, et professeur de rhétorique au collége de la Marche, mourut en 1664, et que LE FESTIN DE PIERRE ne fut représenté que l'année suivante.

Il parut cette année une édition du FESTIN DE PIERRE, que Molière supprima. La scène du pauvre n'y existe point; mais la scène troisième du cinquième acte est plus développée. Don Juan soutient hardiment qu'il n'y a point de Dieu, et Sganarelle s'efforce de combattre cette opinion. Son ignorance, sa maladresse excitent la dérision de son maître. Quoique cette scène ne soit que le résultat de la première conception, quoique l'impiété d'un scélérat aussi odieux que don Juan ne paroisse pas devoir être dangereuse, on blâma l'auteur avec raison d'avoir offert sur la scène un pareil tableau. Il reconnut si bien la justesse de ce jugement, qu'il sacrifia en quelque sorte toute la pièce : elle ne fut plus jouee; et il n'en publia pas une nouvelle édition. Cette comédie ne fut imprimée telle que nous la lisons qu'après sa mort : sa veuve pria Thomas Corneille de la mettre en vers; et c'est ainsi qu'on la joue aujourd'hui.

L'AMOUR MÉDECIN,

COMÉDIE-BALLET

EN TROIS ACTES ET EN PROSE,

Représentée à Versailles, le 15 septembre 1665; et à Paris, sur le théâtre du Palais-Royal, le 22 du même mois.

AU LECTEUR.

Ce n'est ici qu'un simple crayon, un petit impromptu dont le roi a voulu se faire un divertissement. Il est le plus précipité de tous ceux que sa majesté m'ait commandés; et, lorsque je dirai qu'il a été proposé, fait, appris et représenté en cinq jours, je ne dirai que ce qui est vrai. Il n'est pas nécessaire de vous avertir qu'il y a beaucoup de choses qui dépendent de l'action. On sait bien que les comédies ne sont faites que pour être jouées, et je ne conseille de lire celle-ci qu'aux personnes qui ont des yeux pour découvrir dans la lecture tout le jeu du théâtre. Ce que je vous dirai, c'est qu'il seroit à souhaiter que ces sortes d'ouvrages pussent toujours se montrer à vous avec les ornements qui les accompagnent chez le roi : vous les verriez dans un état beaucoup plus supportable; et les airs et les symphonies de l'incomparable M. Lulli, mêlés à la beauté des voix et à l'adresse des danseurs, leur donnent sans doute des grâces dont ils ont toutes les peines du monde à se passer

PERSONNAGES DU PROLOGUE.

LA COMÉDIE.
LA MUSIQUE.
LE BALLET.

PERSONNAGES DE LA COMÉDIE.

SGANARELLE, père de Lucinde.
LUCINDE, fille de Sganarelle.
CLITANDRE, amant de Lucinde.
AMINTE, voisine de Sganarelle.
LUCRÈCE, nièce de Sganarelle.
LISETTE, suivante de Lucinde.
M. GUILLAUME, marchand de tapisseries.
M. JOSSE, orfèvre.
M. TOMÈS,
M. DESFONANDRÈS,
M. MACROTON, } médecins.
M. BAHIS,
M. FILLERIN,
UN NOTAIRE.
CHAMPAGNE, valet de Sganarelle.

PERSONNAGES DU BALLET.

PREMIÈRE ENTRÉE.

CHAMPAGNE, valet de Sganarelle, dansant.
QUATRE MÉDECINS, dansants.

PERSONNAGES.

SECONDE ENTRÉE.

UN OPÉRATEUR, chantant.
TRIVELINS ET SCARAMOUCHES, dansants, de la suite de l'opérateur.

TROISIÈME ENTRÉE.

LA COMÉDIE.
LA MUSIQUE.
LE BALLET.
JEUX, RIS, PLAISIRS, dansants.

La scène est à Paris.

PROLOGUE.

LA COMÉDIE, LA MUSIQUE, LE BALLET.

LA COMÉDIE.

Quittons, quittons notre vaine querelle ;
Ne nous disputons point nos talents tour à tour,
    Et d'une gloire plus belle
    Piquons-nous en ce jour.
Unissons-nous tous trois d'une ardeur sans seconde
Pour donner du plaisir au plus grand roi du monde.

TOUS TROIS ENSEMBLE.

Unissons-nous tous trois d'une ardeur sans seconde
Pour donner du plaisir au plus grand roi du monde.

LA MUSIQUE.

De ses travaux, plus grands qu'on ne peut croire,
Il se vient quelquefois délasser parmi nous.

LE BALLET.

    Est-il de plus grande gloire?
    Est-il de bonheur plus doux?

TOUS TROIS ENSEMBLE.

Unissons-nous tous trois d'une ardeur sans seconde
Pour donner du plaisir au plus grand roi du monde.

FIN DU PROLOGUE.

L'AMOUR MÉDECIN.

ACTE PREMIER.

SCÈNE I.

SGANARELLE, AMINTE, LUCRÈCE, M. GUILLAUME, M. JOSSE.

SGANARELLE.

Ah! l'étrange chose que la vie! et que je puis bien dire, avec ce grand philosophe de l'antiquité, que *qui terre a, guerre a*, et qu'un malheur ne vient jamais sans l'autre! Je n'avois qu'une femme, qui est morte.

M. GUILLAUME.

Et combien donc en vouliez-vous avoir?

SGANARELLE.

Elle est morte, monsieur Guillaume, mon ami. Cette perte m'est très-sensible, et je ne puis m'en ressouvenir sans pleurer. Je n'étois pas fort satisfait de sa conduite, et nous avions le plus souvent dispute ensemble : mais enfin la mort rajuste toutes choses. Elle est morte, je la pleure. Si elle étoit en vie, nous nous querellerions. De tous les enfants que le ciel m'avoit donnés, il ne m'a laissé qu'une fille, et cette fille est toute ma peine : car enfin je la vois dans une mélancolie la plus sombre du monde, dans une tristesse épouvantable, dont il n'y a pas moyen de la retirer, et dont je ne saurois même apprendre la cause. Pour moi, j'en perds l'esprit, et j'aurois besoin d'un bon conseil sur cette matière. (à Lucrèce.) Vous êtes ma nièce; (à Aminte) vous, ma voisine; (à M. Guillaume et à M. Josse) et vous, mes compères et mes amis, je vous prie de me conseiller tout ce que je dois faire.

M. JOSSE.

Pour moi, je tiens que la braverie, que l'ajustement est la chose qui réjouit le plus les filles; et si j'étois que de vous, je lui acheterois dès aujourd'hui une belle garniture de diamants, ou de rubis, ou d'émeraudes.

M. GUILLAUME.

Et moi, si j'étois en votre place, j'acheterois une belle tenture de tapisserie de verdure, ou à personnages, que je ferois mettre dans sa chambre, pour lui réjouir l'esprit et la vue.

AMINTE.

Pour moi, je ne ferois pas tant de façons; je la marierois fort bien, et le plus tôt que je pourrois, avec cette personne qui vous la fit, dit-on, demander il y a quelque temps.

LUCRÈCE.

Et moi, je tiens que votre fille n'est point du tout propre pour le mariage. Elle est d'une complexion trop délicate et trop peu saine; c'est la vouloir envoyer bientôt dans l'autre monde que de l'exposer, comme elle est, à faire des enfants. Le monde n'est point du tout son fait; et je vous conseille de la mettre dans un couvent, où elle trouvera des divertissements qui seront mieux de son humeur.

SGANARELLE.

Tous ces conseils sont admirables, assurément ; mais je les trouve un peu intéressés, et trouve que vous me conseillez fort bien pour vous. Vous êtes orfèvre, monsieur Josse ; et votre conseil sent son homme qui a envie de se défaire de sa marchandise. Vous vendez des tapisseries, monsieur Guillaume, et vous avez la mine d'avoir quelque tenture qui vous incommode. Celui que vous aimez, ma voisine, a, dit-on, quelque inclination pour ma fille ; et vous ne seriez pas fâchée de la voir femme d'un autre. Et quant à vous, ma chère nièce, ce n'est pas mon dessein, comme on sait, de marier ma fille avec qui que ce soit, et j'ai mes raisons pour cela ; mais le conseil que vous me donnez de la faire religieuse est d'une femme qui pourroit bien souhaiter charitablement d'être mon héritière universelle. Ainsi, messieurs et mesdames, quoique tous vos conseils soient les meilleurs du monde, vous trouverez bon, s'il vous plaît, que je n'en suive aucun. (seul.) Voilà de mes donneurs de conseils à la mode.

SCÈNE II.
LUCINDE, SGANARELLE.

SGANARELLE.

Ah ! voilà ma fille qui prend l'air. Elle ne me voit pas. Elle soupire ; elle lève les yeux au ciel. (à Lucinde.) Dieu vous garde ! Bonjour, ma mie. Hé bien ! qu'est-ce ? Comme vous en va? Hé quoi! toujours triste et mélancolique comme cela! et tu ne veux pas me dire ce que tu as! Allons donc, découvre-moi ton petit cœur. Là, ma pauvre amie, dis, dis, dis tes petites pensées à ton petit papa mignon. Courage! Veux-tu que je te baise? Viens. (à part) J'enrage de la voir de cette humeur-là. (à Lucinde.) Mais, dis-moi, me veux-tu faire mourir de déplaisir? et ne puis-je savoir d'où vient cette grande langueur? Découvre-m'en la cause, et je te promets que je ferai toutes choses pour toi. Oui, tu n'as qu'à me dire le sujet de ta tristesse : je t'assure ici et te fais serment qu'il n'y a rien que je ne fasse pour te satisfaire; c'est tout dire. Est-ce que tu es jalouse de quelqu'une de tes compagnes que tu voies plus brave que toi? et seroit-il quelque étoffe nouvelle dont tu voulusses avoir un habit? Non. Est-ce que ta chambre ne te semble pas assez parée, et que tu souhaiterois quelque cabinet de la foire Saint-Laurent? Ce n'est pas cela. Aurois-tu envie d'apprendre quelque chose? et veux-tu que je te donne un maître pour te montrer à jouer du clavecin? Nenni. Aimerois-tu quelqu'un, et souhaiterois-tu d'être mariée? (Lucinde fait signe qu'oui.)

SCÈNE III.

SGANARELLE, LUCINDE, LISETTE.

LISETTE.

Hé bien! monsieur, vous venez d'entretenir votre fille : avez-vous su la cause de sa mélancolie?

SGANARELLE.

Non. C'est une coquine qui me fait enrager.

LISETTE.

Monsieur, laissez-moi faire, je m'en vais la sonder un peu.

SGANARELLE.

Il n'est pas nécessaire; et puisqu'elle veut être de cette humeur, je suis d'avis qu'on l'y laisse.

LISETTE.

Laissez-moi faire, vous dis-je : peut-être qu'elle se découvrira plus librement à moi qu'à vous. Quoi! madame, vous ne nous direz point ce que vous avez, et vous voulez affliger ainsi tout le monde? Il me semble qu'on n'agit point comme vous faites, et que si vous avez quelque répugnance à vous expliquer à un père, vous n'en devez avoir aucune à me découvrir votre cœur. Dites-moi, souhaitez-vous quelque chose de lui? Il nous a dit plus d'une fois qu'il n'épargneroit rien pour vous contenter. Est-ce qu'il ne vous donne pas toute la liberté que vous souhaiteriez? et les promenades et les cadeaux ne tenteroient-ils point votre âme? Hé! avez-vous reçu quelque déplaisir de quelqu'un? Hé! n'auriez-vous point quelque secrète inclination avec qui vous souhaiteriez que votre père vous mariât? Ah! je vous entends, voilà l'affaire. Que diable! pourquoi tant de façons? Monsieur, le mystère est découvert; et...

SGANARELLE.

Va, fille ingrate, je ne te veux plus parler, et je te laisse dans ton obstination.

LUCINDE.

Mon père, puisque vous voulez que je vous dise la chose...

SGANARELLE.

Oui, je perds toute l'amitié que j'avois pour toi.

LISETTE.

Monsieur, sa tristesse...

SGANARELLE.

C'est une coquine qui me veut faire mourir.

LUCINDE.

Mon père, je veux bien...

SGANARELLE.

Ce n'est pas là la récompense de t'avoir élevée comme j'ai fait.

LISETTE.

Mais, monsieur...

SGANARELLE.

Non, je suis contre elle dans une colère épouvantable.

LUCINDE.

Mais, mon père...

SGANARELLE.

Je n'ai plus aucune tendresse pour toi.

LISETTE.

Mais...

ACTE I, SCÈNE III.

SGANARELLE.

C'est une friponne...

LUCINDE.

Mais...

SGANARELLE.

Une ingrate...

LISETTE.

Mais...

SGANARELLE.

Une coquine qui ne me veut pas dire ce qu'elle a.

LISETTE.

C'est un mari qu'elle veut.

SGANARELLE, faisant semblant de ne pas entendre.

Je l'abandonne.

LISETTE.

Un mari.

SGANARELLE.

Je la déteste.

LISETTE.

Un mari.

SGANARELLE.

Et la renonce pour ma fille.

LISETTE.

Un mari.

SGANARELLE.

Non, ne m'en parlez point.

LISETTE.

Un mari.

SGANARELLE.

Ne m'en parlez point.

LISETTE.

Un mari.

SGANARELLE.

Ne m'en parlez point.

LISETTE.

Un mari, un mari, un mari.

SCÈNE IV.

LUCINDE, LISETTE.

LISETTE.

On dit bien vrai, qu'il n'y a point de pires sourds que ceux qui ne veulent pas entendre.

LUCINDE.

Hé bien! Lisette, j'avois tort de cacher mon déplaisir, et je n'avois qu'à parler pour avoir tout ce que je souhaitois de mon père! Tu le vois.

LISETTE.

Par ma foi, voilà un vilain homme; et je vous avoue que j'aurois un plaisir extrême à lui jouer quelque tour. Mais d'où vient donc, madame, que jusqu'ici vous m'avez caché votre mal?

LUCINDE.

Hélas! de quoi m'auroit servi de te le découvrir plus tôt? et n'aurois-je pas autant gagné à le tenir caché toute ma vie? Crois-tu que je n'aie pas bien prévu tout ce que tu vois maintenant, que je ne susse pas à fond tous les sentiments de mon père, et que le refus qu'il a fait porter à celui qui m'a demandée par un ami n'ait pas étouffé dans mon âme toute sorte d'espoir?

LISETTE.

Quoi! c'est cet inconnu qui vous a fait demander pour qui vous...

LUCINDE.

Peut-être n'est-il pas honnête à une fille de s'expliquer si librement; mais enfin je t'avoue que, s'il m'étoit permis de vouloir quelque chose, ce seroit lui que je voudrois. Nous n'avons eu ensemble aucune conversation, et sa bouche ne m'a point déclaré la passion qu'il a pour moi; mais, dans tous les lieux où il m'a pu voir, ses regards et ses actions m'ont toujours parlé si tendrement, et la demande qu'il a fait faire de moi m'a paru d'un si honnête homme, que mon cœur n'a pu s'empêcher d'être sensible à ses ardeurs : et cependant tu vois où la dureté de mon père réduit toute cette tendresse.

LISETTE.

Allez, laissez-moi faire. Quelque sujet que j'aie de me plaindre de vous du secret que vous m'avez fait, je ne veux pas laisser de servir votre amour; et pourvu que vous ayez assez de résolution...

LUCINDE.

Mais que veux-tu que je fasse contre l'autorité d'un père? et s'il est inexorable à mes vœux...

LISETTE.

Allez, allez, il ne faut pas se laisser mener comme un oison ; et, pourvu que l'honneur n'y soit pas offensé, on se peut libérer un peu de la tyrannie d'un père. Que prétend-il que vous fassiez ? N'êtes-vous pas en âge d'être mariée ? et croit-il que vous soyez de marbre ? Allez, encore un coup, je veux servir votre passion ; je prends dès à présent sur moi tout le soin de ses intérêts, et vous verrez que je sais des détours... Mais je vois votre père. Rentrons ; et me laissez agir.

SCÈNE V.
SGANARELLE.

Il est bon quelquefois de ne point faire semblant d'entendre les choses qu'on n'entend que trop bien ; et j'ai fait sagement de parer la déclaration d'un désir que je ne suis pas résolu de contenter. A-t-on jamais rien vu de plus tyrannique que cette coutume où l'on veut assujettir les pères, rien de plus impertinent et de plus ridicule que d'amasser du bien avec de grands travaux, et élever une fille avec beaucoup de soin et de tendresse, pour se dépouiller de l'un et de l'autre entre les mains d'un homme qui ne nous touche de rien ? Non, non ; je me moque de cet usage, et je veux garder mon bien et ma fille pour moi.

SCÈNE VI.

SGANARELLE, LISETTE.

LISETTE, courant sur le théâtre, et feignant de ne pas voir Sganarelle.

Ah! malheur! ah! disgrâce! Ah! pauvre seigneur Sganarelle, où pourrai-je te rencontrer?

SGANARELLE, à part.

Que dit-elle là?

LISETTE, courant toujours.

Ah! misérable père, que feras-tu quand tu sauras cette nouvelle?

SGANARELLE, à part.

Que sera-ce?

LISETTE.

Ma pauvre maîtresse!

SGANARELLE, à part.

Je suis perdu!

LISETTE.

Ah!

SGANARELLE, courant après Lisette.

Lisette.

LISETTE.

Quelle infortune!

SGANARELLE.

Lisette.

LISETTE.

Quel accident!

SGANARELLE.

Lisette.

LISETTE.

Quelle fatalité !

SGANARELLE.

Lisette.

LISETTE, s'arrêtant.

Ah ! monsieur...

SGANARELLE.

Qu'est-ce ?

LISETTE.

Monsieur...

SGANARELLE.

Qu'y a-t-il ?

LISETTE.

Votre fille...

SGANARELLE.

Ah ! ah !

LISETTE.

Monsieur, ne pleurez donc point comme cela, car vous me feriez rire.

SGANARELLE.

Dis donc vite.

LISETTE.

Votre fille, toute saisie des paroles que vous lui avez dites, et de la colère effroyable où elle vous a vu contre elle, est montée vite dans sa chambre, et, pleine de désespoir, a ouvert la fenêtre qui regarde sur la rivière.

SGANARELLE.

Hé bien?

LISETTE.

Alors levant les yeux au ciel : Non, a-t-elle dit, il m'est impossible de vivre avec le courroux de mon père; et, puisqu'il me renonce pour sa fille, je veux mourir.

SGANARELLE.

Elle s'est jetée?

LISETTE.

Non, monsieur : elle a fermé tout doucement la fenêtre, et s'est allée mettre sur le lit. Là, elle s'est prise à pleurer amèrement; et tout d'un coup son visage a pâli, ses yeux se sont tournés, le cœur lui a manqué, et elle est demeurée entre mes bras.

SGANARELLE.

Ah! ma fille! elle est morte?

LISETTE.

Non, monsieur. A force de la tourmenter, je l'ai fait revenir; mais cela lui reprend de moment en moment, et je crois qu'elle ne passera pas la journée.

SGANARELLE.

Champagne, Champagne, Champagne.

SCÈNE VII.

SGANARELLE, CHAMPAGNE, LISETTE.

SGANARELLE.

Vite, qu'on m'aille querir des médecins, et en quantité. On n'en peut trop avoir dans une pareille aventure. Ah! ma fille! ma pauvre fille!

SCÈNE VIII.

PREMIÈRE ENTRÉE.

(Champagne, valet de Sganarelle, frappe, en dansant aux portes de quatre médecins.)

SCÈNE IX.

(Les quatre médecins dansent, et entrent avec cérémonie chez Sganarelle.)

FIN DU PREMIER ACTE.

ACTE SECOND.

SCÈNE I.

SGANARELLE, LISETTE.

LISETTE.

Que voulez-vous donc faire, monsieur, de quatre médecins ? N'est-ce pas assez d'un pour tuer une personne ?

SGANARELLE.

Taisez-vous. Quatre conseils valent mieux qu'un.

LISETTE.

Est-ce que votre fille ne peut pas bien mourir sans le secours de ces messieurs-là ?

SGANARELLE.

Est-ce que les médecins font mourir ?

LISETTE.

Sans doute ; et j'ai connu un homme qui prouvoit, par de bonnes raisons, qu'il ne faut jamais dire, Une telle personne est morte d'une fièvre et d'une fluxion sur la poitrine ; mais, elle est morte de quatre médecins et de deux apothicaires.

SGANARELLE.

Chut ! n'offensez pas ces messieurs-là.

LISETTE.

Ma foi, monsieur, notre chat est réchappé depuis peu d'un saut qu'il fit du haut de la maison dans la rue, et il fut trois jours sans manger, et sans pouvoir remuer ni pied ni pate; mais il est bien heureux de ce qu'il n'y a point de chats médecins, car ses affaires étoient faites, et ils n'auroient pas manqué de le purger et de le saigner.

SGANARELLE.

Voulez-vous vous taire? vous dis-je. Mais voyez quelle impertinence! Les voici.

LISETTE.

Prenez garde, vous allez être bien édifié. Ils vous diront en latin que votre fille est malade.

SCÈNE II.

MM. TOMÈS, DESFONANDRÈS, MACROTON, BAHIS; SGANARELLE, LISETTE.

SGANARELLE.

Hé bien, messieurs?

M. TOMÈS.

Nous avons vu suffisamment la malade, et sans doute qu'il y a beaucoup d'impuretés en elle.

SGANARELLE.

Ma fille est impure!

M. TOMÈS.

Je veux dire qu'il y a beaucoup d'impuretés dans son corps, quantité d'humeurs corrompues.

SGANARELLE.
Ah! je vous entends.

M. TOMÈS.
Mais... Nous allons consulter ensemble.

SGANARELLE.
Allons, faites donner des siéges.

LISETTE, à M. Tomès.
Ah! monsieur, vous en êtes!

SGANARELLE, à Lisette.
De quoi donc connoissez-vous monsieur?

LISETTE.
De l'avoir vu l'autre jour chez la bonne amie de madame votre nièce.

M. TOMÈS.
Comment se porte son cocher?

LISETTE.
Fort bien. Il est mort.

M. TOMÈS.
Mort?

LISETTE.
Oui.

M. TOMÈS.
Cela ne se peut.

LISETTE.
Je ne sais pas si cela se peut, mais je sais bien que cela

M. TOMÈS.

Il ne peut pas être mort, vous dis-je.

LISETTE.

Et moi, je vous dis qu'il est mort et enterré.

M. TOMÈS.

Vous vous trompez.

LISETTE.

Je l'ai vu.

M. TOMÈS.

Cela est impossible. Hippocrate dit que ces sortes de maladies ne se terminent qu'au quatorze, ou au vingt-un; et il n'y a que six jours qu'il est tombé malade.

LISETTE.

Hippocrate dira ce qu'il lui plaira; mais le cocher est mort.

SGANARELLE.

Paix, discoureuse. Allons, sortons d'ici. Messieurs, je vous supplie de consulter de la bonne manière. Quoique ce ne soit pas la coutume de payer auparavant, toutefois, de peur que je ne l'oublie, et afin que ce soit une affaire faite, voici...

(Il leur donne de l'argent, et chacun en le recevant fait un geste différent.)

SCÈNE III.

MM. DESFONANDRÈS, TOMÈS, MACROTON, BAHIS.

(Ils s'asseyent et toussent.)

M. DESFONANDRÈS.

Paris est étrangement grand, et il faut faire de longs trajets quand la pratique donne un peu.

M. TOMÈS.

Il faut avouer que j'ai une mule admirable pour cela, et qu'on a peine à croire le chemin que je lui fais faire tous les jours.

M. DESFONANDRÈS.

J'ai un cheval merveilleux, et c'est un animal infatigable.

M. TOMÈS.

Savez-vous le chemin que ma mule a fait aujourd'hui? J'ai été premièrement tout contre l'Arsenal; de l'Arsenal, au bout du faubourg Saint-Germain; du faubourg Saint-Germain, au fond du Marais; du fond du Marais, à la porte Saint-Honoré; de la porte Saint-Honoré, au faubourg Saint-Jacques; du faubourg Saint-Jacques, à la porte de Richelieu; de la porte de Richelieu, ici; d'ici je dois aller encore à la Place-Royale.

M. DESFONANDRES.

Mon cheval a fait tout cela aujourd'hui; et de plus, j'ai été à Ruel voir un malade.

M. TOMÈS.

Mais, à propos, quel parti prenez-vous dans la querelle des deux médecins Théophraste et Artémius? car c'est une affaire qui partage tout notre corps.

M. DESFONANDRÈS.

Moi, je suis pour Artémius.

M. TOMÈS.

Et moi aussi. Ce n'est pas que son avis, comme on a vu, n'ait tué le malade, et que celui de Théophraste ne fût beaucoup meilleur assurément; mais enfin il a tort dans les circonstances, et il ne devoit pas être d'un autre avis que son ancien. Qu'en dites-vous?

M. DESFONANDRÈS.

Sans doute, il faut toujours garder des formalités, quoi qu'il puisse arriver.

M. TOMÈS.

Pour moi, j'y suis sévère en diable, à moins que ce ne soit entre amis; et l'on nous assembla un jour, trois de nous autres, avec un médecin de dehors, pour une consultation, où j'arrêtai toute l'affaire, et ne voulus point endurer qu'on opinât, si les choses n'alloient dans l'ordre. Les gens de la maison faisoient ce qu'ils pouvoient, et la maladie pressoit; mais je n'en voulus point démordre, et la malade mourut bravement pendant cette contestation.

M. DESFONANDRÈS.

C'est fort bien fait d'apprendre aux gens à vivre, et de leur montrer leur béjaune ¹.

M. TOMÈS.

Un homme mort n'est qu'un homme mort, et ne fait point de conséquence; mais une formalité négligée porte un notable préjudice à tout le corps des médecins.

SCÈNE IV.

SGANARELLE, MM. TOMÈS, DESFONANDRÈS, MACROTON, BAHIS.

SGANARELLE.

Messieurs, l'oppression de ma fille augmente; je vous prie de me dire vite ce que vous avez résolu.

M. TOMÈS, à M. Desfonandrès.

Allons, monsieur.

M. DESFONANDRÈS.

Non, monsieur, parlez, s'il vous plaît.

M. TOMÈS.

Vous vous moquez.

M. DESFONANDRÈS.

Je ne parlerai pas le premier.

M. TOMÈS.

Monsieur...

---

¹ *Béjaune*, par corruption de *bec jaune*; les oisons et autres oiseaux niais ont le bec jaune.

M. DESFONANDRÈS.

Monsieur...

SGANARELLE.

Hé! de grâce, messieurs, laissez toutes ces cérémonies, et songez que les choses pressent.

(Ils parlent tous quatre à la fois.)

M. TOMÈS.

La maladie de votre fille...

M. DESFONANDRÈS.

L'avis de tous ces messieurs tous ensemble...

M. MACROTON.

A-près a-voir bien con-sul-té...

M. BAHIS.

Pour raisonner...

SGANARELLE.

Hé! messieurs, parlez l'un après l'autre, de grâce.

M. TOMÈS.

Monsieur, nous avons raisonné sur la maladie de votre fille; et mon avis, à moi, est que cela procède d'une grande chaleur de sang : ainsi je conclus à la saigner le plus tôt que vous pourrez.

M. DESFONANDRÈS.

Et moi, je dis que sa maladie est une pourriture d'humeurs, causée par une trop grande réplétion : ainsi je conclus à lui donner de l'émétique.

M. TOMÈS.

Je soutiens que l'émétique la tuera.

ACTE II, SCÈNE IV.

M. DESFONANDRÈS.

Et moi, que la saignée la fera mourir.

M. TOMÈS.

C'est bien à vous de faire l'habile homme!

M. DESFONANDRÈS.

Oui, c'est à moi; et je vous prêterai le collet en tout genre d'érudition.

M. TOMÈS.

Souvenez-vous de l'homme que vous fîtes crever ces jours passés.

M. DESFONANDRÈS.

Souvenez-vous de la dame que vous avez envoyée en l'autre monde, il y a trois jours.

M. TOMÈS, à Sganarelle.

Je vous ai dit mon avis.

M. DESFONANDRÈS, à Sganarelle.

Je vous ai dit ma pensée.

M. TOMÈS.

Si vous ne faites saigner tout à l'heure votre fille, c'est une personne morte. (Il sort.)

M. DESFONANDRÈS.

Si vous la faites saigner, elle ne sera pas en vie dans un quart d'heure. (Il sort.)

SCÈNE V.

SGANARELLE, MM. MACROTON, BAHIS.

SGANARELLE.

A qui croire des deux? et quelle résolution prendre sur des avis si opposés? Messieurs, je vous conjure de déterminer mon esprit, et de me dire sans passion ce que vous croyez le plus propre à soulager ma fille.

M. MACROTON.

Mon-si-eur, dans ces ma-ti-è-res-là, il faut pro-cé-der a-vec-que cir-con-spec-ti-on, et ne ri-en fai-re, com-me on dit, à la vo-lé-e, d'au-tant que les fau-tes qu'on y peut fai-re sont, se-lon no-tre maî-tre Hip-po-cra-te, d'une dan-ge-reu-se con-sé-quen-ce.

M. BAHIS, bredouillant.

Il est vrai; il faut bien prendre garde à ce qu'on fait, car ce ne sont point ici des jeux d'enfants; et quand on a failli, il n'est pas aisé de réparer le manquement et de rétablir ce qu'on a gâté. *Experimentum periculosum.* C'est pourquoi il s'agit de raisonner auparavant comme il faut, de peser mûrement les choses, de regarder le tempérament des gens, d'examiner les causes de la maladie, et de voir les remèdes qu'on y doit apporter.

SGANARELLE, à part.

L'un va en tortue, et l'autre court la poste.

M. MACROTON.

Or, mon-si-eur, pour ve-nir au fait, je trou-ve que

vo-tre fil-le a u-ne ma-la-die chro-ni-que, et qu'el-le peut pé-ri-cli-ter si on ne lui don-ne du se-cours, d'au-tant que les symp-tô-mes qu'el-le a sont in-di-ca-tifs d'u-ne va-peur fu-li-gi-neu-se et mor-di-can-te qui lui pi-co-te les mem-bra-nes du cer-veau. Or cet-te va-peur, que nous nom-mons en grec *at-mos*, est causé-e par des hu-meurs pu-tri-des, te-na-ces, con-glu-ti-neu-ses, qui sont con-te-nu-es dans le bas-ven-tre.

M. BAHIS.

Et comme ces humeurs ont été là engendrées par une longue succession de temps, elles y sont recuites, et ont acquis cette malignité qui fume vers la région du cerveau.

M. MACROTON.

Si bien donc que, pour ti-rer, dé-ta-cher, ar-ra-cher, ex-pul-ser, é-va-cu-er les-di-tes hu-meurs, il fau-dra u-ne pur-ga-ti-on vi-gou-reu-se. Mais, au pré-a-la-ble, je trou-ve à pro-pos, et il n'y a pas d'in-con-vé-ni-ent, d'u-ser de pe-tits ré-mè-des a-no-dins, c'est-à-di-re de pe-tits la-ve-ments ré-mol-li-ents et dé-ter-sifs, de ju-leps et de si-rops ra-fraî-chis-sants qu'on mê-le-ra dans sa ti-sa-ne.

M. BAHIS.

Après, nous en viendrons à la purgation et à la saignée que nous réitérerons s'il en est besoin.

M. MACROTON.

Ce n'est pas qu'a-vec tout ce-la vo-tre fille ne puis-se mou-rir; mais au moins vous au-rez fait quel-que-cho-se, et vous au-rez la con-so-la-ti-on qu'el-le se-ra mor-te dans les for-mes.

M. BAHIS.

Il vaut mieux mourir selon les règles que de réchapper contre les règles.

M. MACROTON.

Nous vous di-sons sin-cè-re-ment no-tre pen-sé-e.

M. BAHIS.

Et vous avons parlé comme nous parlerions à notre propre frère.

SGANARELLE.

(à M. Macroton, en allongeant ses mots.)

Je vous rends très-hum-bles grâ-ces.

(à M. Bahis, en bredouillant.)

Et vous suis infiniment obligé de la peine que vous avez prise.

SCÈNE VI.

SGANARELLE.

Me voilà justement un peu plus incertain que je n'étois auparavant. Morbleu ! il me vient une fantaisie. Il faut que j'aille acheter de l'orviétan [1], et que je lui en fasse prendre. L'orviétan est un remède dont beaucoup de gens se sont bien trouvés. Holà !

---

[1] *Orviétan.* Un opérateur d'Orviette ayant apporté en France un antidote très-fameux, on donna le nom d'*orviétan* à tous les spécifiques distribués par les charlatans.

SCÈNE VII.

DEUXIÈME ENTRÉE.

SGANARELLE, UN OPÉRATEUR.

SGANARELLE.

Monsieur, je vous prie de me donner une boîte de votre orviétan, que je m'en vais vous payer.

L'OPÉRATEUR chante.

L'or de tous les climats qu'entoure l'Océan
Peut-il jamais payer ce secret d'importance ?
Mon remède guérit, par sa rare excellence,
Plus de maux qu'on n'en peut nombrer dans tout un an :
    La gale,
    La rogne,
    La teigne,
    La fièvre,
    La peste,
    La goutte,
    Vérole,
    Descente,
    Rougeole.
    O grande puissance
    De l'orviétan !

SGANARELLE.

Monsieur, je crois que tout l'or du monde n'est pas capable de payer votre remède ; mais pourtant voici une pièce de trente sous, que vous prendrez, s'il vous plaît.

L'OPÉRATEUR chante.

Admirez mes bontés, et le peu qu'on vous vend
Ce trésor merveilleux que ma main vous dispense.

Vous pouvez avec lui braver en assurance
Tous les maux que sur nous l'ire du ciel répand :

La gale,

La rogne,

La teigne,

La fièvre,

La peste,

La goutte,

Vérole,

Descente,

Rougeole.

O grande puissance

De l'orviétan !

SCÈNE VIII.

(Plusieurs Trivelins et plusieurs Scaramouches, valets de l'opérateur, se réjouissent en dansant.)

FIN DU SECOND ACTE.

ACTE TROISIÈME.

SCÈNE I.

MM. FILLERIN, TOMÈS, DESFONANDRÈS.

M. FILLERIN.

N'avez-vous point de honte, messieurs, de montrer si peu de prudence, pour des gens de votre âge, et de vous être querellés comme de jeunes étourdis ? Ne voyez-vous pas bien quel tort ces sortes de querelles nous font parmi le monde ? et n'est-ce pas assez que les savants voient les contrariétés et les dissensions qui sont entre nos auteurs et nos anciens maîtres, sans découvrir encore au peuple, par nos débats et nos querelles, la forfanterie de notre art ? Pour moi, je ne comprends rien du tout à cette méchante politique de quelques-uns de nos gens ; et il faut confesser que toutes ces contestations nous ont décriés depuis peu d'une étrange manière, et que, si nous n'y prenons garde, nous allons nous ruiner nous-mêmes. Je n'en parle pas pour mon intérêt ; car, Dieu merci, j'ai déjà établi mes petites affaires. Qu'il vente, qu'il pleuve, qu'il grêle ; ceux qui sont morts sont morts, et j'ai de quoi me passer des vivants. Mais enfin toutes ces disputes ne valent rien pour la médecine. Puisque le ciel nous fait la grâce que, depuis tant de siècles, on demeure infatué de nous, ne désabusons point les hommes avec nos cabales extravagantes, et profitons de leurs sottises le plus doucement que nous pourrons. Nous ne sommes pas les seuls, comme vous savez, qui tâchons à nous prévaloir de la foiblesse humaine. C'est là que va l'étude de la plupart du monde; et chacun s'efforce de prendre les hommes par leur foible pour en tirer quelque profit. Les flatteurs, par exemple, cherchent à profiter de l'amour que les hommes ont pour les louanges, en leur donnant tout le vain encens qu'ils souhaitent; et c'est un art où l'on fait, comme on voit, des fortunes considérables : les alchimistes tâchent à profiter de la passion que l'on a pour les richesses, en promettant des montagnes d'or à ceux qui les écoutent : les diseurs d'horoscopes, par leurs prédictions trompeuses, profitent de la vanité et de l'ambition des crédules esprits. Mais le plus grand foible des hommes, c'est l'amour qu'ils ont pour la vie; et nous en profitons, nous autres, par notre pompeux galimatias, et savons prendre nos avantages de cette vénération que la peur de mourir leur donne pour notre métier. Conservons-nous donc dans le degré d'estime où leur foiblesse nous a mis, et soyons de concert auprès des malades pour nous attribuer les heureux succès de la maladie, et rejeter sur la nature toutes les bévues de notre art. N'allons point, dis-je, détruire sottement les heureuses préventions d'une erreur qui donne du pain à tant de personnes, et, de l'argent de ceux que nous mettons en terre, nous fait élever de tous côtés de si beaux héritages.

M. TOMÈS.

Vous avez raison en tout ce que vous dites; mais ce sont chaleurs de sang dont parfois on n'est pas le maître.

M. FILLERIN.

Allons donc, messieurs, mettez bas toute rancune, et faisons ici votre accommodement.

M. DESFONANDRÈS.

J'y consens. Qu'il me passe mon émétique pour la malade dont il s'agit, et je lui passerai tout ce qu'il voudra pour le premier malade dont il sera question.

M. FILLERIN.

On ne peut pas mieux dire; et voilà se mettre à la raison.

M. DESFONANDRÈS.

Cela est fait.

M. FILLERIN.

Touchez donc là. Adieu. Une autre fois montrez plus de prudence.

SCÈNE II.

M. TOMÈS, M. DESFONANDRÈS, LISETTE.

LISETTE.

Quoi! messieurs, vous voilà, et vous ne songez pas à réparer le tort qu'on vient de faire à la médecine!

M. TOMÈS.

Comment? Qu'est-ce?

LISETTE.

Un insolent qui a eu l'effronterie d'entreprendre sur

votre métier, et, sans votre ordonnance, vient de tuer un homme d'un grand coup d'épée au travers du corps.

M. TOMÈS.

Écoutez : vous faites la railleuse ; mais vous passerez par nos mains quelque jour.

LISETTE.

Je vous permets de me tuer lorsque j'aurai recours à vous.

SCÈNE III.

CLITANDRE, EN HABIT DE MÉDECIN; LISETTE.

CLITANDRE.

HÉ BIEN! Lisette, que dis-tu de mon équipage? crois-tu qu'avec cet habit je puisse duper le bon homme? me trouves-tu bien ainsi?

LISETTE.

Le mieux du monde, et je vous attendois avec impatience. Enfin le ciel m'a faite d'un naturel le plus humain du monde, et je ne puis voir deux amants soupirer l'un pour l'autre qu'il ne me prenne une tendresse charitable et un désir ardent de soulager les maux qu'ils souffrent. Je veux, à quelque prix que ce soit, tirer Lucinde de la tyrannie où elle est, et la mettre en votre pouvoir. Vous m'avez plu d'abord ; je me connois en gens, et elle ne peut pas mieux choisir. L'amour risque des choses extraordinaires, et nous avons concerté ensemble une manière de stratagème qui pourra peut-être nous réussir. Toutes nos mesures sont déjà prises : l'homme à qui nous avons affaire n'est pas des plus fins de ce monde; et si cette aventure nous manque, nous trouverons mille autres voies pour arriver à notre but. Attendez-moi là seulement, je reviens vous querir.

(Clitandre se retire dans le fond du théâtre.)

SCÈNE IV.

SGANARELLE, LISETTE.

LISETTE.

Monsieur, allégresse! allégresse!

SGANARELLE.

Qu'est-ce?

LISETTE.

Réjouissez-vous.

SGANARELLE.

De quoi?

LISETTE.

Réjouissez-vous, dis-je.

SGANARELLE.

Dis-moi donc ce que c'est, et puis je me réjouirai peut-être.

LISETTE.

Non. Je veux que vous vous réjouissiez auparavant, que vous chantiez, que vous dansiez.

SGANARELLE.

Sur quoi?

LISETTE.

Sur ma parole.

SGANARELLE.

(Il chante et danse.)

Allons donc. La lera la la, la lera la. Que diable!

LISETTE.

Monsieur, votre fille est guérie!

SGANARELLE.

Ma fille est guérie!

LISETTE.

Oui. Je vous amène un médecin, mais un médecin d'importance, qui fait des cures merveilleuses, et qui se moque des autres médecins.

SGANARELLE.

Où est-il?

LISETTE.

Je vais le faire entrer.

SGANARELLE, seul.

Il faut voir si celui-ci fera plus que les autres.

SCÈNE V.

CLITANDRE, EN HABIT DE MÉDECIN; SGANARELLE, LISETTE.

LISETTE, amenant Clitandre.

Le voici.

SGANARELLE.

Voilà un médecin qui a la barbe bien jeune.

LISETTE.

La science ne se mesure pas à la barbe, et ce n'est pas par le menton qu'il est habile.

SGANARELLE.

Monsieur, on m'a dit que vous aviez des remèdes admirables pour faire aller à la selle.

CLITANDRE.

Monsieur, mes remèdes sont différents de ceux des autres. Ils ont l'émétique, les saignées, les médecines et les lavements; mais moi je guéris par des paroles, par des sons, par des lettres, par des talismans, et par des anneaux constellés.

LISETTE.

Que vous ai-je dit?

SGANARELLE.

Voilà un grand homme!

LISETTE.

Monsieur, comme votre fille est là tout habillée dans une chaise, je vais la faire passer ici.

SGANARELLE.

Oui. Fais.

CLITANDRE, tâtant le pouls à Sganarelle.

Votre fille est bien malade.

SGANARELLE.

Vous connoissez cela ici?

CLITANDRE.

Oui, par la sympathie qu'il y a entre le père et la fille.

SCÈNE VI.

SGANARELLE, LUCINDE, CLITANDRE, LISETTE.

LISETTE, à Clitandre.

Tenez, monsieur, voilà une chaise auprès d'elle. (à Sganarelle.) Allons, laissez-les là tous deux.

SGANARELLE.

Pourquoi? Je veux demeurer là.

LISETTE.

Vous moquez-vous? il faut s'éloigner. Un médecin a cent choses à demander qu'il n'est pas honnête qu'un homme entende.

(Sganarelle et Lisette s'éloignent.)

CLITANDRE, bas, à Lucinde.

Ah! madame, que le ravissement où je me trouve est grand! et que je sais peu par où vous commencer mon discours! Tant que je ne vous ai parlé que des yeux, j'avois, ce me sembloit, cent choses à vous dire; et maintenant que j'ai la liberté de vous parler de la façon que je souhaitois, je demeure interdit, et la grande joie où je suis étouffe toutes mes paroles.

LUCINDE.

Je puis vous dire la même chose; et je sens, comme vous, des mouvements de joie qui m'empêchent de pouvoir parler.

CLITANDRE.

Ah! madame, que je serois heureux s'il étoit vrai que

vous sentissiez tout ce que je sens, et qu'il me fût permis de juger de votre âme par la mienne! Mais, madame, puis-je au moins croire que ce soit à vous à qui je doive la pensée de cet heureux stratagème qui me fait jouir de votre présence?

LUCINDE.

Si vous ne m'en devez pas la pensée, vous m'êtes redevable au moins d'en avoir approuvé la proposition avec beaucoup de joie.

SGANARELLE, à Lisette.

Il me semble qu'il lui parle de bien près.

LISETTE, à Sganarelle.

C'est qu'il observe sa physionomie et tous les traits de son visage.

CLITANDRE, à Lucinde.

Serez-vous constante, madame, dans ces bontés que vous me témoignez?

LUCINDE.

Mais vous, serez-vous ferme dans les résolutions que vous avez montrées?

CLITANDRE.

Ah! madame, jusqu'à la mort. Je n'ai point de plus forte envie que d'être à vous, et je vais le faire paroître dans ce que vous m'allez voir faire.

SGANARELLE, à Clitandre.

Hé bien! notre malade? Elle me semble un peu plus gaie.

CLITANDRE.

C'est que j'ai déjà fait agir sur elle un de ces remèdes que mon art m'enseigne. Comme l'esprit a grand empire sur le corps, et que c'est de lui bien souvent que procèdent les maladies, ma coutume est de courir à guérir les esprits avant que de venir aux corps. J'ai donc observé ses regards, les traits de son visage, et les lignes de ses deux mains; et, par la science que le ciel m'a donnée, j'ai reconnu que c'étoit de l'esprit qu'elle étoit malade, et que tout son mal ne venoit que d'une imagination déréglée et d'un désir dépravé de vouloir être mariée. Pour moi, je ne vois rien de plus extravagant et de plus ridicule que cette envie qu'on a du mariage.

SGANARELLE, à part.

Voilà un habile homme!

CLITANDRE.

Et j'ai eu et aurai pour lui, toute ma vie, une aversion effroyable.

SGANARELLE, à part.

Voilà un grand médecin!

CLITANDRE.

Mais comme il faut flatter l'imagination des malades, et que j'ai vu en elle de l'aliénation d'esprit, et même qu'il y avoit du péril à ne lui pas donner un prompt secours, je l'ai prise par son foible, et lui ai dit que j'étois venu ici pour vous la demander en mariage. Soudain son visage a changé, son teint s'est éclairci, ses yeux se sont animés;

et si vous voulez, pour quelques jours, l'entretenir dans cette erreur, vous verrez que nous la tirerons d'où elle est.

SGANARELLE.

Oui-dà, je le veux bien.

CLITANDRE.

Après, nous ferons agir d'autres remèdes pour la guérir entièrement de cette fantaisie.

SGANARELLE.

Oui, cela est le mieux du monde. Hé bien! ma fille, voilà monsieur qui a envie de t'épouser, et je lui ai dit que je le voulois bien.

LUCINDE.

Hélas! est-il possible?

SGANARELLE.

Oui.

LUCINDE.

Mais tout de bon?

SGANARELLE.

Oui, oui.

LUCINDE, à Clitandre.

Quoi! vous êtes dans les sentiments d'être mon mari?

CLITANDRE.

Oui, madame.

LUCINDE.

Et mon père y consent?

SGANARELLE.

Oui, ma fille.

LUCINDE.

Ah! que je suis heureuse, si cela est véritable!

CLITANDRE.

N'en doutez point, madame. Ce n'est pas d'aujourd'hui que je vous aime, et que je brûle de me voir votre mari. Je ne suis venu ici que pour cela ; et, si vous voulez que je vous dise nettement les choses comme elles sont, cet habit n'est qu'un prétexte inventé, et je n'ai fait le médecin que pour m'approcher de vous, et obtenir plus facilement ce que je souhaite.

LUCINDE.

C'est me donner des marques d'un amour bien tendre, et j'y suis sensible autant que je puis.

SGANARELLE, à part.

O la folle! ô la folle! ô la folle!

LUCINDE.

Vous voulez donc bien, mon père, me donner monsieur pour époux?

SGANARELLE.

Oui. Çà, donne-moi ta main. Donnez-moi aussi un peu la vôtre, pour voir.

CLITANDRE.

Mais, monsieur...

SGANARELLE, étouffant de rire.

Non, non; c'est pour... pour lui contenter l'esprit. Touchez là. Voilà qui est fait.

CLITANDRE.

Acceptez, pour gage de ma foi, cet anneau que je vous

ACTE III, SCÈNE VI.

donne. (*bas, à* Sganarelle.) C'est un anneau constellé, qui guérit les égarements d'esprit.

LUCINDE.

Faisons donc le contrat, afin que rien n'y manque.

CLITANDRE.

Hélas! Je le veux bien, madame. (*bas, à* Sganarelle.) Je vais faire monter l'homme qui écrit mes remèdes, et lui faire croire que c'est un notaire.

SGANARELLE.

Fort bien.

CLITANDRE.

Holà! faites monter le notaire que j'ai amené avec moi.

LUCINDE.

Quoi! vous aviez amené un notaire?

CLITANDRE.

Oui, madame.

LUCINDE.

J'en suis ravie.

SGANARELLE.

O la folle! ô la folle!

SCÈNE VII.

LE NOTAIRE, CLITANDRE, SGANARELLE, LUCINDE, LISETTE.

(*Clitandre parle bas au notaire.*)

SGANARELLE, *au notaire.*

Oui, monsieur, il faut faire un contrat pour ces deux personnes-là. Écrivez. (*à* Lucinde.) Voilà le contrat qu'on fait. (au notaire.) Je lui donne vingt mille écus en mariage. Écrivez.

LUCINDE.

Je vous suis bien obligée, mon père.

LE NOTAIRE.

Voilà qui est fait. Vous n'avez qu'à venir signer.

SGANARELLE.

Voilà un contrat bientôt bâti.

CLITANDRE, à Sganarelle.

Mais, au moins, monsieur...

SGANARELLE.

Hé! non, vous dis-je. Sait-on pas bien...? (au notaire.) Allons, donnez-lui la plume pour signer. (à Lucinde.) Allons, signe, signe, signe. Va, va, je signerai tantôt, moi.

LUCINDE.

Non, non; je veux avoir le contrat entre mes mains.

SGANARELLE.

Hé bien! tiens. (après avoir signé.) Es-tu contente?

LUCINDE.

Plus qu'on ne peut s'imaginer.

SGANARELLE.

Voilà qui est bien, voilà qui est bien.

CLITANDRE.

Au reste, je n'ai pas eu seulement la précaution d'amener un notaire; j'ai eu celle encore de faire venir des voix, des instruments et des danseurs, pour célébrer la fête et pour nous réjouir. Qu'on les fasse venir. Ce sont des gens

ACTE III, SCÈNE VII.

que je mène avec moi, et dont je me sers tous les jours pour pacifier, avec leur harmonie et leurs danses, les troubles de l'esprit.

SCÈNE VIII.
SGANARELLE, LUCINDE, CLITANDRE, LISETTE.

TROISIÈME ENTRÉE.
LA COMÉDIE, LE BALLET, LA MUSIQUE, JEUX, RIS, PLAISIRS.

LA COMÉDIE, LE BALLET, LA MUSIQUE, *ensemble.*

Sans nous, tous les hommes
Deviendroient malsains ;
Et c'est nous qui sommes
Leurs grands médecins.

LA COMÉDIE.

Veut-on qu'on rabatte,
Par des moyens doux,
Les vapeurs de rate
Qui nous minent tous ?
Qu'on laisse Hippocrate,
Et qu'on vienne à nous.

TOUS TROIS ENSEMBLE.

Sans nous, tous les hommes
Deviendroient malsains ;
Et c'est nous qui sommes
Leurs grands médecins.

(*Pendant que les Jeux, les Ris et les Plaisirs dansent, Clitandre emmène Lucinde.*)

SCÈNE IX

SGANARELLE, LISETTE, LA COMÉDIE, LA MUSIQUE, LE BALLET, JEUX, RIS, PLAISIRS.

SGANARELLE.

Voila une plaisante façon de guérir! Où est donc ma fille et le médecin?

LISETTE.

Ils sont allés achever le reste du mariage.

SGANARELLE.

Comment! le mariage!

LISETTE.

Ma foi, monsieur, la bécasse est bridée [1]; et vous avez cru faire un jeu, qui demeure une vérité.

SGANARELLE.

Comment diable! (Il veut aller après Clitandre et Lucinde, les danseurs le retiennent.) Laissez-moi aller; laissez-moi aller, vous dis-je. (Les danseurs le retiennent toujours.) Encore! (Ils veulent faire danser Sganarelle de force.) Peste des gens!

---

[1] *Bécasse bridée,* expression tirée de la chasse. On prend les bécasses avec des lacets ou collets, et elles se brident elles-mêmes.

FIN DE L'AMOUR MÉDECIN.

RÉFLEXIONS
SUR
L'AMOUR MÉDECIN.

« Cet ouvrage, dit Molière, est le plus précipité de tous
« ceux que sa majesté m'a commandés; et quand je dirai qu'il
« a été proposé, fait, appris et représenté en cinq jours, je ne
« dirai rien que ce qui est vrai. » Cependant on trouve dans
cette pièce, faite si rapidement, deux des plus fortes scènes
qui existent au théâtre. Celle de l'exposition est une peinture
aussi vraie que piquante des hommes de tous les temps lorsqu'on leur demande des conseils : leur intérêt perce presque
toujours dans leurs avis; et Molière, en cette occasion, a bien
senti l'avantage d'avoir des bourgeois pour acteurs. Si cette
scène avoit eu lieu entre des personnes d'un rang distingué,
et dont l'éducation eût été soignée, leurs motifs secrets se se-
roient-ils montrés aussi naivement que dans cette situation où
un orfèvre propose des bijoux, et un tapissier des tentures
pour dissiper la mélancolie d'une jeune fille? La scène de
consultation des quatre médecins n'est pas moins forte : elle
ne tient ni au pédantisme des anciens docteurs, ni à leurs
mauvais systèmes : elle est de tous les temps. Combien de fois
n'a-t-on pas vu des hommes réunis pour parler d'affaires sé-
rieuses ne s'occuper que de bagatelles? Cette scène d'ailleurs
est parfaitement appropriée au sujet : elle a cet avantage, qu'on
retrouve dans presque toutes les conceptions de Molière, c'est
qu'elle ne pourroit entrer dans un autre cadre.

Le reste de la pièce est digne de ces deux scènes. Sganarelle ne ressemble pas aux autres bourgeois que Molière a peints. Quoique fort égoïste, il aime tendrement sa fille. Comment concilier deux penchants si opposés? Il n'appartenoit qu'à un grand maître de montrer qu'ils s'unissent souvent dans le cœur des hommes. Sganarelle fera tout pour Lucinde, mais il ne la mariera pas : depuis quelque temps, il a perdu sa femme, avec laquelle il étoit toujours en dispute quand elle vivoit, mais qu'il regrette sincèrement : il lui faut quelqu'un qui gouverne sa maison, qui supporte son humeur, qui partage sa solitude. Où trouvera-t-il cette personne, s'il consent que sa fille s'éloigne de lui? D'ailleurs il n'est pas exempt d'un peu d'avarice; habitué à jouir d'un revenu fixe, il faudra le diminuer pour donner une dot : nouvelle raison de ne pas marier Lucinde. Ainsi, dans ce rôle, qui malheureusement n'est qu'esquissé, on voit pourquoi Sganarelle évite d'entendre Lucinde et Lisette lorsqu'elles lui parlent de mariage, pourquoi il offre à sa fille de lui procurer tout ce qui pourra lui plaire, et pourquoi, lorsqu'il la croit malade, il témoigne toute l'inquiétude d'un bon père. Cette combinaison, qui n'a pas été assez remarquée, est aussi vraie que comique. On observe encore dans ce rôle l'avantage de peindre des bourgeois : un homme du monde, dans la situation de Sganarelle, sauroit si bien cacher son égoïsme, qu'il seroit impossible de le deviner.

La scène de Clitandre avec Lucinde est préparée avec beaucoup d'art : elle devient d'autant plus plaisante, que le jeune homme, à l'aide de sa ruse, parvient, sans blesser la vraisemblance, à parler d'amour à sa maîtresse en présence de son père. Cette scène amène un dénoûment naturel et comique : la signature du contrat est surprise, mais ce n'est pas comme dans quelques autres pièces, en substituant un papier à un autre; c'est par un moyen tiré du sujet. La crédulité de Sganarelle n'est pas poussée trop loin : on n'est point choqué qu'il emploie pour guérir sa fille tous les expédients qu'on lui propose; et la manière dont on le trompe n'a rien d'odieux, puisque c'est l'unique voie par laquelle Lucinde parviendra à se marier avec un jeune homme qui d'ailleurs lui convient, et contre lequel Sganarelle n'a rien à opposer.

Cette pièce est remarquable, en ce qu'elle offre la première attaque de Molière contre les médecins. Il est vrai que dans LE FESTIN DE PIERRE on trouve quelques traits contre eux; mais, comme l'auteur les a mis dans la bouche d'un homme odieux, ils perdent nécessairement toute leur force. Les médecins ne durent pas être irrités des sarcasmes de don Juan, qui se moque du ciel, et foule aux pieds toutes les lois; au lieu que dans L'AMOUR MÉDECIN ils purent voir que l'attaque étoit sérieuse. On assure que Molière joua dans cette pièce les quatre premiers médecins de la cour, Daquin, sous le nom de Tomès; Desfougerais, sous celui de Desfonandrès; Esprit, sous celui de Bahis; et Guenaut, sous celui de Macroton [1]. Si l'anecdote est vraie, on a lieu de s'étonner que la Faculté n'ait pas réclamé contre cette insulte, qui passoit un peu les bornes que doit se prescrire la comédie : mais il faut consi-

---

[1] On assure aussi que Boileau composa ces noms tirés du grec. Daquin étoit partisan de la saignée; *Tomès* vient du mot Τομεύς, coupeur. Desfougerais soutenoit l'émétique; *Desfonandrès* vient des mots φένω, tuer, ἀνήρ, ἀνδρὸς, homme. Esprit parloit très-vite; *Bahis* vient du verbe βαΰζω, aboyer, bredouiller. Enfin Guénaut bégayoit; *Macroton* vient de μακρὸς, long, et τόνος, ton. C'est ce même Guénaut dont Boileau parle dans la satire des *Embarras de Paris* :

Guénaut sur son cheval en passant m'éclabousse.

dérer que le roi aimoit et protégeoit Molière, que ce monarque étoit jeune, et qu'il étoit probablement disposé à excuser tout ce qui le faisoit rire.

La dispute de Tomès et de Desfonandrès, très-comique par elle-même, renferme une application maligne à deux procès fort singuliers, qui firent beaucoup de bruit un an auparavant. En 1664, les facultés de médecine de Rouen et de Marseille prirent dispute avec les apothicaires de ces deux villes : les médecins se plaignoient de ce que les pharmaciens empiétoient sur leurs droits : la cause fut portée aux tribunaux ; et dans les mémoires qui furent publiés des deux côtés on ne s'épargna pas les injures. Des vérités désagréables furent dites ; et cette affaire, en faisant connoître le charlatanisme de quelques médecins, inspira de la défiance pour les autres. Molière fait allusion à ce procès en introduisant un cinquième médecin qui se porte pour conciliateur entre Tomès et Desfonandrès : c'est un homme parfaitement impartial, dont la fortune est faite, et qui ne prend intérêt qu'à l'honneur de la médecine : *qu'il vente, qu'il pleuve, qu'il grêle, ceux qui sont morts, sont morts, et il a de quoi se passer des vivants :* « Il faut
« confesser, dit-il à ses deux confrères, que toutes ces con-
« testations nous ont décriés depuis peu d'une étrange ma-
« nière, et que si nous n'y prenons garde, nous allons nous
« ruiner nous-mêmes. »

On voit que, dans L'AMOUR MÉDECIN, l'auteur a embrassé des objets plus importants que ne paroissoient l'annoncer le genre et le ton de cette pièce. Un divertissement fait à la hâte présente d'excellents tableaux et de grandes vues. A quel degré cet homme se seroit-il élevé, s'il lui eût été permis de donner à ses ouvrages la perfection dont un travail plus suivi, et plus assidu les auroit rendus susceptibles !

LE MISANTHROPE,

COMÉDIE

EN CINQ ACTES ET EN VERS,

Représentée à Paris, sur le théâtre du Palais-Royal, le 4 juin 1666.

PERSONNAGES.

ALCESTE, amant de Célimène.
PHILINTE, ami d'Alceste.
ORONTE, amant de Célimène.
CÉLIMÈNE, amante d'Alceste.
ÉLIANTE, cousine de Célimène.
ARSINOÉ, amie de Célimène.
ACASTE,
CLITANDRE, } marquis.
BASQUE, valet de Célimène.
UN GARDE de la maréchaussée de France.
DUBOIS, valet d'Alceste.

La scène est à Paris, dans la maison de Célimène.

LE MISANTHROPE.

LE MISANTHROPE.

ACTE PREMIER.

SCÈNE I.

PHILINTE, ALCESTE.

PHILINTE.

Qu'est-ce donc? qu'avez-vous?

ALCESTE, *assis.*

Laissez-moi, je vous prie.

PHILINTE.

Mais, encor, dites-moi, quelle bizarrerie....

ALCESTE.

Laissez-moi là, vous dis-je, et courez vous cacher.

PHILINTE.

Mais on entend les gens, au moins, sans se fâcher.

ALCESTE.

Moi, je veux me fâcher, et ne veux point entendre.

PHILINTE.

Dans vos brusques chagrins je ne puis vous comprendre;
Et, quoique amis, enfin, je suis tout des premiers...

ALCESTE, *se levant brusquement.*

Moi, votre ami! rayez cela de vos papiers.
J'ai fait jusques ici profession de l'être;

Mais, après ce qu'en vous je viens de voir paroître,
Je vous déclare net que je ne le suis plus,
Et ne veux nulle place en des cœurs corrompus.

PHILINTE.

Je suis donc bien coupable, Alceste, à votre compte?

ALCESTE.

Allez, vous devriez mourir de pure honte ;
Une telle action ne sauroit s'excuser,
Et tout homme d'honneur s'en doit scandaliser.
Je vous vois accabler un homme de caresses,
Et témoigner pour lui les dernières tendresses ;
De protestations, d'offres et de serments,
Vous chargez la fureur de vos embrassements :
Et quand je vous demande après quel est cet homme,
A peine pouvez-vous dire comme il se nomme :
Votre chaleur pour lui tombe en vous séparant,
Et vous me le traitez, à moi, d'indifférent!
Morbleu! c'est une chose indigne, lâche, infâme,
De s'abaisser ainsi jusqu'à trahir son âme;
Et si, par un malheur, j'en avois fait autant,
Je m'irois, de regret, pendre tout à l'instant.

PHILINTE.

Je ne vois pas, pour moi, que le cas soit pendable :
Et je vous supplîrai d'avoir pour agréable
Que je me fasse un peu grâce sur votre arrêt,
Et ne me pende pas pour cela, s'il vous plaît.

ALCESTE.

Que la plaisanterie est de mauvaise grâce!

PHILINTE.
Mais, sérieusement, que voulez-vous qu'on fasse ?
ALCESTE.
Je veux qu'on soit sincère, et qu'en homme d'honneur
On ne lâche aucun mot qui ne parte du cœur.
PHILINTE.
Lorsqu'un homme vous vient embrasser avec joie,
Il faut bien le payer de la même monnoie,
Répondre comme on peut à ses empressements,
Et rendre offre pour offre, et serments pour serments.
ALCESTE.
Non, je ne puis souffrir cette lâche méthode
Qu'affectent la plupart de vos gens à la mode ;
Et je ne hais rien tant que les contorsions
De tous ces grands faiseurs de protestations,
Ces affables donneurs d'embrassades frivoles,
Ces obligeants diseurs d'inutiles paroles,
Qui de civilités avec tous font combat,
Et traitent du même air l'honnête homme et le fat.
Quel avantage a-t-on qu'un homme vous caresse,
Vous jure amitié, foi, zèle, estime, tendresse,
Et vous fasse de vous un éloge éclatant,
Lorsqu'au premier faquin il court en faire autant ?
Non, non, il n'est point d'âme un peu bien située
Qui veuille d'une estime ainsi prostituée ;
Et la plus glorieuse a des régals peu chers [1]

---

[1] *Une âme... qui... a des régals peu chers,* pour *qui est peu flattée.*

Dès qu'on voit qu'on nous mêle avec tout l'univers.
Sur quelque préférence une estime se fonde,
Et c'est n'estimer rien qu'estimer tout le monde.
Puisque vous y donnez, dans ces vices du temps,
Morbleu! vous n'êtes pas pour être de mes gens;
Je refuse d'un cœur la vaste complaisance
Qui ne fait de mérite aucune différence :
Je veux qu'on me distingue; et, pour le trancher net,
L'ami du genre humain n'est point du tout mon fait.

PHILINTE.

Mais quand on est du monde il faut bien que l'on rende
Quelques dehors civils[1] que l'usage demande.

ALCESTE.

Non, vous dis-je; on devroit châtier sans pitié
Ce commerce honteux de semblant d'amitié.
Je veux que l'on soit homme, et qu'en toute rencontre
Le fond de notre cœur dans nos discours se montre,
Que ce soit lui qui parle, et que nos sentiments
Ne se masquent jamais sous de vains compliments.

PHILINTE.

Il est bien des endroits où la pleine franchise
Deviendroit ridicule, et seroit peu permise;
Et parfois, n'en déplaise à votre austère honneur,
Il est bon de cacher ce qu'on a dans le cœur.
Seroit-il à propos et de la bienséance

---

[1] *Dehors civils*, est là pour *devoirs de société*.

De dire à mille gens tout ce que d'eux on pense ?
Et quand on a quelqu'un qu'on hait ou qui déplaît,
Lui doit-on déclarer la chose comme elle est ?

ALCESTE.

Oui.

PHILINTE.

Quoi ! vous iriez dire à la vieille Émilie
Qu'à son âge il sied mal de faire la jolie,
Et que le blanc qu'elle a scandalise chacun ?

ALCESTE.

Sans doute.

PHILINTE.

A Dorilas, qu'il est trop importun,
Et qu'il n'est à la cour oreille qu'il ne lasse
A conter sa bravoure et l'éclat de sa race ?

ALCESTE.

Fort bien.

PHILINTE.

Vous vous moquez.

ALCESTE.

Je ne me moque point.
Et je vais n'épargner personne sur ce point :
Mes yeux sont trop blessés ; et la cour et la ville
Ne m'offrent rien qu'objets à m'échauffer la bile.
J'entre en une humeur noire, en un chagrin profond,
Quand je vois vivre entre eux les hommes comme ils font.
Je ne trouve partout que lâche flatterie,
Qu'injustice, intérêt, trahison, fourberie :

Je n'y puis plus tenir, j'enrage; et mon dessein
Est de rompre en visière ¹ à tout le genre humain.

PHILINTE.

Ce chagrin philosophe est un peu trop sauvage.
Je ris des noirs accès où je vous envisage;
Et crois voir en nous deux, sous mêmes soins nourris,
Ces deux frères que peint l'École des Maris,
Dont...

ALCESTE.

Mon Dieu! laissons là vos comparaisons fades.

PHILINTE.

Non : tout de bon, quittez toutes ces incartades;
Le monde par vos soins ne se changera pas
Et puisque la franchise a pour vous tant d'appas,
Je vous dirai tout franc que cette maladie
Partout où vous allez donne la comédie;
Et qu'un si grand courroux contre les mœurs du temps
Vous tourne en ridicule auprès de bien des gens.

ALCESTE.

Tant mieux, morbleu! tant mieux; c'est ce que je demande;
Ce m'est un fort bon signe, et ma joie en est grande.
Tous les hommes me sont à tel point odieux,
Que je serois fâché d'être sage à leurs yeux.

---

¹ *Rompre en visière* est une expression figurée dont voici l'origine. La visière étoit une pièce du casque qui se haussoit et se baissoit, et au travers de laquelle le chevalier voyoit et respiroit. *Rompre en visière* se disoit lorsqu'un chevalier rompoit sa lance dans la visière de celui contre lequel il couroit.

ACTE I, SCÈNE 1.

PHILINTE.

Vous voulez un grand mal à la nature humaine!

ALCESTE.

Oui, j'ai conçu pour elle une effroyable haine.

PHILINTE.

Tous les pauvres mortels, sans nulle exception,
Seront enveloppés dans cette aversion?
Encore en est-il bien dans le siècle où nous sommes...

ALCESTE.

Non, elle est générale, et je hais tous les hommes :
Les uns, parce qu'ils sont méchants et malfaisants;
Et les autres, pour être aux méchants complaisants,
Et n'avoir pas pour eux ces haines vigoureuses
Que doit donner le vice aux âmes vertueuses.
De cette complaisance on voit l'injuste excès
Pour le franc scélérat avec qui j'ai procès.
Au travers de son masque on voit à plein le traître,
Partout il est connu pour tout ce qu'il peut être;
Et ses roulements d'yeux et son ton radouci
N'imposent qu'à des gens qui ne sont point d'ici.
On sait que ce pied-plat, digne qu'on le confonde,
Par de sales emplois s'est poussé dans le monde,
Et que par eux son sort, de splendeur revêtu,
Fait gronder le mérite et rougir la vertu.
Quelques titres honteux qu'en tous lieux on lui donne,
Son misérable honneur ne voit pour lui personne :
Nommez-le fourbe, infâme, et scélérat maudit,
Tout le monde en convient, et nul n'y contredit.

Cependant sa grimace est partout bien venue,
On l'accueille, on lui rit, partout il s'insinue;
Et s'il est par la brigue un rang à disputer,
Sur le plus honnête homme on le voit l'emporter.
Têtebleu! ce me sont de mortelles blessures
De voir qu'avec le vice on garde des mesures;
Et parfois il me prend des mouvements soudains
De fuir dans un désert l'approche des humains.

PHILINTE.

Mon Dieu! des mœurs du temps mettons-nous moins en peine,
Et faisons un peu grâce à la nature humaine;
Ne l'examinons point dans la grande rigueur,
Et voyons ses défauts avec quelque douceur.
Il faut parmi le monde une vertu traitable;
A force de sagesse on peut être blâmable :
La parfaite raison fuit toute extrémité,
Et veut que l'on soit sage avec sobriété.
Cette grande roideur des vertus des vieux âges
Heurte trop notre siècle et les communs usages;
Elle veut aux mortels trop de perfection :
Il faut fléchir au temps sans obstination;
Et c'est une folie, à nulle autre seconde,
De vouloir se mêler de corriger le monde.
J'observe, comme vous, cent choses tous les jours
Qui pourroient mieux aller prenant un autre cours;
Mais, quoi qu'à chaque pas je puisse voir paroître,
En courroux, comme vous, on ne me voit point être.
Je prends tout doucement les hommes comme ils sont,

J'accoutume mon âme à souffrir ce qu'ils font,
Et je crois qu'à la cour, de même qu'à la ville,
Mon flegme est philosophe autant que votre bile.

ALCESTE.

Mais ce flegme, monsieur, qui raisonnez si bien,
Ce flegme pourra-t-il ne s'échauffer de rien?
Et s'il faut par hasard qu'un ami vous trahisse,
Que pour avoir vos biens on dresse un artifice,
Ou qu'on tâche à semer de méchants bruits de vous,
Verrez-vous tout cela sans vous mettre en courroux?

PHILINTE.

Oui : je vois ces défauts, dont votre âme murmure,
Comme vices unis à l'humaine nature;
Et mon esprit enfin n'est pas plus offensé
De voir un homme fourbe, injuste, intéressé,
Que de voir des vautours affamés de carnage,
Des singes malfaisants, et des loups pleins de rage.

ALCESTE.

Je me verrai trahir, mettre en pièces, voler,
Sans que je sois... Morbleu! je ne veux point parler,
Tant ce raisonnement est plein d'impertinence!

PHILINTE.

Ma foi, vous feriez bien de garder le silence.
Contre votre partie éclatez un peu moins,
Et donnez au procès une part de vos soins.

ALCESTE.

Je n'en donnerai point, c'est une chose dite.

PHILINTE.

Mais qui voulez-vous donc qui pour vous sollicite?

ALCESTE.

Qui je veux? La raison, mon bon droit, l'équité.

PHILINTE.

Aucun juge par vous ne sera visité?

ALCESTE.

Non. Est-ce que ma cause est injuste ou douteuse?

PHILINTE.

J'en demeure d'accord : mais la brigue est fâcheuse,
Et...

ALCESTE.

Non, j'ai résolu de n'en pas faire un pas.
J'ai tort, ou j'ai raison.

PHILINTE.

Ne vous y fiez pas.

ALCESTE.

Je ne remûrai point.

PHILINTE.

Votre partie est forte,
Et peut, par sa cabale, entraîner...

ALCESTE.

Il n'importe.

PHILINTE

Vous vous tromperez.

ALCESTE.

Soit. J'en veux voir le succès.

ACTE I, SCÈNE I.

PHILINTE.

Mais...

ALCESTE.

J'aurai le plaisir de perdre mon procès.

PHILINTE.

Mais enfin...

ALCESTE.

Je verrai dans cette plaiderie
Si les hommes auront assez d'effronterie,
Seront assez méchants, scélérats et pervers,
Pour me faire injustice aux yeux de l'univers.

PHILINTE.

Quel homme!

ALCESTE.

Je voudrois, m'en coûtât-il grand'chose,
Pour la beauté du fait, avoir perdu ma cause.

PHILINTE.

On se riroit de vous, Alceste, tout de bon,
Si l'on vous entendoit parler de la façon.

ALCESTE.

Tant pis pour qui riroit.

PHILINTE.

Mais cette rectitude
Que vous voulez en tout avec exactitude,
Cette pleine droiture où vous vous renfermez,
La trouvez-vous ici dans ce que vous aimez?
Je m'étonne, pour moi, qu'étant, comme il le semble,
Vous et le genre humain si fort brouillés ensemble,

Malgré tout ce qui peut vous le rendre odieux,
Vous ayez pris chez lui ce qui charme vos yeux ;
Et ce qui me surprend encore davantage,
C'est cet étrange choix où votre cœur s'engage.
La sincère Éliante a du penchant pour vous,
La prude Arsinoé vous voit d'un œil fort doux ;
Cependant à leurs vœux votre âme se refuse,
Tandis qu'en ses liens Célimène l'amuse,
De qui l'humeur coquette et l'esprit médisant
Semblent si fort donner dans les mœurs d'à présent.
D'où vient que, leur portant une haine mortelle,
Vous pouvez bien souffrir ce qu'en tient cette belle ?
Ne sont-ce plus défauts dans un objet si doux ?
Ne les voyez-vous pas, ou les excusez-vous ?

ALCESTE.

Non : l'amour que je sens pour cette jeune veuve
Ne ferme point mes yeux aux défauts qu'on lui trouve ;
Et je suis, quelque ardeur qu'elle m'ait pu donner,
Le premier à les voir, comme à les condamner.
Mais, avec tout cela, quoi que je puisse faire,
Je confesse mon foible ; elle a l'art de me plaire :
J'ai beau voir ses défauts, et j'ai beau l'en blâmer,
En dépit qu'on en ait elle se fait aimer,
Sa grâce est la plus forte ; et sans doute ma flamme
De ces vices du temps pourra purger son âme.

PHILINTE.

Si vous faites cela, vous ne ferez pas peu.
Vous croyez être donc aimé d'elle ?

ALCESTE.

       Oui, parbleu!
Je ne l'aimerois pas, si je ne croyois l'être.

PHILINTE.

Mais, si son amitié pour vous se fait paroître,
D'où vient que vos rivaux vous causent de l'ennui?

ALCESTE.

C'est qu'un cœur bien atteint veut qu'on soit tout à lui;
Et je ne viens ici qu'à dessein de lui dire
Tout ce que là-dessus ma passion m'inspire.

PHILINTE.

Pour moi, si je n'avois qu'à former des désirs,
Sa cousine Éliante auroit tous mes soupirs;
Son cœur, qui vous estime, est solide et sincère,
Et ce choix plus conforme étoit mieux votre affaire.

ALCESTE.

Il est vrai; ma raison me le dit chaque jour:
Mais la raison n'est pas ce qui règle l'amour.

PHILINTE.

Je crains fort pour vos feux; et l'espoir où vous êtes
Pourroit...

SCÈNE II.

ORONTE, ALCESTE, PHILINTE.

ORONTE, à Alceste.

    J'ai su là-bas que, pour quelques emplettes,
Éliante est sortie, et Célimène aussi;
Mais, comme l'on m'a dit que vous étiez ici,

J'ai monté pour vous dire, et d'un cœur véritable,
Que j'ai conçu pour vous une estime incroyable,
Et que depuis long-temps cette estime m'a mis
Dans un ardent désir d'être de vos amis.
Oui, mon cœur au mérite aime à rendre justice,
Et je brûle qu'un nœud d'amitié nous unisse.
Je crois qu'un ami chaud, et de ma qualité,
N'est pas assurément pour être rejeté.

(Pendant le discours d'Oronte, Alceste est rêveur, sans faire attention que c'est à lui qu'on parle, et ne sort de sa rêverie que quand Oronte lui dit :)

C'est à vous, s'il vous plaît, que ce discours s'adresse.

ALCESTE.

A moi, monsieur?

ORONTE.

A vous. Trouvez-vous qu'il vous blesse?

ALCESTE.

Non pas. Mais la surprise est fort grande pour moi :
Et je n'attendois pas l'honneur que je reçoi.

ORONTE.

L'estime où je vous tiens ne doit point vous surprendre,
Et de tout l'univers vous la pouvez prétendre.

ALCESTE.

Monsieur...

ORONTE.

L'État n'a rien qui ne soit au-dessous
Du mérite éclatant que l'on découvre en vous.

ACTE I, SCENE II.

ALCESTE.

Monsieur....

ORONTE.

Oui, de ma part je vous tiens préférable
A tout ce que j'y vois de plus considérable.

ALCESTE.

Monsieur...

ORONTE.

Sois-je du ciel écrasé si je mens!
Et pour vous confirmer ici mes sentiments,
Souffrez qu'à cœur ouvert, monsieur, je vous embrasse,
Et qu'en votre amitié je vous demande place.
Touchez là, s'il vous plaît. Vous me la promettez,
Votre amitié?

ALCESTE.

Monsieur...

ORONTE.

Quoi? vous y résistez?

ALCESTE.

Monsieur, c'est trop d'honneur que vous me voulez faire :
Mais l'amitié demande un peu plus de mystère;
Et c'est assurément en profaner le nom
Que de vouloir le mettre à toute occasion.
Avec lumière et choix cette union veut naître.
Avant que nous lier, il faut nous mieux connoître;
Et nous pourrions avoir telles complexions,
Que tous deux du marché nous nous repentirions.

ORONTE.

Parbleu! c'est là-dessus parler en homme sage,
Et je vous en estime encore davantage :
Souffrons donc que le temps forme des nœuds si doux.
Mais cependant je m'offre entièrement à vous :
S'il faut faire à la cour pour vous quelque ouverture,
On sait qu'auprès du roi je fais quelque figure;
Il m'écoute, et dans tout il en use, ma foi,
Le plus honnêtement du monde avecque moi.
Enfin, je suis à vous de toutes les manières;
Et, comme votre esprit a de grandes lumières,
Je viens, pour commencer entre nous ce beau nœud,
Vous montrer un sonnet que j'ai fait depuis peu,
Et savoir s'il est bon qu'au public je l'expose.

ALCESTE.

Monsieur, je suis mal propre à décider la chose.
Veuillez m'en dispenser.

ORONTE.
Pourquoi?

ALCESTE.
J'ai le défaut
D'être un peu plus sincère en cela qu'il ne faut.

ORONTE.

C'est ce que je demande; et j'aurois lieu de plainte,
Si, m'exposant à vous pour me parler sans feinte,
Vous alliez me trahir et me déguiser rien.

ALCESTE.

Puisqu'il vous plaît ainsi, monsieur, je le veux bien.

ORONTE.

Sonnet. C'est un sonnet. *L'espoir...* C'est une dame
Qui de quelque espérance avoit flatté ma flamme.
L'espoir... Ce ne sont point de ces grands vers pompeux,
Mais de petits vers doux, tendres et langoureux.

ALCESTE.

Nous verrons bien.

ORONTE.

L'espoir... Je ne sais si le style
Pourra vous en paroitre assez net et facile,
Et si du choix des mots vous vous contenterez.

ALCESTE.

Nous allons voir, monsieur.

ORONTE.

Au reste, vous saurez
Que je n'ai demeuré qu'un quart d'heure à le faire.

ALCESTE.

Voyons, monsieur, le temps ne fait rien à l'affaire.

ORONTE lit.

L'ESPOIR, il est vrai, nous soulage,
Et nous berce un temps notre ennui :
Mais, Philis, le triste avantage,
Lorsque rien ne marche après lui !

PHILINTE.

Je suis déjà charmé de ce petit morceau.

ALCESTE, bas, à Philinte.

Quoi ! vous avez le front de trouver cela beau !

ORONTE.

Vous eûtes de la complaisance;
Mais vous en deviez moins avoir,
Et ne vous pas mettre en dépense,
Pour ne me donner que l'espoir.

PHILINTE.

Ah! qu'en termes galants ces choses-là sont mises!

ALCESTE, bas, à Philinte.

Hé quoi! vil complaisant, vous louez des sottises!

ORONTE.

S'il faut qu'une attente éternelle
Pousse à bout l'ardeur de mon zèle,
Le trépas sera mon recours.

Vos soins ne m'en peuvent distraire :
Belle Philis, on désespère
Alors qu'on espère toujours.

PHILINTE.

La chute en est jolie, amoureuse, admirable.

ALCESTE, bas, à part.

La peste de ta chute! empoisonneur, au diable!
En eusses-tu fait une à te casser le nez!

PHILINTE.

Je n'ai jamais ouï de vers si bien tournés.

ALCESTE, bas, à part.

Morbleu!

ORONTE, à Philinte.

Vous me flattez, et vous croyez peut-être...

PHILINTE.

Non, je ne flatte point.

ALCESTE, bas, à part.

Hé! que fais-tu donc, traître?

ORONTE, à Alceste.

Mais, pour vous, vous savez quel est notre traité :
Parlez-moi, je vous prie, avec sincérité.

ALCESTE.

Monsieur, cette matière est toujours délicate,
Et sur le bel esprit nous aimons qu'on nous flatte.
Mais un jour à quelqu'un, dont je tairai le nom,
Je disois, en voyant des vers de sa façon,
Qu'il faut qu'un galant homme ait toujours grand empire
Sur les démangeaisons qui nous prennent d'écrire;
Qu'il doit tenir la bride aux grands empressements
Qu'on a de faire éclat de tels amusements;
Et que, par la chaleur de montrer ses ouvrages,
On s'expose à jouer de mauvais personnages.

ORONTE.

Est-ce que vous voulez me déclarer par-là
Que j'ai tort de vouloir...

ALCESTE.

Je ne dis pas cela.

Mais je lui disois, moi, qu'un froid écrit assomme;
Qu'il ne faut que ce foible à décrier un homme;
Et qu'eût-on d'autre part cent belles qualités,
On regarde les gens par leurs méchants côtés.

ORONTE.

Est-ce qu'à mon sonnet vous trouvez à redire?

ALCESTE.

Je ne dis pas cela. Mais, pour ne point écrire,
Je lui mettois aux yeux [1] comme dans notre temps
Cette soif a gâté de fort honnêtes gens.

ORONTE.

Est-ce que j'écris mal? et leur ressemblerois-je?

ALCESTE.

Je ne dis pas cela. Mais enfin, lui disois-je,
Quel besoin si pressant avez-vous de rimer?
Et qui diantre vous pousse à vous faire imprimer?
Si l'on peut pardonner l'essor d'un mauvais livre,
Ce n'est qu'aux malheureux qui composent pour vivre.
Croyez-moi, résistez à vos tentations,
Dérobez au public ces occupations,
Et n'allez point quitter, de quoi que l'on vous somme,
Le nom que, dans la cour, vous avez d'honnête homme,
Pour prendre de la main d'un avide imprimeur
Celui de ridicule et misérable auteur.
C'est ce que je tâchai de lui faire comprendre.

ORONTE.

Voilà qui va fort bien, et je crois vous entendre.
Mais ne puis-je savoir ce que dans mon sonnet...

ALCESTE.

Franchement, il est bon à mettre au cabinet.

---

[1] *Mettois aux yeux*, pour *faisois sentir*.

ACTE I, SCÈNE II.

Vous vous êtes réglé sur de méchants modèles,
Et vos expressions ne sont point naturelles.

> Qu'est-ce que nous berce un temps notre ennui ?
>   Et que, rien ne marche après lui ?
>   Que, ne vous pas mettre en dépense,
>   Pour ne me donner que l'espoir ?
>   Et que, Philis, on désespère
>   Alors qu'on espère toujours ?

Ce style figuré dont on fait vanité
Sort du bon caractère et de la vérité ;
Ce n'est que jeu de mots, qu'affectation pure,
Et ce n'est point ainsi que parle la nature.
Le méchant goût du siècle en cela me fait peur :
Nos pères, tout grossiers, l'avoient beaucoup meilleur ;
Et je prise bien moins tout ce que l'on admire,
Qu'une vieille chanson que je m'en vais vous dire :

> Si le roi m'avoit donné
>   Paris sa grand'ville,
> Et qu'il me fallût quitter
>   L'amour de ma mie,
> Je dirois au roi Henri :
>   Reprenez votre Paris,
> J'aime mieux ma mie, oh gay !
>   J'aime mieux ma mie.

La rime n'est pas riche, et le style en est vieux :
Mais ne voyez-vous pas que cela vaut bien mieux
Que ces colifichets dont le bon sens murmure,
Et que la passion parle là toute pure ?

> Si le roi m'avoit donné
>   Paris sa grand'ville,
> Et qu'il me fallût quitter
>   L'amour de ma mie,
> Je dirois au roi Henri :
>   Reprenez votre Paris,
> J'aime mieux ma mie, oh gay!
>   J'aime mieux ma mie.

Voilà ce que peut dire un cœur vraiment épris.
(à Philinte qui rit.)
Oui, monsieur le rieur, malgré vos beaux esprits,
J'estime plus cela que la pompe fleurie
De tous ces faux brillants où chacun se récrie.

ORONTE.

Et moi, je vous soutiens que mes vers sont fort bons.

ALCESTE.

Pour les trouver ainsi vous avez vos raisons :
Mais vous trouverez bon que j'en puisse avoir d'autres
Qui se dispenseront de se soumettre aux vôtres.

ORONTE.

Il me suffit de voir que d'autres en font cas.

ALCESTE.

C'est qu'ils ont l'art de feindre; et moi, je ne l'ai pas.

ORONTE.

Croyez-vous donc avoir tant d'esprit en partage?

ALCESTE.

Si je louois vos vers, j'en aurois davantage.

ORONTE.

Je me passerai fort que vous les approuviez.

ACTE I, SCÈNE II.

ALCESTE.

Il faut bien, s'il vous plaît, que vous vous en passiez.

ORONTE.

Je voudrois bien, pour voir, que de votre manière
Vous en composassiez sur la même matière.

ALCESTE.

J'en pourrois, par malheur, faire d'aussi méchants;
Mais je me garderois de les montrer aux gens.

ORONTE.

Vous me parlez bien ferme; et cette suffisance...

ALCESTE.

Autre part que chez moi cherchez qui vous encense.

ORONTE.

Mais, mon petit monsieur, prenez-le un peu moins haut.

ALCESTE.

Ma foi, mon grand monsieur, je le prends comme il faut.

PHILINTE, se mettant entre deux.

Hé! messieurs, c'en est trop. Laissez cela, de grâce.

ORONTE.

Ah! j'ai tort, je l'avoue, et je quitte la place.
Je suis votre valet, monsieur, de tout mon cœur.

ALCESTE.

Et moi, je suis, monsieur, votre humble serviteur.

SCÈNE III.

PHILINTE, ALCESTE.

PHILINTE.

Hé bien ! vous le voyez : pour être trop sincère,
Vous voilà sur les bras une fâcheuse affaire ;
Et j'ai bien vu qu'Oronte, afin d'être flatté...

ALCESTE.

Ne me parlez pas.

PHILINTE.

Mais...

ALCESTE.

Plus de société.

PHILINTE.

C'est trop...

ALCESTE.

Laissez-moi là.

PHILINTE.

Si je...

ALCESTE.

Point de langage.

PHILINTE.

Mais quoi !...

ALCESTE.

Je n'entends rien.

PHILINTE.

Mais...

ALCESTE.
Encore!
PHILINTE.
On outrage...
ALCESTE.
Ah! parbleu! c'en est trop. Ne suivez point mes pas.
PHILINTE.
Vous vous moquez de moi, je ne vous quitte pas.

FIN DU PREMIER ACTE.

ACTE SECOND.

SCÈNE I.

ALCESTE, CÉLIMÈNE.

ALCESTE.

Madame, voulez-vous que je vous parle net?
De vos façons d'agir je suis mal satisfait;
Contre elles dans mon cœur trop de bile s'assemble,
Et je sens qu'il faudra que nous rompions ensemble.
Oui, je vous tromperois de parler autrement :
Tôt ou tard nous romprons indubitablement;
Et je vous promettrois mille fois le contraire,
Que je ne serois pas en pouvoir de le faire.

CÉLIMÈNE.

C'est pour me quereller donc, à ce que je vois,
Que vous avez voulu me ramener chez moi?

ALCESTE.

Je ne querelle point. Mais votre humeur, madame,
Ouvre au premier venu trop d'accès dans votre âme.
Vous avez trop d'amants qu'on voit vous obséder;
Et mon cœur de cela ne peut s'accommoder.

CÉLIMÈNE.

Des amants que je fais me rendez-vous coupable?

Puis-je empêcher les gens de me trouver aimable?
Et lorsque pour me voir ils font de doux efforts,
Dois-je prendre un bâton pour les mettre dehors?

ALCESTE.

Non, ce n'est pas, madame, un bâton qu'il faut prendre,
Mais un cœur à leurs vœux moins facile et moins tendre.
Je sais que vos appas vous suivent en tous lieux;
Mais votre accueil retient ceux qu'attirent vos yeux;
Et sa douceur offerte à qui vous rend les armes,
Achève sur les cœurs l'ouvrage de vos charmes.
Le trop riant espoir que vous leur présentez
Attache autour de vous leurs assiduités;
Et votre complaisance un peu moins étendue
De tant de soupirants chasseroit la cohue.
Mais au moins, dites-moi, madame, par quel sort
Votre Clitandre a l'heur de vous plaire si fort.
Sur quel fonds de mérite et de vertu sublime
Appuyez-vous en lui l'honneur de votre estime?
Est-ce par l'ongle long qu'il porte au petit doigt
Qu'il s'est acquis chez vous l'estime où l'on le voit?
Vous êtes-vous rendue, avec tout le beau monde,
Au mérite éclatant de sa perruque blonde?
Sont-ce ses grands canons [1] qui vous le font aimer?
L'amas de ses rubans a-t-il su vous charmer?
Est-ce par les appas de sa vaste rhingrave [2]

---

[1] *Canons*, morceaux d'étoffe qu'on portoit au-dessus du genou.
[2] *Rhingrave*, espèce de fraise.

Qu'il a gagné votre âme en faisant votre esclave?
Ou sa façon de rire et son ton de fausset
Ont-ils de vous toucher su trouver le secret?

CÉLIMÈNE.

Qu'injustement de lui vous prenez de l'ombrage!
Ne savez-vous pas bien pourquoi je le ménage,
Et que, dans mon procès, ainsi qu'il m'a promis,
Il peut intéresser tout ce qu'il a d'amis?

ALCESTE.

Perdez votre procès, madame, avec constance,
Et ne ménagez point un rival qui m'offense.

CÉLIMÈNE.

Mais de tout l'univers vous devenez jaloux!

ALCESTE.

C'est que tout l'univers est bien reçu de vous.

CÉLIMÈNE.

C'est ce qui doit rasseoir votre âme effarouchée,
Puisque ma complaisance est sur tous épanchée,
Et vous auriez plus lieu de vous en offenser
Si vous me la voyiez sur un seul ramasser.

ALCESTE.

Mais moi, que vous blâmez de trop de jalousie,
Qu'ai-je de plus qu'eux tous, madame, je vous prie?

CÉLIMÈNE.

Le bonheur de savoir que vous êtes aimé.

ALCESTE.

Et quel lieu de le croire a mon cœur enflammé?

ACTE II, SCÈNE I.

CÉLIMÈNE.

Je pense qu'ayant pris le soin de vous le dire,
Un aveu de la sorte a de quoi vous suffire.

ALCESTE.

Mais qui m'assurera que, dans le même instant,
Vous n'en disiez peut-être aux autres tout autant?

CÉLIMÈNE.

Certes, pour un amant la fleurette est mignonne,
Et vous me traitez là de gentille personne!
Hé bien! pour vous ôter d'un semblable souci,
De tout ce que j'ai dit, je me dédis ici,
Et rien ne sauroit plus vous tromper que vous-même :
Soyez content.

ALCESTE.

Morbleu! faut-il que je vous aime!
Ah! que si de vos mains je rattrape mon cœur,
Je bénirai le ciel de ce rare bonheur!
Je ne le cèle pas, je fais tout mon possible
A rompre de ce cœur l'attachement terrible;
Mais mes plus grands efforts n'ont rien fait jusqu'ici,
Et c'est pour mes péchés que je vous aime ainsi.

CÉLIMÈNE.

Il est vrai, votre ardeur est pour moi sans seconde.

ALCESTE.

Oui, je puis là-dessus défier tout le monde.
Mon amour ne se peut concevoir; et jamais
Personne n'a, madame, aimé comme je fais.

CÉLIMÈNE.

En effet, la méthode en est toute nouvelle;
Car vous aimez les gens pour leur faire querelle;
Ce n'est qu'en mots fâcheux qu'éclate votre ardeur,
Et l'on n'a vu jamais un amour si grondeur.

ALCESTE.

Mais il ne tient qu'à vous que son chagrin ne passe.
A tous nos démêlés coupons chemin, de grâce;
Parlons à cœur ouvert, et voyons d'arrêter...

SCÈNE II.

CÉLIMÈNE, ALCESTE, BASQUE.

CÉLIMÈNE.

Qu'est-ce?

BASQUE.

Acaste est là-bas.

CÉLIMÈNE.

Hé bien! faites monter.

SCÈNE III.

CÉLIMÈNE, ALCESTE.

ALCESTE.

Quoi! l'on ne peut jamais vous parler tête à tête!
A recevoir le monde on vous voit toujours prête!
Et vous ne pouvez pas, un seul moment de tous,
Vous résoudre à souffrir de n'être pas chez vous!

CÉLIMÈNE.
Voulez-vous qu'avec lui je me fasse une affaire?
ALCESTE.
Vous avez des égards qui ne sauroient me plaire.
CÉLIMÈNE.
C'est un homme à jamais ne me le pardonner,
S'il savoit que sa vue eût pu m'importuner.
ALCESTE.
Et que vous fait cela, pour vous gêner de sorte...
CÉLIMÈNE.
Mon Dieu! de ses pareils la bienveillance importe;
Et ce sont de ces gens qui, je ne sais comment,
Ont gagné, dans la cour, de parler hautement.
Dans tous les entretiens on les voit s'introduire :
Ils ne sauroient servir, mais ils peuvent vous nuire;
Et jamais, quelque appui qu'on puisse avoir d'ailleurs,
On ne doit se brouiller avec ces grands brailleurs.
ALCESTE.
Enfin, quoi qu'il en soit, et sur quoi qu'on se fonde,
Vous trouvez des raisons pour souffrir tout le monde;
Et les précautions de votre jugement...

SCÈNE IV.
ALCESTE, CÉLIMÈNE, BASQUE.
BASQUE.
Voici Clitandre encor, madame.
ALCESTE.
Justement.

CÉLIMÈNE.

Où courez-vous?

ALCESTE.

Je sors.

CÉLIMÈNE.

Demeurez.

ALCESTE.

Pour quoi faire?

CÉLIMÈNE.

Demeurez.

ALCESTE.

Je ne puis.

CÉLIMÈNE.

Je le veux.

ALCESTE.

Point d'affaire:
Ces conversations ne font que m'ennuyer,
Et c'est trop que vouloir me les faire essuyer.

CÉLIMÈNE.

Je le veux, je le veux.

ALCESTE.

Non, il m'est impossible.

CÉLIMÈNE.

Hé bien! allez, sortez, il vous est tout loisible.

SCÈNE V.

ÉLIANTE, PHILINTE, ACASTE, CLITANDRE, ALCESTE, CÉLIMÈNE, BASQUE.

ÉLIANTE, à Célimène.

Voici les deux marquis qui montent avec nous.
Vous l'est-on venu dire?

CÉLIMÈNE.

(à Basque.)
Oui. Des siéges pour tous.

(Basque donne des siéges, et sort.)

(à Alceste.)
Vous n'êtes pas sorti?

ALCESTE.

Non; mais je veux, madame,
Ou pour eux, ou pour moi, faire expliquer votre âme.

CÉLIMÈNE.

Taisez-vous.

ALCESTE.

Aujourd'hui, vous vous expliquerez.

CÉLIMÈNE.

Vous perdez le sens.

ALCESTE.

Point. Vous vous déclarerez.

CÉLIMÈNE.

Ah!

ALCESTE.

Vous prendrez parti.

CÉLIMÈNE.

Vous vous moquez, je pense.

ALCESTE.

Non : mais vous choisirez. C'est trop de patience.

CLITANDRE.

Parbleu ! je viens du Louvre, où Cléonte, au levé,
Madame, a bien paru ridicule achevé.
N'a-t-il point quelque ami qui pût sur ses manières
D'un charitable avis lui prêter les lumières?

CÉLIMÈNE.

Dans le monde, à vrai dire, il se barbouille fort.
Partout il porte un air qui saute aux yeux d'abord;
Et lorsqu'on le revoit après un peu d'absence,
On le retrouve encor plus plein d'extravagance.

ACASTE.

Parbleu ! s'il faut parler des gens extravagants,
Je viens d'en essuyer un des plus fatigants ;
Damon le raisonneur, qui m'a, ne vous déplaise,
Une heure au grand soleil tenu hors de ma chaise.

CÉLIMÈNE.

C'est un parleur étrange, et qui trouve toujours
L'art de ne vous rien dire avec de grands discours :
Dans les propos qu'il tient on ne voit jamais goutte;
Et ce n'est que du bruit que tout ce qu'on écoute.

ÉLIANTE, à Philinte.

Ce début n'est pas mal; et contre le prochain
La conversation prend un assez bon train.

ACTE II, SCÈNE V.

CLITANDRE.

Timanthe encor, madame, est un bon caractère.

CÉLIMÈNE.

C'est, de la tête aux pieds, un homme tout mystère,
Qui vous jette, en passant, un coup d'œil égaré,
Et, sans aucune affaire, est toujours affairé.
Tout ce qu'il vous débite en grimaces abonde;
A force de façons il assomme le monde;
Sans cesse il a tout bas, pour rompre l'entretien,
Un secret à vous dire, et ce secret n'est rien;
De la moindre vétille il fait une merveille,
Et, jusques au bonjour, il dit tout à l'oreille.

ACASTE.

Et Géralde, madame?

CÉLIMÈNE.

O l'ennuyeux conteur!
Jamais on ne le voit sortir du grand seigneur.
Dans le brillant commerce il se mêle sans cesse,
Et ne cite jamais que duc, prince, ou princesse.
La qualité l'entête, et tous ses entretiens
Ne sont que de chevaux, d'équipage et de chiens:
Il tutoie, en parlant, ceux du plus haut étage,
Et le nom de monsieur est chez lui hors d'usage.

CLITANDRE.

On dit qu'avec Bélise il est du dernier bien.

CÉLIMÈNE.

Le pauvre esprit de femme, et le sec entretien!
Lorsqu'elle vient me voir, je souffre le martyre:

Il faut suer sans cesse à chercher que lui dire;
Et la stérilité de son expression
Fait mourir à tous coups la conversation.
En vain, pour attaquer son stupide silence,
De tous les lieux communs vous prenez l'assistance;
Le beau temps et la pluie, et le froid et le chaud,
Sont des fonds qu'avec elle on épuise bientôt.
Cependant sa visite, assez insupportable,
Traîne en une longueur encore épouvantable;
Et l'on demande l'heure, et l'on bâille vingt fois,
Qu'elle s'émeut autant qu'une pièce de bois.

ACASTE.

Que vous semble d'Adraste?

CÉLIMÈNE.

Ah! quel orgueil extrême!
C'est un homme gonflé de l'amour de soi-même :
Son mérite jamais n'est content de la cour;
Contre elle il fait métier de pester chaque jour;
Et l'on ne donne emploi, charge, ni bénéfice,
Qu'à tout ce qu'il se croit on ne fasse injustice.

CLITANDRE.

Mais le jeune Cléon, chez qui vont aujourd'hui
Nos plus honnêtes gens, que dites-vous de lui?

CÉLIMÈNE.

Que de son cuisinier il s'est fait un mérite,
Et que c'est à sa table à qui l'on rend visite.

ÉLIANTE.

Il prend soin d'y servir des mets fort délicats.

CÉLIMÈNE.

Oui ; mais je voudrois bien qu'il ne s'y servît pas :
C'est un fort méchant plat que sa sotte personne,
Et qui gâte, à mon goût, tous les repas qu'il donne!

PHILINTE.

On fait assez de cas de son oncle Damis ;
Qu'en dites-vous, madame?

CÉLIMÈNE.

Il est de mes amis.

PHILINTE.

Je le trouve honnête homme, et d'un air assez sage.

CÉLIMÈNE.

Oui ; mais il veut avoir trop d'esprit, dont j'enrage.
Il est guindé sans cesse ; et, dans tous ses propos,
On voit qu'il se travaille à dire de bons mots.
Depuis que dans la tête il s'est mis d'être habile,
Rien ne touche son goût, tant il est difficile !
Il veut voir des défauts à tout ce qu'on écrit,
Et pense que louer n'est pas d'un bel esprit,
Que c'est être savant que trouver à redire,
Qu'il n'appartient qu'aux sots d'admirer et de rire,
Et qu'en n'approuvant rien des ouvrages du temps
Il se met au-dessus de tous les autres gens.
Aux conversations même il trouve à reprendre :
Ce sont propos trop bas pour y daigner descendre,
Et, les deux bras croisés, du haut de son esprit
Il regarde en pitié tout ce que chacun dit.

ACASTE.

Dieu me damne! voilà son portrait véritable.

CLITANDRE, à Célimène.

Pour bien peindre les gens vous êtes admirable.

ALCESTE.

Allons, ferme! poussez, mes bons amis de cour.
Vous n'en épargnez point, et chacun a son tour :
Cependant aucun d'eux à vos yeux ne se montre,
Qu'on ne vous voie en hâte aller à sa rencontre,
Lui présenter la main, et d'un baiser flatteur
Appuyer les serments d'être son serviteur.

CLITANDRE.

Pourquoi s'en prendre à nous? Si ce qu'on dit vous blesse,
Il faut que le reproche à madame s'adresse.

ALCESTE.

Non, morbleu! c'est à vous; et vos ris complaisants
Tirent de son esprit tous ces traits médisants.
Son humeur satirique est sans cesse nourrie
Par le coupable encens de votre flatterie;
Et son cœur à railler trouveroit moins d'appas
S'il avoit observé qu'on ne l'applaudît pas.
C'est ainsi qu'aux flatteurs on doit partout se prendre
Des vices où l'on voit les humains se répandre.

PHILINTE.

Mais pourquoi pour ces gens un intérêt si grand,
Vous qui condamneriez ce qu'en eux on reprend?

CÉLIMÈNE.

Et ne faut-il pas bien que monsieur contredise?

A la commune voix veut-on qu'il se réduise,
Et qu'il ne fasse pas éclater en tous lieux
L'esprit contrariant qu'il a reçu des cieux?
Le sentiment d'autrui n'est jamais pour lui plaire :
Il prend toujours en main l'opinion contraire,
Et penseroit paroître un homme du commun,
Si l'on voyoit qu'il fût de l'avis de quelqu'un.
L'honneur de contredire a pour lui tant de charmes,
Qu'il prend contre lui-même assez souvent les armes;
Et ses vrais sentiments sont combattus par lui
Aussitôt qu'il les voit dans la bouche d'autrui.

ALCESTE.

Les rieurs sont pour vous, madame, c'est tout dire :
Et vous pouvez pousser contre moi la satire.

PHILINTE.

Mais il est véritable aussi que votre esprit
Se gendarme toujours contre tout ce qu'on dit;
Et que, par un chagrin que lui-même il avoue,
Il ne sauroit souffrir qu'on blâme ni qu'on loue.

ALCESTE.

C'est que jamais, morbleu! les hommes n'ont raison;
Que le chagrin contre eux est toujours de saison,
Et que je vois qu'ils sont, sur toutes les affaires,
Loueurs impertinents, ou censeurs téméraires.

CÉLIMÈNE.

Mais...

ALCESTE.

Non, madame, non, quand j'en devrois mourir,

Vous avez des plaisirs que je ne puis souffrir;
Et l'on a tort ici de nourrir dans votre âme
Ce grand attachement aux défauts qu'on y blâme.

CLITANDRE.

Pour moi, je ne sais pas; mais j'avoûrai tout haut
Que j'ai cru jusqu'ici madame sans défaut.

ACASTE.

De grâces et d'attraits je vois qu'elle est pourvue;
Mais les défauts qu'elle a ne frappent point ma vue.

ALCESTE.

Ils frappent tous la mienne; et, loin de m'en cacher,
Elle sait que j'ai soin de les lui reprocher.
Plus on aime quelqu'un, moins il faut qu'on le flatte :
A ne rien pardonner le pur amour éclate;
Et je bannirois, moi, tous ces lâches amants
Que je verrois soumis à tous mes sentiments,
Et dont, à tout propos, les molles complaisances
Donneroient de l'encens à mes extravagances.

CÉLIMÈNE.

Enfin, s'il faut qu'à vous s'en rapportent les cœurs,
On doit, pour bien aimer, renoncer aux douceurs,
Et du parfait amour mettre l'honneur suprême
A bien injurier les personnes qu'on aime.

ÉLIANTE.

L'amour, pour l'ordinaire, est peu fait à ces lois,
Et l'on voit les amants vanter toujours leur choix.
Jamais leur passion n'y voit rien de blâmable,
Et dans l'objet aimé tout leur devient aimable;

Ils comptent les défauts pour des perfections,
Et savent y donner de favorables noms.
La pâle est aux jasmins en blancheur comparable;
La noire à faire peur, une brune adorable;
La maigre a de la taille et de la liberté;
La grasse est, dans son port, pleine de majesté;
La malpropre sur soi, de peu d'attraits chargée,
Est mise sous le nom de beauté négligée;
La géante paroît une déesse aux yeux;
La naine, un abrégé des merveilles des cieux;
L'orgueilleuse a le cœur digne d'une couronne;
La fourbe a de l'esprit; la sotte est toute bonne;
La trop grande parleuse est d'agréable humeur;
Et la muette garde une honnête pudeur.
C'est ainsi qu'un amant dont l'ardeur est extrême
Aime jusqu'aux défauts des personnes qu'il aime.
ALCESTE.
Et moi, je soutiens, moi...
CÉLIMÈNE.
                Brisons là ce discours,
Et dans la galerie allons faire deux tours.
Quoi! vous vous en allez, messieurs?
CLITANDRE et ACASTE.
                        Non pas, madame.
ALCESTE.
La peur de leur départ occupe fort votre âme!
Sortez quand vous voudrez, messieurs; mais j'avertis
Que je ne sors qu'après que vous serez sortis.

LE MISANTHROPE.

ACASTE.

A moins de voir madame en être importunée,
Rien ne m'appelle ailleurs de toute la journée.

CLITANDRE.

Moi, pourvu que je puisse être au petit couché,
Je n'ai point d'autre affaire où je sois attaché.

CÉLIMÈNE, à Alceste.

C'est pour rire, je crois.

ALCESTE.

Non, en aucune sorte.
Nous verrons si c'est moi que vous voudrez qui sorte.

SCÈNE VI.

ALCESTE, CÉLIMÈNE, ÉLIANTE, ACASTE, PHILINTE, CLITANDRE, BASQUE.

BASQUE, à Alceste.

Monsieur, un homme est là, qui voudroit vous parler
Pour affaire, dit-il, qu'on ne peut reculer.

ALCESTE.

Dis-lui que je n'ai point d'affaires si pressées.

BASQUE.

Il porte une jaquette [1] à grand'basques plissées,
Avec du d'or dessus.

---

[1] *Jaquette.* La jaquette étoit une espèce de saye ou casaque qui descendoit jusqu'aux genoux. Les gens du peuple et les paysans en portoient.

CÉLIMÈNE, à Alceste.

Allez voir ce que c'est,
Ou bien faites-le entrer.

SCÈNE VII.

ALCESTE, CÉLIMÈNE, ÉLIANTE, ACASTE, PHILINTE, CLITANDRE, UN GARDE DE LA MARÉCHAUSSÉE.

ALCESTE, allant au-devant du garde.

Qu'est-ce donc qu'il vous plaît?
Venez, monsieur.

LE GARDE.

Monsieur, j'ai deux mots à vous dire.

ALCESTE.

Vous pouvez parler haut, monsieur, pour m'en instruire.

LE GARDE.

Messieurs les maréchaux, dont j'ai commandement,
Vous mandent de venir les trouver promptement,
Monsieur.

ALCESTE.

Qui? moi, monsieur?

LE GARDE.

Vous-même.

ALCESTE.

Et pour quoi faire?

PHILINTE, à Alceste.

C'est d'Oronte et de vous la ridicule affaire.

CÉLIMÈNE, à Philinte.

Comment?

PHILINTE.

Oronte et lui se sont tantôt bravés
Sur certains petits vers qu'il n'a pas approuvés;
Et l'on veut assoupir la chose en sa naissance.

ALCESTE.

Moi, je n'aurai jamais de lâche complaisance.

PHILINTE.

Mais il faut suivre l'ordre : allons, disposez-vous.

ALCESTE.

Quel accommodement veut-on faire entre nous?
La voix de ces messieurs me condamnera-t-elle
A trouver bons les vers qui font notre querelle?
Je ne me dédis point de ce que j'en ai dit,
Je les trouve méchants.

PHILINTE.

Mais d'un plus doux esprit...

ALCESTE.

Je n'en démordrai point; les vers sont exécrables.

PHILINTE.

Vous devez faire voir des sentiments traitables.
Allons, venez.

ALCESTE.

J'irai; mais rien n'aura pouvoir
De me faire dédire.

PHILINTE.

Allons vous faire voir.

ALCESTE.

Hors qu'un commandement exprès du roi me vienne
De trouver bons les vers dont on se met en peine,
Je soutiendrai toujours, morbleu! qu'ils sont mauvais,
Et qu'un homme est pendable après les avoir faits.

(à Clitandre et à Acaste, qui rient.)

Par la sambleu! messieurs, je ne croyois pas être
Si plaisant que je suis.

CÉLIMÈNE.

Allez vite paroître
Où vous devez.

ALCESTE.

J'y vais, madame; et sur mes pas
Je reviens en ce lieu pour vider nos débats.

FIN DU SECOND ACTE.

ACTE TROISIÈME.

SCÈNE I.

CLITANDRE, ACASTE.

CLITANDRE.

Cher marquis, je te vois l'âme bien satisfaite;
Toute chose t'égaie, et rien ne t'inquiète.
En bonne foi, crois-tu, sans t'éblouir les yeux,
Avoir de grands sujets de paroître joyeux?

ACASTE.

Parbleu! je ne vois pas, lorsque je m'examine,
Où prendre aucun sujet d'avoir l'âme chagrine.
J'ai du bien, je suis jeune, et sors d'une maison
Qui se peut dire noble avec quelque raison;
Et je crois, par le rang que me donne ma race,
Qu'il est fort peu d'emplois dont je ne sois en passe.
Pour le cœur, dont surtout nous devons faire cas,
On sait, sans vanité, que je n'en manque pas;
Et l'on m'a vu pousser dans le monde une affaire
D'une assez vigoureuse et gaillarde manière.
Pour de l'esprit, j'en ai, sans doute, et du bon goût
A juger sans étude et raisonner de tout,
A faire aux nouveautés, dont je suis idolâtre,

Figure de savant sur les bancs du théâtre[1] ;
Y décider en chef, et faire du fracas
A tous les beaux endroits qui méritent des *ah !*
Je suis assez adroit; j'ai bon air, bonne mine,
Les dents belles surtout, et la taille fort fine.
Quant à se mettre bien, je crois, sans me flatter,
Qu'on seroit mal venu de me le disputer.
Je me vois dans l'estime autant qu'on y puisse être,
Fort aimé du beau sexe, et bien auprès du maître.
Je crois qu'avec cela, mon cher marquis, je croi
Qu'on peut par tout pays être content de soi.

CLITANDRE.

Oui, mais trouvant ailleurs des conquêtes faciles,
Pourquoi pousser ici des soupirs inutiles?

ACASTE.

Moi? Parbleu! je ne suis de taille ni d'humeur
A pouvoir d'une belle essuyer la froideur.
C'est aux gens mal tournés, aux mérites vulgaires,
A brûler constamment pour des beautés sévères,
A languir à leurs pieds et souffrir leurs rigueurs,
A chercher le secours des soupirs et des pleurs,
Et tâcher par des soins d'une très-longue suite
D'obtenir ce qu'on nie à leur peu de mérite.
Mais les gens de mon air, marquis, ne sont pas faits
Pour aimer à crédit, et faire tous les frais.

---

[1] Autrefois les spectateurs avoient des bancs sur le théâtre, ce qui détruisoit entièrement l'illusion.

Quelque rare que soit le mérite des belles,
Je pense, Dieu merci, qu'on vaut son prix comme elles;
Que, pour se faire honneur d'un cœur comme le mien,
Ce n'est pas la raison qu'il ne leur coûte rien;
Et qu'au moins, à tout mettre en de justes balances,
Il faut qu'à frais communs se fassent les avances.

CLITANDRE.

Tu penses donc, marquis, être fort bien ici?

ACASTE.

J'ai quelque lieu, marquis, de le penser ainsi.

CLITANDRE.

Crois-moi, détache-toi de cette erreur extrême :
Tu te flattes, mon cher, et t'aveugles toi-même.

ACASTE.

Il est vrai, je me flatte, et m'aveugle en effet.

CLITANDRE.

Mais qui te fait juger ton bonheur si parfait?

ACASTE.

Je me flatte.

CLITANDRE.

Sur quoi fonder tes conjectures?

ACASTE.

Je m'aveugle.

CLITANDRE.

En as-tu des preuves qui soient sûres?

ACASTE.

Je m'abuse, te dis-je.

ACTE III, SCÈNE I.

CLITANDRE.
          Est-ce que de ses vœux
Célimène t'a fait quelques secrets aveux?

ACASTE.
Non, je suis maltraité.

CLITANDRE.
          Réponds-moi, je te prie.

ACASTE.
Je n'ai que des rebuts.

CLITANDRE.
          Laissons la raillerie,
Et me dis quel espoir on peut t'avoir donné.

ACASTE.
Je suis le misérable, et toi le fortuné;
On a pour ma personne une aversion grande,
Et, quelqu'un de ces jours, il faut que je me pende.

CLITANDRE.
Oh çà, veux-tu, marquis, pour ajuster nos vœux,
Que nous tombions d'accord d'une chose tous deux?
Que qui pourra montrer une marque certaine
D'avoir meilleure part au cœur de Célimène,
L'autre ici fera place au vainqueur prétendu,
Et le délivrera d'un rival assidu?

ACASTE.
Ah! parbleu! tu me plais avec un tel langage,
Et, du bon de mon cœur, à cela je m'engage.
Mais, chut.

SCÈNE II.

CÉLIMÈNE, ACASTE, CLITANDRE.

CÉLIMÈNE.

Encore ici ?

CLITANDRE.

L'amour retient nos pas.

CÉLIMÈNE.

Je viens d'ouir entrer un carrosse là-bas.
Savez-vous qui c'est ?

CLITANDRE.

Non.

SCÈNE III.

CÉLIMÈNE, ACASTE, CLITANDRE, BASQUE.

BASQUE.

Arsinoé, madame,
Monte ici pour vous voir.

CÉLIMÈNE.

Que me veut cette femme ?

BASQUE.

Éliante là-bas est à l'entretenir.

CÉLIMÈNE.

De quoi s'avise-t-elle ? et qui la fait venir ?

ACASTE.

Pour prude consommée en tous lieux elle passe;
Et l'ardeur de son zèle...

CÉLIMÈNE.

Oui, oui, franche grimace !
Dans l'âme elle est du monde; et ses soins tentent tout
Pour accrocher quelqu'un, sans en venir à bout.
Elle ne sauroit voir qu'avec un œil d'envie
Les amants déclarés dont une autre est suivie;
Et son triste mérite, abandonné de tous,
Contre le siècle aveugle est toujours en courroux.
Elle tâche à couvrir d'un faux voile de prude
Ce que chez elle on voit d'affreuse solitude;
Et, pour sauver l'honneur de ses foibles appas,
Elle attache du crime au pouvoir qu'ils n'ont pas.
Cependant un amant plairoit fort à la dame :
Et même, pour Alceste, elle a tendresse d'âme.
Ce qu'il me rend de soins outrage ses attraits,
Elle veut que ce soit un vol que je lui fais;
Et son jaloux dépit, qu'avec peine elle cache,
En tous endroits, sous main, contre moi se détache.
Enfin je n'ai rien vu de si sot, à mon gré;
Elle est impertinente au suprême degré,
Et...

SCÈNE IV.

ARSINOÉ, CÉLIMÈNE, CLITANDRE, ACASTE.

CÉLIMÈNE.

Ah ! quel heureux sort en ce lieu vous amène ?
Madame, sans mentir, j'étois de vous en peine.

ARSINOÉ.

Je viens pour quelque avis que j'ai cru vous devoir.

CÉLIMÈNE.

Ah! mon Dieu! que je suis contente de vous voir!

(Clitandre et Acaste sortent en riant.)

SCÈNE V.

ARSINOÉ, CÉLIMÈNE.

ARSINOÉ.

Leur départ ne pouvoit plus à propos se faire.

CÉLIMÈNE.

Voulons-nous nous asseoir?

ARSINOÉ.

Il n'est pas nécessaire.

Madame, l'amitié doit surtout éclater
Aux choses qui le plus nous peuvent importer :
Et comme il n'en est point de plus grande importance
Que celles de l'honneur et de la bienséance,
Je viens, par un avis qui touche votre honneur,
Témoigner l'amitié que pour vous a mon cœur.
Hier j'étois chez des gens de vertu singulière,
Où sur vous du discours on tourna la matière;
Et là, votre conduite, avec ses grands éclats,
Madame, eut le malheur qu'on ne la loua pas.
Cette foule de gens dont vous souffrez visite,
Votre galanterie, et les bruits qu'elle excite,
Trouvèrent des censeurs plus qu'il n'auroit fallu,

ACTE III, SCÈNE V.

Et bien plus rigoureux que je n'eusse voulu.
Vous pouvez bien penser quel parti je sus prendre :
Je fis ce que je pus pour vous pouvoir défendre ;
Je vous excusai fort sur votre intention,
Et voulus de votre âme être la caution.
Mais vous savez qu'il est des choses dans la vie
Qu'on ne peut excuser, quoiqu'on en ait envie ;
Et je me vis contrainte à demeurer d'accord
Que l'air dont vous viviez vous faisoit un peu tort,
Qu'il prenoit dans le monde une méchante face,
Qu'il n'est conte fâcheux que partout on n'en fasse,
Et que, si vous vouliez, tous vos déportements
Pourroient moins donner prise aux mauvais jugements.
Non que j'y croie au fond l'honnêteté blessée :
Me préserve le ciel d'en avoir la pensée !
Mais aux ombres du crime on prête aisément foi,
Et ce n'est pas assez de bien vivre pour soi.
Madame, je vous crois l'âme trop raisonnable
Pour ne pas prendre bien cet avis profitable,
Et pour l'attribuer qu'aux mouvements secrets
D'un zèle qui m'attache à tous vos intérêts.

CÉLIMÈNE.

Madame, j'ai beaucoup de grâces à vous rendre.
Un tel avis m'oblige ; et, loin de le mal prendre,
J'en prétends reconnoître à l'instant la faveur
Par un avis aussi qui touche votre honneur :
Et comme je vous vois vous montrer mon amie
En m'apprenant les bruits que de moi l'on publie,

Je veux suivre à mon tour un exemple si doux
En vous avertissant de ce qu'on dit de vous.
  En un lieu, l'autre jour, où je faisois visite,
Je trouvai quelques gens d'un très-rare mérite,
Qui, parlant des vrais soins d'une âme qui vit bien,
Firent tomber sur vous, madame, l'entretien.
Là, votre pruderie et vos éclats de zèle
Ne furent pas cités comme un fort bon modèle;
Cette affectation d'un grave extérieur,
Vos discours éternels de sagesse et d'honneur,
Vos mines et vos cris aux ombres d'indécence
Que d'un mot ambigu peut avoir l'innocence,
Cette hauteur d'estime où vous êtes de vous,
Et ces yeux de pitié que vous jetez sur tous,
Vos fréquentes leçons et vos aigres censures
Sur des choses qui sont innocentes et pures;
Tout cela, si je puis vous parler franchement,
Madame, fut blâmé d'un commun sentiment.
« A quoi bon, disoient-ils, cette mine modeste,
« Et ce sage dehors que dément tout le reste?
« Elle est à bien prier exacte au dernier point!
« Mais elle bat ses gens, et ne les paye point.
« Dans tous les lieux dévots elle étale un grand zèle;
« Mais elle met du blanc, et veut paroître belle.
« Elle fait des tableaux couvrir les nudités;
« Mais elle a de l'amour pour les réalités. »
Pour moi, contre chacun je pris votre défense,
Et leur assurai fort que c'étoit médisance :

ACTE III, SCÈNE V.

Mais tous les sentiments combattirent le mien,
Et leur conclusion fut que vous feriez bien
De prendre moins de soin des actions des autres,
Et de vous mettre un peu plus en peine des vôtres;
Qu'on doit se regarder soi-même un fort long temps
Avant que de songer à condamner les gens;
Qu'il faut mettre le poids d'une vie exemplaire
Dans les corrections qu'aux autres on veut faire;
Et qu'encor vaut-il mieux s'en remettre, au besoin,
A ceux à qui le ciel en a commis le soin.
Madame, je vous crois aussi trop raisonnable
Pour ne pas prendre bien cet avis profitable,
Et pour l'attribuer qu'aux mouvements secrets
D'un zèle qui m'attache à tous vos intérêts.

ARSINOÉ.

A quoi qu'en reprenant on soit assujettie,
Je ne m'attendois pas à cette repartie,
Madame; et je vois bien, par ce qu'elle a d'aigreur,
Que mon sincère avis vous a blessée au cœur.

CÉLIMÈNE.

Au contraire, madame; et, si l'on étoit sage,
Ces avis mutuels seroient mis en usage.
On détruiroit par-là, traitant de bonne foi,
Ce grand aveuglement où chacun est pour soi.
Il ne tiendra qu'à vous qu'avec le même zèle
Nous ne continuions cet office fidèle,
Et ne prenions grand soin de nous dire entre nous
Ce que nous entendrons, vous de moi, moi de vous.

ARSINOÉ.

Ah! madame, de vous je ne puis rien entendre;
C'est en moi que l'on peut trouver fort à reprendre.

CÉLIMÈNE.

Madame, on peut, je crois, louer et blâmer tout;
Et chacun a raison, suivant l'âge ou le goût
Il est une saison pour la galanterie,
Il en est une aussi propre à la pruderie.
On peut, par politique, en prendre le parti,
Quand de nos jeunes ans l'éclat est amorti.
Cela sert à couvrir de fâcheuses disgrâces.
Je ne dis pas qu'un jour je ne suive vos traces :
L'âge amènera tout; et ce n'est pas le temps,
Madame, comme on sait, d'être prude à vingt ans.

ARSINOÉ.

Certes, vous vous targuez d'un bien foible avantage,
Et vous faites sonner terriblement votre âge.
Ce que de plus que vous on en pourroit avoir
N'est pas un si grand cas pour s'en tant prévaloir;
Et je ne sais pourquoi votre âme ainsi s'emporte,
Madame, à me pousser de cette étrange sorte.

CÉLIMÈNE.

Et moi, je ne sais pas, madame, aussi pourquoi
On vous voit en tous lieux vous déchaîner sur moi.
Faut-il de vos chagrins sans cesse à moi vous prendre?
Et puis-je mais [1] des soins qu'on ne va pas vous rendre?

---

[1] Voyez la note du tome Ier, page 297.

Si ma personne aux gens inspire de l'amour,
Et si l'on continue à m'offrir chaque jour
Des vœux que votre cœur peut souhaiter qu'on m'ôte,
Je n'y saurois que faire, et ce n'est pas ma faute ;
Vous avez le champ libre, et je n'empêche pas
Que, pour les attirer, vous n'ayez des appas.

ARSINOÉ.

Hélas ! et croyez-vous que l'on se mette en peine
De ce nombre d'amants dont vous faites la vaine,
Et qu'il ne nous soit pas fort aisé de juger
A quel prix aujourd'hui l'on peut les engager ?
Pensez-vous faire croire, à voir comme tout roule,
Que votre seul mérite attire cette foule,
Qu'ils ne brûlent pour vous que d'un honnête amour,
Et que pour vos vertus ils vous font tous la cour ?
On ne s'aveugle point par de vaines défaites ;
Le monde n'est point dupe ; et j'en vois qui sont faites
A pouvoir inspirer de tendres sentiments,
Qui chez elles pourtant ne fixent point d'amants :
Et de là nous pouvons tirer des conséquences
Qu'on n'acquiert point leurs cœurs sans de grandes avances ;
Qu'aucun pour nos beaux yeux n'est notre soupirant,
Et qu'il faut acheter tous les soins qu'on nous rend.
Ne vous enflez donc point d'une si grande gloire
Pour les petits brillants d'une foible victoire,
Et corrigez un peu l'orgueil de vos appas
De traiter pour cela les gens du haut en bas.
Si nos yeux envioient les conquêtes des vôtres,

Je pense qu'on pourroit faire comme les autres,
Ne se point ménager, et vous faire bien voir
Que l'on a des amants quand on en veut avoir.

CÉLIMÈNE.

Ayez-en donc, madame, et voyons cette affaire :
Par ce rare secret efforcez-vous de plaire;
Et sans...

ARSINOÉ.

Brisons, madame, un pareil entretien,
Il pousseroit trop loin votre esprit et le mien;
Et j'aurois pris déjà le congé qu'il faut prendre,
Si mon carrosse encor ne m'obligeoit d'attendre.

CÉLIMÈNE.

Autant qu'il vous plaira vous pouvez arrêter,
Madame, et là-dessus rien ne doit vous hâter.
Mais, sans vous fatiguer de ma cérémonie,
Je m'en vais vous donner meilleure compagnie;
Et monsieur, qu'à propos le hasard fait venir,
Remplira mieux ma place à vous entretenir.

SCÈNE VI.

ALCESTE, CÉLIMÈNE, ARSINOÉ.

CÉLIMÈNE.

ALCESTE, il faut que j'aille écrire un mot de lettre,
Que, sans me faire tort, je ne saurois remettre.
Soyez avec madame : elle aura la bonté
D'excuser aisément mon incivilité.

SCÈNE VII.

ALCESTE, ARSINOÉ.

ARSINOÉ.

Vous voyez, elle veut que je vous entretienne,
Attendant un moment que mon carrosse vienne ;
Et jamais tous ses soins ne pouvoient m'offrir rien
Qui me fût plus charmant qu'un pareil entretien.
En vérité, les gens d'un mérite sublime
Entraînent de chacun et l'amour et l'estime ;
Et le vôtre, sans doute, a des charmes secrets
Qui font entrer mon cœur dans tous vos intérêts.
Je voudrois que la cour, par un regard propice,
A ce que vous valez rendît plus de justice :
Vous avez à vous plaindre ; et je suis en courroux
Quand je vois, chaque jour, qu'on ne fait rien pour vous.

ALCESTE.

Moi, madame ? Et sur quoi pourrois-je en rien prétendre ?
Quel service à l'État est-ce qu'on m'a vu rendre ?
Qu'ai-je fait, s'il vous plaît, de si brillant de soi,
Pour me plaindre à la cour qu'on ne fait rien pour moi ?

ARSINOÉ.

Tous ceux sur qui la cour jette des yeux propices
N'ont pas toujours rendu de ces fameux services ;
Il faut l'occasion ainsi que le pouvoir.
Et le mérite enfin que vous nous faites voir
Devroit...

ALCESTE.

Mon Dieu ! laissons mon mérite, de grâce ;
De quoi voulez-vous là que la cour s'embarrasse ?
Elle auroit fort à faire, et ses soins seroient grands
D'avoir à déterrer le mérite des gens.

ARSINOÉ.

Un mérite éclatant se déterre lui-même.
Du vôtre, en bien des lieux, on fait un cas extrême ;
Et vous saurez de moi qu'en deux fort bons endroits
Vous fûtes hier loué par des gens d'un grand poids.

ALCESTE.

Hé ! madame, l'on loue aujourd'hui tout le monde,
Et le siècle par-là n'a rien qu'on ne confonde.
Tout est d'un grand mérite également doué ;
Ce n'est plus un honneur que de se voir loué :
D'éloges on regorge, à la tête on les jette,
Et mon valet de chambre est mis dans la gazette.

ARSINOÉ.

Pour moi, je voudrois bien que, pour vous montrer mieux,
Une charge à la cour vous pût frapper les yeux.
Pour peu que d'y songer vous nous fassiez les mines,
On peut, pour vous servir, remuer des machines ;
Et j'ai des gens en main que j'emploîrai pour vous,
Qui vous feront à tout un chemin assez doux.

ALCESTE.

Et que voudriez-vous, madame, que j'y fisse ?
L'humeur dont je me sens veut que je m'en bannisse ;

Le ciel ne m'a point fait, en me donnant le jour,
Une âme compatible avec l'air de la cour.
Je ne me trouve point les vertus nécessaires
Pour y bien réussir et faire mes affaires :
Être franc et sincère est mon plus grand talent :
Je ne sais point jouer les hommes en parlant;
Et qui n'a pas le don de cacher ce qu'il pense
Doit faire en ce pays fort peu de résidence.
Hors de la cour, sans doute, on n'a pas cet appui
Et ces titres d'honneur qu'elle donne aujourd'hui;
Mais on n'a pas aussi, perdant ces avantages,
Le chagrin de jouer de fort sots personnages;
On n'a point à souffrir mille rebuts cruels;
On n'a point à louer les vers de messieurs tels,
A donner de l'encens à madame une telle,
Et de nos francs marquis essuyer la cervelle.

ARSINOÉ.

Laissons, puisqu'il vous plaît, ce chapitre de cour :
Mais il faut que mon cœur vous plaigne en votre amour;
Et pour vous découvrir là-dessus mes pensées,
Je souhaiterois fort vos ardeurs mieux placées.
Vous méritez sans doute un sort beaucoup plus doux,
Et celle qui vous charme est indigne de vous.

ALCESTE.

Mais, en disant cela, songez-vous, je vous prie,
Que cette personne est, madame, votre amie?

ARSINOÉ.

Oui. Mais ma conscience est blessée en effet

De souffrir plus long-temps le tort que l'on vous fait.
L'état où je vous vois afflige trop mon âme,
Et je vous donne avis qu'on trahit votre flamme.

ALCESTE.

C'est me montrer, madame, un tendre mouvement;
Et de pareils avis obligent un amant.

ARSINOÉ.

Oui, toute mon amie, elle est, et je la nomme,
Indigne d'asservir le cœur d'un galant homme;
Et le sien n'a pour vous que de feintes douceurs.

ALCESTE.

Cela se peut, madame; on ne voit pas les cœurs :
Mais votre charité se seroit bien passée
De jeter dans le mien une telle pensée.

ARSINOÉ.

Si vous ne voulez pas être désabusé,
Il faut ne vous rien dire; il est assez aisé.

ALCESTE.

Non. Mais sur ce sujet, quoi que l'on nous expose,
Les doutes sont fâcheux plus que toute autre chose;
Et je voudrois, pour moi, qu'on ne me fît savoir
Que ce qu'avec clarté l'on peut me faire voir.

ARSINOÉ.

Hé bien! c'est assez dit; et sur cette matière
Vous allez recevoir une pleine lumière.
Oui, je veux que de tout vos yeux vous fassent foi.

Donnez-moi seulement la main jusque chez moi :
Là, je vous ferai voir une preuve fidèle
De l'infidélité du cœur de votre belle ;
Et si pour d'autres yeux le vôtre peut brûler,
On pourra vous offrir de quoi vous consoler.

FIN DU TROISIÈME ACTE.

ACTE QUATRIÈME.

SCÈNE I.

ÉLIANTE, PHILINTE.

PHILINTE.

Non, l'on n'a point vu d'âme à manier si dure,
Ni d'accommodement plus pénible à conclure :
En vain de tous côtés on l'a voulu tourner,
Hors de son sentiment on n'a pu l'entraîner ;
Et jamais différent si bizarre, je pense,
N'avoit de ces messieurs occupé la prudence.
« Non, messieurs, disoit-il, je ne me dédis point,
« Et tomberai d'accord de tout, hors de ce point.
« De quoi s'offense-t-il ? et que veut-il me dire ?
« Y va-t-il de sa gloire à ne pas bien écrire ?
« Que lui fait mon avis qu'il a pris de travers ?
« On peut être honnête homme, et faire mal des vers.
« Ce n'est point à l'honneur que touchent ces matières
« Je le tiens galant homme en toutes les manières,
« Homme de qualité, de mérite et de cœur,
« Tout ce qu'il vous plaira, mais fort méchant auteur.
« Je loûrai, si l'on veut, son train et sa dépense,
« Son adresse à cheval, aux armes, à la danse :

« Mais, pour louer ses vers, je suis son serviteur ;
« Et, lorsque d'en mieux faire on n'a pas le bonheur,
« On ne doit de rimer avoir aucune envie,
« Qu'on n'y soit condamné sur peine de la vie. »
Enfin toute la grâce et l'accommodement
Où s'est avec effort plié son sentiment,
C'est de dire, croyant adoucir bien son style :
« Monsieur, je suis fâché d'être si difficile,
« Et, pour l'amour de vous, je voudrois, de bon cœur,
« Avoir trouvé tantôt votre sonnet meilleur. »
Et dans une embrassade on leur a, pour conclure,
Fait vite envelopper toute la procédure.

ÉLIANTE.

Dans ses façons d'agir il est fort singulier :
Mais j'en fais, je l'avoue, un cas particulier ;
Et la sincérité dont son âme se pique
A quelque chose en soi de noble et d'héroïque.
C'est une vertu rare au siècle d'aujourd'hui,
Et je la voudrois voir partout comme chez lui.

PHILINTE.

Pour moi, plus je le vois, plus surtout je m'étonne
De cette passion où son cœur s'abandonne.
De l'humeur dont le ciel a voulu le former,
Je ne sais pas comment il s'avise d'aimer ;
Et je sais moins encor comment votre cousine
Peut être la personne où son penchant l'incline.

ÉLIANTE.

Cela fait assez voir que l'amour, dans les cœurs,

N'est pas toujours produit par un rapport d'humeurs;
Et toutes ces raisons de douces sympathies,
Dans cet exemple-ci, se trouvent démenties.

PHILINTE.

Mais croyez-vous qu'on l'aime, aux choses qu'on peut voir?

ÉLIANTE.

C'est un point qu'il n'est pas fort aisé de savoir.
Comment pouvoir juger s'il est vrai qu'elle l'aime?
Son cœur de ce qu'il sent n'est pas bien sûr lui-même;
Il aime quelquefois sans qu'il le sache bien,
Et croit aimer aussi, parfois, qu'il n'en est rien.

PHILINTE.

Je crois que notre ami, près de cette cousine,
Trouvera des chagrins plus qu'il ne s'imagine;
Et, s'il avoit mon cœur, à dire vérité,
Il tourneroit ses vœux tout d'un autre côté;
Et, par un choix plus juste, on le verroit, madame,
Profiter des bontés que lui montre votre âme.

ÉLIANTE.

Pour moi, je n'en fais point de façons; et je croi
Qu'on doit sur de tels points être de bonne foi.
Je ne m'oppose point à toute sa tendresse :
Au contraire, mon cœur pour elle s'intéresse;
Et si c'étoit qu'à moi la chose pût tenir,
Moi-même à ce qu'il aime on me verroit l'unir.
Mais si, dans un tel choix, comme tout se peut faire,
Son amour éprouvoit quelque destin contraire,
S'il falloit que d'un autre on couronnât les feux,

ACTE IV, SCÈNE 1.

Je pourrois me résoudre à recevoir ses vœux;
Et le refus souffert en pareille occurrence
Ne m'y feroit trouver aucune répugnance.

PHILINTE.

Et moi, de mon côté, je ne m'oppose pas,
Madame, à ces bontés qu'ont pour lui vos appas;
Et lui-même, s'il veut, il peut bien vous instruire
De ce que là-dessus j'ai pris soin de lui dire.
Mais si, par un hymen qui les joindroit eux deux,
Vous étiez hors d'état de recevoir ses vœux,
Tous les miens tenteroient la faveur éclatante
Qu'avec tant de bonté votre âme lui présente :
Heureux si, quand son cœur s'y pourra dérober,
Elle pouvoit sur moi, madame, retomber!

ÉLIANTE.

Vous vous divertissez, Philinte.

PHILINTE.

Non, madame,
Et je vous parle ici du meilleur de mon âme.
J'attends l'occasion de m'offrir hautement,
Et de tous mes souhaits j'en presse le moment.

SCÈNE II.

ALCESTE, ÉLIANTE, PHILINTE.

ALCESTE.

Ah! faites-moi raison, madame, d'une offense
Qui vient de triompher de toute ma constance.

ÉLIANTE.
Qu'est-ce donc? Qu'avez-vous qui vous puisse émouvoir?
ALCESTE.
J'ai ce que, sans mourir, je ne puis concevoir;
Et le déchaînement de toute la nature
Ne m'accableroit pas comme cette aventure.
C'en est fait... Mon amour... Je ne saurois parler.
ÉLIANTE.
Que votre esprit, un peu, tâche à se rappeler.
ALCESTE.
O juste ciel! faut-il qu'on joigne à tant de grâces
Les vices odieux des âmes les plus basses!
ÉLIANTE.
Mais encor, qui vous peut...
ALCESTE.
      Ah! tout est ruiné;
Je suis, je suis trahi, je suis assassiné!
Célimène... eût-on pu croire cette nouvelle?
Célimène me trompe, et n'est qu'une infidèle.
ÉLIANTE.
Avez-vous, pour le croire, un juste fondement?
PHILINTE.
Peut-être est-ce un soupçon conçu légèrement:
Et votre esprit jaloux prend parfois des chimères...
ALCESTE.
Ah! morbleu! mêlez-vous, monsieur, de vos affaires.
   (à Éliante.)
C'est de sa trahison n'être que trop certain,

ACTE IV, SCÈNE II.

Que l'avoir, dans ma poche, écrite de sa main.
Oui, madame, une lettre écrite pour Oronte
A produit à mes yeux ma disgrâce et sa honte;
Oronte, dont j'ai cru qu'elle fuyoit les soins,
Et que de mes rivaux je redoutois le moins !

PHILINTE.

Une lettre peut bien tromper par l'apparence,
Et n'est pas quelquefois si coupable qu'on pense.

ALCESTE.

Monsieur, encore un coup, laissez-moi, s'il vous plaît,
Et ne prenez souci que de votre intérêt.

ÉLIANTE.

Vous devez modérer vos transports; et l'outrage...

ALCESTE.

Madame, c'est à vous qu'appartient cet ouvrage;
C'est à vous que mon cœur a recours aujourd'hui
Pour pouvoir s'affranchir de son cuisant ennui.
Vengez-moi d'une ingrate et perfide parente
Qui trahit lâchement une ardeur si constante;
Vengez-moi de ce trait qui doit vous faire horreur.

ÉLIANTE.

Moi, vous venger ! comment?

ALCESTE.

      En recevant mon cœur.
Acceptez-le, madame, au lieu de l'infidèle :
C'est par-là que je puis prendre vengeance d'elle;
Et je la veux punir par les sincères vœux,
Par le profond amour, les soins respectueux,

Les devoirs empressés et l'assidu service,
Dont ce cœur va vous faire un ardent sacrifice.

ÉLIANTE.

Je compatis, sans doute, à ce que vous souffrez,
Et ne méprise point le cœur que vous m'offrez;
Mais peut-être le mal n'est pas si grand qu'on pense,
Et vous pourrez quitter ce désir de vengeance.
Lorsque l'injure part d'un objet plein d'appas,
On fait force desseins qu'on n'exécute pas :
On a beau voir, pour rompre, une raison puissante;
Une coupable aimée est bientôt innocente :
Tout le mal qu'on lui veut se dissipe aisément,
Et l'on sait ce que c'est qu'un courroux d'un amant.

ALCESTE.

Non, non, madame, non; l'offense est trop mortelle;
Il n'est point de retour, et je romps avec elle;
Rien ne sauroit changer le dessein que j'en fais,
Et je me punirois de l'estimer jamais.
La voici. Mon courroux redouble à cette approche.
Je vais de sa noirceur lui faire un vif reproche,
Pleinement la confondre, et vous porter, après,
Un cœur tout dégagé de ses trompeurs attraits.

SCÈNE III.

CÉLIMÈNE, ALCESTE.

ALCESTE, à part.

O ciel! de mes transports puis-je être ici le maître?

CÉLIMÈNE.

(à part.)   (à Alceste.)

Ouais! Quel est donc le trouble où je vous vois paroître?
Et que me veulent dire et ces soupirs poussés,
Et ces sombres regards que sur moi vous lancez?

ALCESTE.

Que toutes les horreurs dont une âme est capable
A vos déloyautés n'ont rien de comparable;
Que le sort, les démons, et le ciel en courroux,
N'ont jamais rien produit de si méchant que vous.

CÉLIMÈNE.

Voilà certainement des douceurs que j'admire.

ALCESTE.

Ah! ne plaisantez point; il n'est pas temps de rire:
Rougissez bien plutôt, vous en avez raison;
Et j'ai de sûrs témoins de votre trahison.
Voilà ce que marquoient les troubles de mon âme:
Ce n'étoit pas en vain que s'alarmoit ma flamme.
Par ces fréquents soupçons qu'on trouvoit odieux
Je cherchois le malheur qu'ont rencontré mes yeux;
Et, malgré tous vos soins et votre adresse à feindre,
Mon astre me disoit ce que j'avois à craindre.

Mais ne présumez pas que, sans être vengé,
Je souffre le dépit de me voir outragé.
Je sais que sur les vœux on n'a point de puissance,
Que l'amour veut partout naître sans dépendance,
Que jamais par la force on n'entra dans un cœur,
Et que toute âme est libre à nommer son vainqueur :
Aussi ne trouverois-je aucun sujet de plainte,
Si pour moi votre bouche avoit parlé sans feinte;
Et, rejetant mes vœux dès le premier abord,
Mon cœur n'auroit eu droit de s'en prendre qu'au sort.
Mais d'un aveu trompeur voir ma flamme applaudie,
C'est une trahison, c'est une perfidie,
Qui ne sauroit trouver de trop grands châtiments;
Et je puis tout permettre à mes ressentiments.
Oui, oui, redoutez tout après un tel outrage;
Je ne suis plus à moi, je suis tout à la rage :
Percé du coup mortel dont vous m'assassinez,
Mes sens par la raison ne sont plus gouvernés;
Je cède aux mouvements d'une juste colère,
Et je ne réponds pas de ce que je puis faire.

CÉLIMÈNE.

D'où vient donc, je vous prie, un tel emportement?
Avez-vous, dites-moi, perdu le jugement?

ALCESTE.

Oui, oui, je l'ai perdu, lorsque dans votre vue
J'ai pris, pour mon malheur, le poison qui me tue,
Et que j'ai cru trouver quelque sincérité
Dans les traîtres appas dont je fus enchanté.

ACTE IV, SCÈNE III.

CÉLIMÈNE.

De quelle trahison pouvez-vous donc vous plaindre?

ALCESTE.

Ah! que ce cœur est double, et sait bien l'art de feindre!
Mais, pour le mettre à bout, j'ai des moyens tout prêts.
Jetez ici les yeux, et connoissez vos traits;
Ce billet découvert suffit pour vous confondre,
Et, contre ce témoin, on n'a rien à répondre.

CÉLIMÈNE.

Voilà donc le sujet qui vous trouble l'esprit!

ALCESTE.

Vous ne rougissez pas en voyant cet écrit!

CÉLIMÈNE.

Et par quelle raison faut-il que j'en rougisse?

ALCESTE.

Quoi! vous joignez ici l'audace à l'artifice!
Le désavoûrez-vous, pour n'avoir point de seing?

CÉLIMÈNE.

Pourquoi désavouer un billet de ma main?

ALCESTE.

Et vous pouvez le voir sans demeurer confuse
Du crime dont vers moi son style vous accuse!

CÉLIMÈNE.

Vous êtes, sans mentir, un grand extravagant!

ALCESTE.

Quoi! vous bravez ainsi ce témoin convaincant!
Et ce qu'il m'a fait voir de douceur pour Oronte
N'a donc rien qui m'outrage, et qui vous fasse honte?

CÉLIMÈNE.

Oronte ! qui vous dit que la lettre est pour lui ?

ALCESTE.

Les gens qui dans mes mains l'ont remise aujourd'hui.
Mais je veux consentir qu'elle soit pour un autre,
Mon cœur en a-t-il moins à se plaindre du vôtre ?
En serez-vous vers moi moins coupable en effet ?

CÉLIMÈNE.

Mais si c'est une femme à qui va ce billet,
En quoi vous blesse-t-il, et qu'a-t-il de coupable ?

ALCESTE.

Ah ! le détour est bon, et l'excuse admirable !
Je ne m'attendois pas, je l'avoue, à ce trait,
Et me voilà par-là convaincu tout-à-fait.
Osez-vous recourir à ces ruses grossières ?
Et croyez-vous les gens si privés de lumières ?
Voyons, voyons un peu par quel biais, de quel air,
Vous voulez soutenir un mensonge si clair ;
Et comment vous pourrez tourner pour une femme
Tous les mots d'un billet qui montre tant de flamme.
Ajustez, pour couvrir un manquement de foi,
Ce que je m'en vais lire...

CÉLIMÈNE.

                Il ne me plaît pas, moi.
Je vous trouve plaisant d'user d'un tel empire,
Et de me dire au nez ce que vous m'osez dire.

ACTE IV, SCÈNE III.

ALCESTE.

Non, non, sans s'emporter, prenez un peu souci
De me justifier les termes que voici.

CÉLIMÈNE.

Non, je n'en veux rien faire, et dans cette occurrence,
Tout ce que vous croirez m'est de peu d'importance.

ALCESTE.

De grâce, montrez-moi, je serai satisfait,
Qu'on peut pour une femme expliquer ce billet.

CÉLIMÈNE.

Non, il est pour Oronte; et je veux qu'on le croie.
Je reçois tous ses soins avec beaucoup de joie,
J'admire ce qu'il dit, j'estime ce qu'il est,
Et je tombe d'accord de tout ce qu'il vous plaît.
Faites, prenez parti, que rien ne vous arrête,
Et ne me rompez pas davantage la tête.

ALCESTE, à part.

Ciel! rien de plus cruel peut-il être inventé?
Et jamais cœur fut-il de la sorte traité?
Quoi! d'un juste courroux je suis ému contre elle,
C'est moi qui me viens plaindre; et c'est moi qu'on querelle!
On pousse ma douleur et mes soupçons à bout;
On me laisse tout croire; on fait gloire de tout :
Et cependant mon cœur est encore assez lâche
Pour ne pouvoir briser la chaîne qui l'attache,
Et pour ne pas s'armer d'un généreux mépris
Contre l'ingrat objet dont il est trop épris!

(à Célimène.)

Ah! que vous savez bien ici contre moi-même,
Perfide, vous servir de ma foiblesse extrême,
Et ménager pour vous l'excès prodigieux
De ce fatal amour né de vos traîtres yeux!
Défendez-vous au moins d'un crime qui m'accable,
Et cessez d'affecter d'être envers moi coupable.
Rendez-moi, s'il se peut, ce billet innocent;
A vous prêter les mains ma tendresse consent :
Efforcez-vous ici de paroître fidèle,
Et je m'efforcerai, moi, de vous croire telle.

CÉLIMÈNE.

Allez, vous êtes fou dans vos transports jaloux,
Et ne méritez pas l'amour qu'on a pour vous.
Je voudrois bien savoir qui pourroit me contraindre
A descendre pour vous aux bassesses de feindre,
Et pourquoi, si mon cœur penchoit d'autre côté,
Je ne le dirois pas avec sincérité!
Quoi! de mes sentiments l'obligeante assurance
Contre tous vos soupçons ne prend pas ma défense!
Auprès d'un tel garant, sont-ils de quelque poids?
N'est-ce pas m'outrager que d'écouter leur voix?
Et puisque notre cœur fait un effort extrême
Lorsqu'il peut se résoudre à confesser qu'il aime,
Puisque l'honneur du sexe, ennemi de nos feux,
S'oppose fortement à de pareils aveux,
L'amant qui voit pour lui franchir un tel obstacle
Doit-il impunément douter de cet oracle?

Et n'est-il pas coupable en ne s'assurant pas
A ce qu'on ne dit point qu'après de grands combats?
Allez, de tels soupçons méritent ma colère,
Et vous ne valez pas que l'on vous considère.
Je suis sotte, et veux mal à ma simplicité
De conserver encor pour vous quelque bonté;
Je devrois autre part attacher mon estime,
Et vous faire un sujet de plainte légitime.

ALCESTE.

Ah! traîtresse, mon foible est étrange pour vous;
Vous me trompez, sans doute, avec des mots si doux.
Mais il n'importe, il faut suivre ma destinée :
A votre foi mon âme est tout abandonnée;
Je veux voir jusqu'au bout quel sera votre cœur,
Et si de me trahir il aura la noirceur.

CÉLIMÈNE.

Non, vous ne m'aimez point comme il faut que l'on aime.

ALCESTE.

Ah! rien n'est comparable à mon amour extrême;
Et, dans l'ardeur qu'il a de se montrer à tous,
Il va jusqu'à former des souhaits contre vous.
Oui, je voudrois qu'aucun ne vous trouvât aimable;
Que vous fussiez réduite en un sort misérable;
Que le ciel, en naissant, ne vous eût donné rien,
Que vous n'eussiez ni rang, ni naissance, ni bien;
Afin que de mon cœur l'éclatant sacrifice
Vous pût d'un pareil sort réparer l'injustice,

Et que j'eusse la joie et la gloire en ce jour
De vous voir tenir tout des mains de mon amour.

CÉLIMÈNE.

C'est me vouloir du bien d'une étrange manière!
Me préserve le ciel que vous ayez matière...!
Voici monsieur Dubois plaisamment figuré.

SCÈNE IV.
CÉLIMÈNE, ALCESTE, DUBOIS.

ALCESTE.

Que veut cet équipage et cet air effaré?
Qu'as-tu?

DUBOIS.

Monsieur...

ALCESTE.

Hé bien?

DUBOIS.

Voici bien des mystères.

ALCESTE.

Qu'est-ce?

DUBOIS.

Nous sommes mal, monsieur, dans nos affaires.

ALCESTE.

Quoi?

DUBOIS.

Parlerez-je haut?

ALCESTE.

Oui, parle, et promptement.

ACTE IV, SCÈNE IV.

DUBOIS.

N'est-il point là quelqu'un ?

ALCESTE.

Ah ! que d'amusement !
Veux-tu parler ?

DUBOIS.

Monsieur, il faut faire retraite.

ALCESTE.

Comment ?

DUBOIS.

Il faut d'ici déloger sans trompette.

ALCESTE.

Et pourquoi ?

DUBOIS.

Je vous dis qu'il faut quitter ce lieu.

ALCESTE.

La cause ?

DUBOIS.

Il faut partir, monsieur, sans dire adieu.

ALCESTE.

Mais par quelle raison me tiens-tu ce langage ?

DUBOIS.

Par la raison, monsieur, qu'il faut plier bagage.

ALCESTE.

Ah ! je te casserai la tête assurément,
Si tu ne veux, maraud, t'expliquer autrement.

DUBOIS.

Monsieur, un homme noir et d'habit et de mine

Est venu nous laisser, jusque dans la cuisine,
Un papier griffonné d'une telle façon,
Qu'il faudroit pour le lire être pis qu'un démon.
C'est de votre procès, je n'en fais aucun doute ;
Mais le diable d'enfer, je crois, n'y verroit goutte.

ALCESTE.

Hé bien ! quoi ? Ce papier, qu'a-t-il à démêler,
Traître, avec le départ dont tu viens me parler ?

DUBOIS.

C'est pour vous dire ici, monsieur, qu'une heure ensuite
Un homme qui souvent vous vient rendre visite
Est venu vous chercher avec empressement,
Et, ne vous trouvant pas, m'a chargé doucement,
Sachant que je vous sers avec beaucoup de zèle,
De vous dire... Attendez, comme est-ce qu'il s'appelle ?

ALCESTE.

Laisse là son nom, traître, et dis ce qu'il t'a dit.

DUBOIS.

C'est un de vos amis enfin, cela suffit.
Il m'a dit que d'ici votre péril vous chasse,
Et que d'être arrêté le sort vous y menace.

ALCESTE.

Mais quoi ! n'a-t-il voulu te rien spécifier ?

DUBOIS.

Non. Il m'a demandé de l'encre et du papier,
Et vous a fait un mot, où vous pourrez, je pense,
Du fond de ce mystère avoir la connoissance.

ACTE IV, SCÈNE IV.

ALCESTE.

Donne-le donc.

CÉLIMÈNE.

Que peut envelopper ceci?

ALCESTE.

Je ne sais; mais j'aspire à m'en voir éclairci.
Auras-tu bientôt fait, impertinent, au diable?

DUBOIS, *après avoir long-temps cherché le billet.*

Ma foi, je l'ai, monsieur, laissé sur votre table.

ALCESTE.

Je ne sais qui me tient...

CÉLIMÈNE.

Ne vous emportez pas,
Et courez démêler un pareil embarras.

ALCESTE.

Il semble que le sort, quelque soin que je prenne,
Ait juré d'empêcher que je vous entretienne :
Mais, pour en triompher, souffrez à mon amour
De vous revoir, madame, avant la fin du jour.

FIN DU QUATRIÈME ACTE.

ACTE CINQUIÈME.

SCÈNE I.

ALCESTE, PHILINTE.

ALCESTE.

La résolution en est prise, vous dis-je.

PHILINTE.

Mais, quel que soit ce coup, faut-il qu'il vous oblige...

ALCESTE.

Non, vous avez beau faire et beau me raisonner,
Rien de ce que je dis ne me peut détourner;
Trop de perversité règne au siècle où nous sommes,
Et je veux me tirer du commerce des hommes.
Quoi! contre ma partie on voit tout à la fois
L'honneur, la probité, la pudeur et les lois;
On publie en tous lieux l'équité de ma cause;
Sur la foi de mon droit mon âme se repose :
Cependant je me vois trompé par le succès,
J'ai pour moi la justice, et je perds mon procès !
Un traître, dont on sait la scandaleuse histoire,
Est sorti triomphant d'une fausseté noire!
Toute la bonne foi cède à sa trahison!
Il trouve, en m'égorgeant, moyen d'avoir raison!

Le poids de sa grimace, où brille l'artifice,
Renverse le bon droit, et tourne la justice!
Il fait par un arrêt couronner son forfait!
Et non content encor du tort que l'on me fait,
Il court parmi le monde un livre abominable,
Et de qui la lecture est même condamnable,
Un livre à mériter la dernière rigueur,
Dont le fourbe a le front de me faire l'auteur!
Et là-dessus on voit Oronte qui murmure,
Et tâche méchamment d'appuyer l'imposture!
Lui, qui d'un honnête homme à la cour tient le rang,
A qui je n'ai rien fait qu'être sincère et franc,
Qui me vient, malgré moi, d'une ardeur empressée,
Sur des vers qu'il a faits demander ma pensée;
Et parce que j'en use avec honnêteté,
Et ne le veux trahir, lui ni la vérité,
Il aide à m'accabler d'un crime imaginaire!
Le voilà devenu mon plus grand adversaire!
Et jamais de son cœur je n'aurai le pardon,
Pour n'avoir pas trouvé que son sonnet fût bon!
Et les hommes, morbleu! sont faits de cette sorte!
C'est à ces actions que la gloire les porte!
Voilà la bonne foi, le zèle vertueux,
La justice et l'honneur que l'on trouve chez eux!
Allons, c'est trop souffrir les chagrins qu'on nous forge,
Tirons-nous de ce bois et de ce coupe-gorge,
Puisque entre humains ainsi vous vivez en vrais loups,
Traîtres, vous ne m'aurez de ma vie avec vous.

PHILINTE.

Je trouve un peu bien prompt le dessein où vous êtes;
Et tout le mal n'est pas si grand que vous le faites.
Ce que votre partie ose vous imputer
N'a point eu le crédit de vous faire arrêter;
On voit son faux rapport lui-même se détruire,
Et c'est une action qui pourroit bien lui nuire.

ALCESTE.

Lui! de semblables tours il ne craint point l'éclat :
Il a permission d'être franc scélérat;
Et, loin qu'à son crédit nuise cette aventure,
On l'en verra demain en meilleure posture.

PHILINTE.

Enfin il est constant qu'on n'a point trop donné
Au bruit que contre vous sa malice a tourné;
De ce côté déjà vous n'avez rien à craindre :
Et pour votre procès, dont vous pouvez vous plaindre,
Il vous est en justice aisé d'y revenir,
Et contre cet arrêt...

ALCESTE.

Non, je veux m'y tenir.
Quelque sensible tort qu'un tel arrêt me fasse,
Je me garderai bien de vouloir qu'on le casse;
On y voit trop à plein le bon droit maltraité,
Et je veux qu'il demeure à la postérité,
Comme une marque insigne, un fameux témoignage
De la méchanceté des hommes de notre âge.
Ce sont vingt mille francs qu'il m'en pourra coûter;

Mais pour vingt mille francs j'aurai droit de pester
Contre l'iniquité de la nature humaine,
Et de nourrir pour elle une immortelle haine.

PHILINTE.

Mais enfin...

ALCESTE.

Mais enfin vos soins sont superflus.
Que pouvez-vous, monsieur, me dire là-dessus?
Aurez-vous bien le front de me vouloir en face
Excuser les horreurs de tout ce qui se passe?

PHILINTE.

Non, je tombe d'accord de tout ce qu'il vous plaît :
Tout marche par cabale et par pur intérêt;
Ce n'est plus que la ruse aujourd'hui qui l'emporte,
Et les hommes devroient être faits d'autre sorte.
Mais est-ce une raison que leur peu d'équité,
Pour vouloir se tirer de leur société?
Tous ces défauts humains nous donnent, dans la vie,
Des moyens d'exercer notre philosophie;
C'est le plus bel emploi que trouve la vertu :
Et si de probité tout étoit revêtu,
Si tous les cœurs étoient francs, justes et dociles,
La plupart des vertus nous seroient inutiles,
Puisqu'on en met l'usage à pouvoir, sans ennui,
Supporter dans nos droits l'injustice d'autrui;
Et de même qu'un cœur d'une vertu profonde...

ALCESTE.

Je sais que vous parlez, monsieur, le mieux du monde;

En beaux raisonnements vous abondez toujours :
Mais vous perdez le temps et tous vos beaux discours.
La raison, pour mon bien, veut que je me retire :
Je n'ai point sur ma langue un assez grand empire ;
De ce que je dirois je ne répondrois pas,
Et je me jetterois cent choses sur les bras.
Laissez-moi, sans dispute, attendre Célimène.
Il faut qu'elle consente au dessein qui m'amène ;
Je vais voir si son cœur a de l'amour pour moi ;
Et c'est ce moment-ci qui doit m'en faire foi.

PHILINTE.

Montons chez Éliante, attendant sa venue.

ALCESTE.

Non : de trop de soucis je me sens l'âme émue.
Allez-vous-en la voir, et me laissez enfin
Dans ce petit coin sombre avec mon noir chagrin.

PHILINTE.

C'est une compagnie étrange pour attendre ;
Et je vais obliger Éliante à descendre.

SCÈNE II.

CÉLIMÈNE, ORONTE, ALCESTE.

ORONTE.

Oui, c'est à vous de voir si, par des nœuds si doux,
Madame, vous voulez m'attacher tout à vous.
Il me faut de votre âme une pleine assurance :
Un amant là-dessus n aime point qu'on balance.

ACTE V, SCÈNE II.

Si l'ardeur de mes feux a pu vous émouvoir,
Vous ne devez point feindre à me le faire voir;
Et la preuve, après tout, que je vous en demande,
C'est de ne plus souffrir qu'Alceste vous prétende;
De le sacrifier, madame, à mon amour,
Et de chez vous enfin le bannir dès ce jour.

CÉLIMÈNE.

Mais quel sujet si grand contre lui vous irrite,
Vous à qui j'ai tant vu parler de son mérite?

ORONTE.

Madame, il ne faut point ces éclaircissements;
Il s'agit de savoir quels sont vos sentiments.
Choisissez, s'il vous plaît, de garder l'un ou l'autre;
Ma résolution n'attend rien que la vôtre.

ALCESTE, sortant du coin où il étoit.

Oui, monsieur a raison; madame, il faut choisir;
Et sa demande ici s'accorde à mon désir.
Pareille ardeur me presse, et même soin m'amène;
Mon amour veut du vôtre une marque certaine :
Les choses ne sont plus pour traîner en longueur,
Et voici le moment d'expliquer votre cœur.

ORONTE.

Je ne veux point, monsieur, d'une flamme importune
Troubler aucunement votre bonne fortune.

ALCESTE.

Je ne veux point, monsieur, jaloux ou non jaloux,
Partager de son cœur rien du tout avec vous.

ORONTE.

Si votre amour au mien lui semble préférable...

ALCESTE.

Si du moindre penchant elle est pour vous capable...

ORONTE.

Je jure de n'y rien prétendre désormais.

ALCESTE.

Je jure hautement de ne la voir jamais.

ORONTE.

Madame, c'est à vous de parler sans contrainte.

ALCESTE.

Madame, vous pouvez vous expliquer sans crainte.

ORONTE.

Vous n'avez qu'à nous dire où s'attachent vos vœux.

ALCESTE.

Vous n'avez qu'à trancher, et choisir de nous deux.

ORONTE.

Quoi! sur un pareil choix vous semblez être en peine!

ALCESTE.

Quoi! votre âme balance, et paroît incertaine!

CÉLIMÈNE.

Mon Dieu! que cette instance est là hors de saison!
Et que vous témoignez tous deux peu de raison!
Je sais prendre parti sur cette préférence,
Et ce n'est pas mon cœur maintenant qui balance :
Il n'est point suspendu, sans doute, entre vous deux;
Et rien n'est sitôt fait que le choix de nos vœux.
Mais je souffre, à vrai dire, une gêne trop forte

A prononcer en face un aveu de la sorte :
Je trouve que ces mots, qui sont désobligeants,
Ne se doivent point dire en présence des gens;
Qu'un cœur de son penchant donne assez de lumière,
Sans qu'on nous fasse aller jusqu'à rompre en visière,
Et qu'il suffit enfin que de plus doux témoins
Instruisent un amant du malheur de ses soins.

ORONTE.

Non, non, un franc aveu n'a rien que j'appréhende,
J'y consens pour ma part.

ALCESTE.

Et moi, je le demande;
C'est son éclat surtout qu'ici j'ose exiger,
Et je ne prétends point vous voir rien ménager.
Conserver tout le monde est votre grande étude :
Mais plus d'amusement, et plus d'incertitude;
Il faut vous expliquer nettement là-dessus,
Ou bien pour un arrêt je prends votre refus;
Je saurai, de ma part, expliquer ce silence,
Et me tiendrai pour dit tout le mal que j'en pense.

ORONTE.

Je vous sais fort bon gré, monsieur, de ce courroux,
Et je lui dis ici même chose que vous.

CÉLIMÈNE.

Que vous me fatiguez avec un tel caprice!
Ce que vous demandez a-t-il de la justice?
Et ne vous dis-je pas quel motif me retient?
J'en vais prendre pour juge Éliante qui vient.

SCÈNE III.
ÉLIANTE, PHILINTE, CÉLIMÈNE, ORONTE, ALCESTE.

CÉLIMÈNE.

Je me vois, ma cousine, ici persécutée
Par des gens dont l'humeur y paroît concertée.
Ils veulent, l'un et l'autre, avec même chaleur,
Que je prononce entre eux le choix que fait mon cœur;
Et que, par un arrêt qu'en face il me faut rendre,
Je défende à l'un d'eux tous les soins qu'il peut prendre.
Dites-moi si jamais cela se fait ainsi.

ÉLIANTE.

N'allez point là-dessus me consulter ici :
Peut-être y pourriez-vous être mal adressée,
Et je suis pour les gens qui disent leur pensée.

ORONTE.

Madame, c'est en vain que vous vous défendez.

ALCESTE.

Tous vos détours ici seront mal secondés.

ORONTE.

Il faut, il faut parler, et lâcher la balance.

ALCESTE.

Il ne faut que poursuivre à garder le silence.

ORONTE.

Je ne veux qu'un seul mot pour finir nos débats.

ALCESTE.

Et moi, je vous entends, si vous ne parlez pas.

SCÈNE IV.

ARSINOÉ, CÉLIMÈNE, ÉLIANTE, ALCESTE, PHILINTE, ACASTE, CLITANDRE, ORONTE.

ACASTE, à Célimène.

Madame, nous venons tous deux, sans vous déplaire,
Éclaircir avec vous une petite affaire.

CLITANDRE, à Oronte et à Alceste.

Fort à propos, messieurs, vous vous trouvez ici;
Et vous êtes mêlés dans cette affaire aussi.

ARSINOÉ, à Célimène.

Madame, vous serez surprise de ma vue.
Mais ce sont ces messieurs qui causent ma venue :
Tous deux ils m'ont trouvée, et se sont plaints à moi
D'un trait à qui mon cœur ne sauroit prêter foi.
J'ai du fond de votre âme une trop haute estime
Pour vous croire jamais capable d'un tel crime ;
Mes yeux ont démenti leurs témoins les plus forts,
Et, l'amitié passant sur de petits discords,
J'ai bien voulu chez vous leur faire compagnie
Pour vous voir vous laver de cette calomnie.

ACASTE.

Oui, madame, voyons d'un esprit adouci
Comment vous vous prendrez à soutenir ceci.
Cette lettre par vous est écrite à Clitandre.

CLITANDRE.

Vous avez pour Acaste écrit ce billet tendre.

ACASTE, à Oronte et à Alceste.

Messieurs, ces traits pour vous n'ont point d'obscurité,
Et je ne doute pas que sa civilité
A connoître sa main n'ait trop su vous instruire.
Mais ceci vaut assez la peine de le lire :

Vous êtes un étrange homme, Clitandre, de condamner mon enjouement, et de me reprocher que je n'ai jamais tant de joie que lorsque je ne suis pas avec vous. Il n'y a rien de plus injuste; et si vous ne venez bien vite me demander pardon de cette offense, je ne vous la pardonnerai de ma vie. Notre grand flandrin de vicomte...

Il devroit être ici.

Notre grand flandrin de vicomte, par qui vous commencez vos plaintes, est un homme qui ne sauroit me revenir; et, depuis que je l'ai vu, trois quarts d'heure durant, cracher dans un puits pour faire des ronds, je n'ai pu jamais prendre bonne opinion de lui. Pour le petit marquis...

C'est moi-même, messieurs, sans nulle vanité.

Pour le petit-marquis, qui me tint hier long-temps la main, je trouve qu'il n'y a rien de si mince que toute sa personne, et ce sont de ces mérites qui n'ont que la cape et l'épée. Pour l'homme aux rubans verts...

(à Alceste.)
A vous le dé, monsieur.

Pour l'homme aux rubans verts, il me divertit quelquefois

avec ses brusqueries et son chagrin bourru; mais il est cent moments où je le trouve le plus fâcheux du monde. Et pour l'homme au sonnet...

(à Oronte.)

Voici votre paquet.

Et pour l'homme au sonnet, qui s'est jeté dans le bel esprit, et veut être auteur malgré tout le monde, je ne puis me donner la peine d'écouter ce qu'il dit ; et sa prose me fatigue autant que ses vers. Mettez-vous donc en tête que je ne me divertis pas toujours si bien que vous pensez ; que je vous trouve à dire, plus que je ne voudrois, dans toutes les parties où l'on m'entraîne ; et que c'est un merveilleux assaisonnement aux plaisirs qu'on goûte, que la présence des gens qu'on aime.

CLITANDRE.

Me voici maintenant, moi.

Votre Clitandre, dont vous me parlez, et qui fait tant le doucereux, est le dernier des hommes pour qui j'aurois de l'amitié. Il est extravagant de se persuader qu'on l'aime, et vous l'êtes de croire qu'on ne vous aime pas. Changez, pour être raisonnable, vos sentimens contre les siens ; et voyez-moi le plus que vous pourrez, pour m'aider à porter le chagrin d'en être obsédée.

D'un fort beau caractère on voit là le modèle,
Madame, et vous savez comment cela s'appelle.
Il suffit. Nous allons, l'un et l'autre, en tous lieux
Montrer de votre cœur le portrait glorieux.

ACASTE.

J'aurois de quoi vous dire, et belle est la matière :
Mais je ne vous tiens pas digne de ma colère;
Et je vous ferai voir que les petits marquis
Ont, pour se consoler, des cœurs de plus haut prix.

SCÈNE V.

CÉLIMÈNE, ÉLIANTE, ARSINOÉ, ALCESTE, ORONTE, PHILINTE.

ORONTE.

Quoi! de cette façon je vois qu'on me déchire,
Après tout ce qu'à moi je vous ai vu m'écrire!
Et votre cœur, paré de beaux semblants d'amour,
A tout le genre humain se promet tour à tour!
Allez, j'étois trop dupe, et je vais ne plus l'être;
Vous me faites un bien, me faisant vous connoître :
J'y profite d'un cœur qu'ainsi vous me rendez,
Et trouve ma vengeance en ce que vous perdez.

(à Alceste.)

Monsieur, je ne fais plus d'obstacle à votre flamme,
Et vous pouvez conclure affaire avec madame.

SCÈNE VI.

CÉLIMÈNE, ÉLIANTE, ARSINOÉ, ALCESTE, PHILINTE.

ARSINOÉ, à Célimène.

Certes, voilà le trait du monde le plus noir ;
Je ne m'en saurois taire, et me sens émouvoir.
Voit-on des procédés qui soient pareils aux vôtres ?
Je ne prends point de part aux intérêts des autres ;
    (montrant Alceste.
Mais monsieur, que chez vous fixoit votre bonheur,
Un homme comme lui, de mérite et d'honneur,
Et qui vous chérissoit avec idolâtrie,
Devoit-il...

ALCESTE.

         Laissez-moi, madame, je vous prie,
Vider mes intérêts moi-même là-dessus ;
Et ne vous chargez point de ces soins superflus.
Mon cœur a beau vous voir prendre ici sa querelle,
Il n'est point en état de payer ce grand zèle ;
Et ce n'est pas à vous que je pourrai songer,
Si par un autre choix je cherche à me venger.

ARSINOÉ.

Hé ! croyez-vous, monsieur, qu'on ait cette pensée,
Et que de vous avoir on soit tant empressée ?
Je vous trouve un esprit bien plein de vanité,

Si de cette créance [1] il peut s'être flatté.
Le rebut de madame est une marchandise
Dont on auroit grand tort d'être si fort éprise.
Détrompez-vous, de grâce, et portez-le moins haut.
Ce ne sont pas des gens comme moi qu'il vous faut :
Vous ferez bien encor de soupirer pour elle;
Et je brûle de voir une union si belle.

SCÈNE VII.

CÉLIMÈNE, ÉLIANTE, ALCESTE, PHILINTE.

ALCESTE, à Célimène.

Hé bien! je me suis tu, malgré ce que je voi,
Et j'ai laissé parler tout le monde avant moi.
Ai-je pris sur moi-même un assez long empire?
Et puis-je maintenant....?

CÉLIMÈNE.

     Oui, vous pouvez tout dire;
Vous en êtes en droit, lorsque vous vous plaindrez,
Et de me reprocher tout ce que vous voudrez.
J'ai tort, je le confesse, et mon âme confuse
Ne cherche à vous payer d'aucune vaine excuse.
J'ai des autres ici méprisé le courroux;
Mais je tombe d'accord de mon crime envers vous.

---

[1] *Créance.* On se servoit alors du mot *créance* pour *croyance* : il paroissoit plus doux aux courtisans.

ACTE V, SCÈNE VII.

Votre ressentiment, sans doute, est raisonnable;
Je sais combien je dois vous paroître coupable,
Que toute chose dit que j'ai pu vous trahir,
Et qu'enfin vous avez sujet de me haïr.
Faites-le, j'y consens.

ALCESTE.

Hé! le puis-je, traîtresse?
Puis-je ainsi triompher de toute ma tendresse?
Et, quoique avec ardeur je veuille vous haïr,
Trouvé-je un cœur en moi tout prêt à m'obeir?
            (à Éliante et à Philinte.)
Vous voyez ce que peut une indigne tendresse,
Et je vous fais tous deux témoins de ma foiblesse.
Mais, à vous dire vrai, ce n'est pas encor tout,
Et vous allez me voir la pousser jusqu'au bout,
Montrer que c'est à tort que sages on nous nomme,
Et que dans tous les cœurs il est toujours de l'homme
            (à Célimène.)
Oui, je veux bien, perfide, oublier vos forfaits;
J'en saurai, dans mon âme, excuser tous les traits,
Et me les couvrirai du nom d'une foiblesse
Où le vice du temps porte votre jeunesse,
Pourvu que votre cœur veuille donner les mains
Au dessein que j'ai fait de fuir tous les humains,
Et que dans mon désert, où j'ai fait vœu de vivre,
Vous soyez, sans tarder, résolue à me suivre.
C'est par-là seulement que, dans tous les esprits,
Vous pouvez réparer le mal de vos écrits,

Et qu'après cet éclat qu'un noble cœur abhorre
Il peut m'être permis de vous aimer encore.

CÉLIMÈNE.

Moi, renoncer au monde avant que de vieillir !
Et dans votre désert aller m'ensevelir !

ALCESTE.

Et, s'il faut qu'à mes feux votre flamme réponde,
Que vous doit importer tout le reste du monde ?
Vos désirs avec moi ne sont-ils pas contents ?

CÉLIMÈNE.

La solitude effraie une âme de vingt ans.
Je ne sens point la mienne assez grande, assez forte,
Pour me résoudre à prendre un dessein de la sorte.
Si le don de ma main peut contenter vos vœux,
Je pourrai me résoudre à serrer de tels nœuds,
Et l'hymen...

ALCESTE.

Non, mon cœur à présent vous déteste,
Et ce refus lui seul fait plus que tout le reste.
Puisque vous n'êtes point, en des liens si doux,
Pour trouver tout en moi comme moi tout en vous,
Allez, je vous refuse ; et ce sensible outrage
De vos indignes fers pour jamais me dégage.

SCÈNE VIII.

ÉLIANTE, ALCESTE, PHILINTE.

ALCESTE, à Éliante.

Madame, cent vertus ornent votre beauté,
Et je n'ai vu qu'en vous de la sincérité ;
De vous, depuis long-temps, je fais un cas extrême :
Mais laissez-moi toujours vous estimer de même ;
Et souffrez que mon cœur, dans ses troubles divers,
Ne se présente point à l'honneur de vos fers :
Je m'en sens trop indigne, et commence à connoître
Que le ciel pour ce nœud ne m'avoit point fait naître,
Que ce seroit pour vous un hommage trop bas
Que le rebut d'un cœur qui ne vous valoit pas ;
Et qu'enfin...

ÉLIANTE.

      Vous pouvez suivre cette pensée :
Ma main de se donner n'est pas embarrassée ;
Et voilà votre ami, sans trop m'inquiéter,
Qui, si je l'en priois, la pourroit accepter.

PHILINTE.

Ah ! cet honneur, madame, est toute mon envie,
Et j'y sacrifirois et mon sang et ma vie.

ALCESTE.

Puissiez-vous, pour goûter de vrais contentements,
L'un pour l'autre à jamais garder ces sentiments !

Trahi de toutes parts, accablé d'injustices,
Je vais sortir d'un gouffre où triomphent les vices,
Et chercher sur la terre un endroit écarté
Où d'être homme d'honneur on ait la liberté.

PHILINTE.

Allons, madame, allons employer toute chose
Pour rompre le dessein que son cœur se propose.

FIN DU MISANTHROPE.

RÉFLEXIONS

SUR

LE MISANTHROPE.

C'est l'unique pièce de Molière dont la scène soit à la cour. Son système étoit de préférer, sous le rapport comique, les bourgeois aux courtisans. Pourquoi s'en est-il écarté dans l'ouvrage que l'on considère avec raison comme son chef-d'œuvre ? C'est qu'un caractère tel que celui d'Alceste auroit manqué son effet s'il eût été pris dans la classe inférieure. Il n'auroit offert qu'un bourru et un tracassier vulgaire. Mais une grande idée tourmentoit depuis long-temps Molière : il vouloit la réaliser, quelles qu'en fussent les difficultés.

Parvenu à l'âge où son talent étoit dans toute sa maturité, il n'avoit pas manqué d'observer que la cour offroit autant de travers que la bourgeoisie, mais que le ridicule s'y laissoit moins apercevoir. Décidé à peindre cette classe de la société, il ne pouvoit se servir des moyens ordinaires : quelle qu'eût été la force de ses combinaisons dramatiques, jamais il ne seroit parvenu à dévoiler des secrets qu'une éducation soignée et l'usage du monde apprennent à cacher; jamais il n'auroit pu obtenir de ses personnages l'aveu naïf et involontaire de leurs foiblesses. Son comique auroit donc été froid et sans couleurs; il n'auroit saisi que des nuances légères; et ce n'étoit pas à quoi son génie vouloit se borner. L'invention du caractère d'Alceste leva tous les obstacles qui s'opposoient à son dessein. En peignant un homme plein de probité, mais brusque, impétueux, colère, et poussant la franchise jusqu'à un excès contraire aux bienséances de la société, il trouva le moyen de frapper en même temps tous les travers de la cour. Les vaines démonstrations d'amitié et de dévouement, les petites prétentions cachées avec art, la fatuité, la flatterie, qui dans un autre sujet n'auroient été offertes qu'avec froideur, devinrent pleines de comique lorsqu'elles servirent de matière aux peintures énergiques du MISANTHROPE. On vit un homme loyal, mais souvent insupportable, ayant tous les défauts d'un caractère ardent et passionné, sans aucun des vices, aussi dangereux qu'aimables, qui réussissent dans le monde; on vit cet homme lutter seul contre toute la cour, envelopper dans son indignation et les ruses coupables de l'intrigue, et les petites dissimulations que la politesse prescrit; fronder indifféremment tous les usages, et s'élever contre tout ce qui est reçu dans une civilisation perfectionnée. Jamais spectacle ne fut plus grand, plus moral et plus comique.

Un trait de génie égal à l'invention de ce personnage fut de le rendre amoureux d'une coquette médisante. De cette combinaison savante résultoient deux avantages très-importants. D'un côté, la légèreté de Célimène devoit désespérer Alceste, et donner du mouvement à son caractère; de l'autre, les médisances de cette jeune femme devoient servir à compléter le tableau du monde que Molière vouloit peindre. On verra par la suite avec quel discernement profond l'auteur a su distinguer les objets qui donnent lieu aux emportements d'Alceste, et ceux qui fournissent des traits piquants à la coquette. Piron, dans la préface de LA MÉTROMANIE, a exprimé d'une manière originale et énergique son admiration pour cette belle conception : « Un chasseur, dit-il, qui se trouve en automne, au « lever d'une belle aurore, dans une plaine ou dans une forêt

« fertile en gibier, ne se sent pas le cœur plus réjoui que dut
« l'être l'esprit de Molière quand, après avoir fait le plan du
« Misanthrope, il entra dans ce champ vaste où tous les ridi-
« cules du monde venoient se présenter en foule, et comme
« d'eux-mêmes, aux traits qu'il savoit si bien lancer. La belle
« journée du philosophe! Pouvoit-elle manquer d'être l'époque
« du chef-d'œuvre de notre théâtre? »

Le caractère d'Alceste et celui de Philinte, qui lui est opposé, ont donné lieu à des disputes qui sont aujourd'hui à peu
près oubliées. Une philosophie pleine de charlatanisme et
d'exagération prétendit trouver tous les caractères de la vertu
dans un homme qui ne sait pas commander à ses passions, et
tous les signes d'un égoisme dépravé dans un personnage qui
se conforme aux usages du monde, sans manquer à aucun
devoir essentiel. De là des déclamations contre Molière sur
ce qu'il avoit exposé la vertu au ridicule. Quelques réflexions
sur les différents caractères qui entrent dans cette pièce, pourront suffire pour prouver qu'aucun ouvrage de Molière n'est
mieux combiné et mieux entendu.

Alceste manque des qualités nécessaires dans la société :
il mérite l'estime pour sa probité à toute épreuve ; mais il n'est
pas vertueux dans le sens adopté par les vrais philosophes et
par les moralistes. Des emportements continuels, le défaut
d'empire sur soi-même, une disposition constante à céder à
ses passions, sont presque aussi contraires à la vertu que l'indifférence de l'égoïsme. Que Molière eût mis quelques-unes
de ses opinions, entre autres celles qui ont rapport à la littérature, dans la bouche du Misanthrope, il n'en résulte pas
qu'il ait voulu se peindre dans ce rôle. Son caractère étoit absolument opposé à celui d'Alceste : il voyoit comme lui les
abus de la société, mais il se gardoit de les fronder sans mé-

nagement : son ton et ses manières dans le monde étoient pleins de sagesse et de réserve ; et c'est dans les caractères modérés, parmi lesquels se trouve celui de Philinte, qu'il faut plutôt chercher sa doctrine et ses principes.

Ce personnage de Philinte est surtout celui qui a excité le plus de murmures. Depuis J. J. Rousseau, qui, dans sa Lettre sur les Spectacles, l'a présenté comme un égoïste décidé, jusqu'à Fabre d'Églantine, qui l'a offert sur la scène sous les traits du personnage le plus vil, tous les partisans de cette école se sont étudiés à trouver des vices dans ce caractère. Et sur quoi se fondoit cette critique violente ? Sur ce que Philinte répond à des avances peu sincères, sans y attacher beaucoup d'importance ; sur ce qu'il montre de l'indulgence pour les vers d'un homme dont il n'est point l'ami, qui ne le consulte que pour être loué, et auquel, pour ces deux motifs, il ne doit pas la vérité. Voilà les grands griefs contre le caractère de Philinte. Si l'on eût examiné son rôle avec plus de soin, on auroit vu qu'il garde toujours une mesure parfaite, qu'il ne s'aveugle point sur les vices des hommes, qu'il les blâme autant qu'Alceste ; mais qu'il trouve plus sage de les supporter que de déclamer vainement contre eux. [1] Cette

---

[1] M. de Rhullière croyoit que, dans ce caractère, Molière avoit eu en vue quelques passages du Traité de la Colère, de Sénèque. « Y a-t-il,
« dit le philosophe, rien de plus indigne que de voir les affections du sage
« dépendre de la méchanceté des hommes ? Tu es entouré d'ivrognes, de
« débauchés, d'ingrats, d'avares et d'ambitieux : regarde-les avec autant
« d'indulgence qu'un médecin regarde ses malades. — Et quid indignius
« quàm sapientis affectum pendere ex alienâ nequitiâ ? Multi tibi occurrent
« vino dediti, multi libidinosi, multi ingrati, multi avari, multi furiis
« ambitionis agitati : omnia ista tam propitius aspicies, quàm ægros suos
« medicus. » (De la Colère, liv. 4.)

doctrine est celle de tous les vrais philosophes : Philinte la développe dans la première scène du cinquième acte :

> .... Je tombe d'accord sur tout ce qu'il vous plaît ;
> Tout marche par cabale et par pur intérêt :
> Ce n'est plus que la ruse aujourd'hui qui l'emporte,
> Et les hommes devroient être faits d'autre sorte.
> Mais est-ce une raison de leur peu d'équité
> Pour vouloir se tirer de leur société ?
> Tous ces défauts humains nous donnent dans la vie
> Des moyens d'exercer notre philosophie.
> C'est le plus bel emploi que trouve la vertu ;
> Et si de probité tout étoit revêtu,
> Si tous les cœurs étoient francs, justes et dociles,
> La plupart des vertus nous seroient inutiles,
> Puisqu'on en met l'usage à pouvoir, sans ennui,
> Supporter dans nos droits l'injustice d'autrui.

Ne seroit-il pas absurde de préférer à ce caractère sage et modéré celui d'Alceste, toujours prêt à se livrer à ses passions, et à ne garder aucune mesure ?

Le grand art de Molière, dans cette pièce, a été d'entourer le Misanthrope de tous les caractères qui pouvoient le mieux faire ressortir. Célimène, comme on l'a vu, est le personnage qui met le plus en jeu l'humeur du Misanthrope : rien d'étonnant qu'il se soit attaché à elle, malgré la différence des caractères. L'amour n'est pas éclairé dans ses choix : on sait que souvent les défauts le font naître, et qu'il n'est jamais plus vif et plus orageux que lorsque l'homme qui aime a des penchants absolument opposés à ceux de sa maîtresse. Telle est la position d'Alceste avec Célimène : il maudit sans cesse le joug qu'il s'est imposé, mais il ne peut le rompre ; et ce n'est qu'au moment où, accablé par le malheur, il est convaincu de l'insensibilité de Célimène, que son caractère fier reprend enfin le dessus, et qu'il méprise celle qu'il adoroit un moment auparavant.

Alceste, malgré les défauts que sa franchise, sa probité, et probablement un bel extérieur, font excuser, est aimé de deux autres femmes d'un caractère bien opposé. Il auroit inspiré trop peu d'intérêt, si, trompé par Célimène, et devenu sa dupe par l'excès d'une passion qu'il n'a pu réprimer, il n'eût pas été à portée de trouver ailleurs des dédommagements. C'est ce que Molière a senti, et ce qui lui a fourni l'occasion de peindre Arsinoé et Éliante.

Arsinoé, ayant passé l'âge de la jeunesse, prude de profession, est opposée d'une manière très-savante à Célimène, dont elle fait briller l'esprit et la malice, et qu'elle contribue à faire punir au dénoûment. Toutes les ruses des prudes sont développées dans cette scène admirable où elles se disent l'une et l'autre leurs vérités.

La douce Éliante fait un excellent contraste avec le Misanthrope, sa maîtresse et la prude : aussi sincère que Célimène est dissimulée, aussi vertueuse qu'Arsinoé affecte de le paroître; aussi indulgente qu'Alceste est violent et emporté, elle réunit tous les charmes qu'une honnête femme peut avoir. C'est un de ces caractères parfaits qu'en règle générale on n'admet point au théâtre, mais que le génie trouve quelquefois moyen d'y placer avec avantage. On en verra un exemple beaucoup plus marqué dans LE TARTUFFE, dont nous aurons bientôt à nous occuper.

Oronte a tous les défauts d'un bel esprit du grand monde : il a les dehors de la modestie; ne paroissant attacher aucune importance à ses ouvrages, il a encore plus de vanité qu'un poëte de profession. Piqué de la critique sévère d'Alceste, il s'en venge comme un lâche, et se montre des premiers à l'accuser d'avoir composé un libelle anonyme. Cette noirceur ne passe pas les bornes de la vraisemblance; rien n'est si dangereux que de blesser ces sortes de prétentions; et l'on doit tout attendre de celui qu'on a eu le malheur d'offenser en détruisant sans ménagement son illusion la plus chère.

Cette scène du sonnet est une des plus belles du Misanthrope : soit qu'on la voie jouer, soit qu'on la lise, on ne peut se lasser d'admirer ces précautions timides d'Oronte avant de commencer sa lecture, les réponses d'Alceste si opposées à celles de Philinte, et le développement d'une doctrine littéraire pleine de goût. Les critiques de Boileau n'ont peut-être pas plus contribué à bannir l'affectation et la fausse délicatesse que cette scène de Molière, blâmée d'abord par la plus grande partie du parterre, reçue ensuite avec transport.[1] On partagea l'opinion du Misanthrope, qu'on savoit être celle de l'auteur : on se moqua du jargon maniéré; et c'est principalement de cette époque qu'on put remarquer un changement décidé dans le ton du siècle, qu'un grand nombre de chefs-d'œuvre n'honoroit pas encore, et qui ne possédoit pas L'ART POÉTIQUE de Boileau.

On sait que Molière avoit beaucoup étudié la littérature espagnole, et que Cervantes surtout étoit son auteur de prédilection : il y avoit plus d'un rapport entre ces deux hommes de génie. Peut-être le poète françois lui doit-il l'idée de cette scène du sonnet. Dans LE LICENCIÉ VIDRIERA, nouvelle dont nous aurons encore occasion de parler, ce personnage s'exprime ainsi, après avoir fait le plus grand éloge des bons poëtes :

---

[1] Voyez Vie de Molière.

[1] « Quant aux mauvais, on doit les regarder comme la
« honte et le rebut de la société. Voyez un de ces rimailleurs
« quand il veut lire un sonnet à ceux qui l'entourent : remar-
« quez les humbles salutations qu'il leur fait : *Vos seigneuries,
« leur dit-il, voudront-elles bien entendre un sonnet que j'ai fait
« cette nuit sur une certaine idée qui m'est venue? Il ne vaut pas
« grand'chose, j'en conviens, mais il a je ne sais quoi de piquant et
« de gracieux.* Alors il sourit agréablement, fouille dans sa
« poche, où, parmi une multitude de morceaux de papier à
« moitié rongés, sur lesquels se trouvent écrits des milliers de
« sonnets, il prend celui dont il veut régaler l'assemblée. Il le
« lit avec un ton mielleux et affecté. Si par hasard ceux qui
« l'écoutent, soit par ignorance, soit par malice, ne témoignent
« pas leur admiration, il leur dit aussitôt : *Ou vos seigneuries
« n'ont pas entendu mon sonnet, ou je n'ai pas su le bien lire. Permettez-
« moi de le réciter une seconde fois, et daignez prêter une grande
« attention. Je crois en vérité que mon sonnet le mérite.* Quoique

---

[1] Que de los malos, de los churrulleros que se ha de decir sino que son la idiotez y la arrogancia del mundo? Y anadió mas : que es ver á un poeta destos de la primera impresion, quando quiere decir un soneto á otros que le rodean, las salvas que les hace, diciendo : Vuesas mercedes escuchen un sonetillo que á noche á cierta ocasion hice, que a mi parecer aunque no vale nada tiene un no se que de bonito? Y en esto tuerce los labios, pone en arco las cejas, se rasca la faldriquera, y de entre otros mil papeles mugrientos y medio rotos, donde queda otro millar de sonetos, saca el que quiere relatar, y al fin le dice con tono melifluo y alfenicado : si á caso los que le escuchan, de socarrones ó de ignorantes no se le alaban, dice : Ó vuesas mercedes no han entendido, el soneto, ó yo no le he sabido decir, y asi será bien recitarle otra vez, y que vuesas mercedes le presten mas atencion, porque en verdad, que el soneto lo merece : y vuelve como primero á recitarle con nuevos ademanes y nuevas pausas.

(EL LICENCIADO VIDRIERA.)

« tous les auditeurs témoignent leur mécontentement, il fait
« une seconde lecture, et s'arrête à chaque stance, pour don-
« ner le temps d'admirer. »

Dans cette scène, on ne trouve point, il est vrai, l'excellente critique d'Alceste, mais on voit les petites ruses dont se sert un poëte pour prévenir favorablement ses auditeurs; ruses qui sont si bien peintes dans le rôle d'Oronte.

Les deux marquis, qui entrent naturellement dans ce sujet, servent à faire ressortir la misanthropie d'Alceste et la coquetterie de Célimène. Ils ont à peu près le même caractère et les mêmes ridicules : cependant on remarque entre eux une légère nuance : Acaste est plus présomptueux que Clitandre. Il n'y a pas jusqu'à Dubois, rôle très-court, qui ne serve à faire valoir le caractère principal : un valet négligent et bavard doit souvent exciter la colère d'un homme aussi impétueux qu'Alceste.

La misanthropie de ce personnage, l'humeur médisante de Célimène offrent la matière d'une multitude de portraits. Mais ces portraits, comme on va le voir, sont d'un genre bien différent. Le Misanthrope, homme loyal, n'attaque que des vices ou des défauts qui en ont l'apparence, et méprise les ridicules : il traite sans ménagement les flatteurs, les intrigants et les fanfarons. Célimène, au contraire, épargne des vices qui ne nuisent pas à l'agrément de la société, et ne lance des traits piquants que contre des ridicules : on la voit passer en revue, avec autant d'esprit que de légèreté, le bavard qui prend trop d'ascendant au milieu d'un cercle; le raisonneur qui n'y apporte que de l'ennui; le mystérieux, l'homme qui tutoie tout le monde, le mécontent qui croit qu'on fait une injustice toutes les fois qu'on accorde une faveur; celui qui n'a de succès que par les repas qu'il donne; l'homme à prétentions qui veut tout juger, et qui croiroit s'abaisser s'il se prêtoit à une conversation commune, etc. Cette double nuance si savamment observée, en fournissant un grand nombre de tableaux de mœurs, a encore l'avantage de mettre les deux personnages en opposition. Voilà pourquoi Alceste, si sévère envers les hommes, porté si naturellement à fronder leurs travers, s'emporte avec tant de vraisemblance et de raison contre les médisances de Célimène.

Dans cette scène du cercle, où la coquette trace un si grand nombre de portraits, l'auteur introduit aussi la douce Éliante, et met dans sa bouche une suite d'observations sur les bizarreries de l'amour qui convient très-bien à son caractère. Ce morceau doit nous paroître précieux, parce que c'est l'unique fragment de la traduction de Lucrèce que Molière avoit entreprise, et qu'il supprima. C'étoit peut-être le seul passage de ce poëte qui convînt à la comédie. Le voici :

[1] « Aux yeux d'un amant, la noire est une brune piquante; « celle qui manque de propreté est une beauté négligée; la « louche ressemble à Pallas; la maigre bondit comme un jeune « daim; la naine est une petite grâce pleine d'esprit et de « charmes; la géante est belle et majestueuse; celle qui bégaie « dédaigne de parler; la muette a une douce pudeur; la médi- « sante se fait remarquer par une conversation agréable...

---

[1] Nigra melichroos est, immunda et fetida acosmos;
Cœsia Palladion; nervosa et lignea Dorcas;
Parvula, pumilio, charitonia, tota merum sal;
Magna atque immanis cataplexis, plenaque honoris;
Balba loqui non quit, travlizi; muta pudens est;
At flagrans, odiosa loquacula. . . . .
At gemina et mammosa, Ceres est ipsa ab Iaccho, etc.
(LUCRÈCE, livre IV, vers 1146.)

« enfin la grasse est une nouvelle Cérès, digne de l'amour de
« Bacchus. »

Cette tirade est parfaitement rendue par Molière. Éliante
dit que les amants

> Comptent les défauts pour des perfections,
> Et savent y donner de favorables noms.
> La pâle est aux jasmins en blancheur comparable;
> La noire à faire peur, une brune adorable;
> La maigre a de la taille et de la liberté;
> La grasse est, dans son port, pleine de majesté;
> La malpropre sur soi, de peu d'attraits chargée,
> Est mise sous le nom de beauté négligée;
> La géante paroît une déesse aux yeux;
> La naine, un abrégé des merveilles des cieux :
> L'orgueilleuse a le cœur digne d'une couronne;
> La fourbe a de l'esprit; la sotte est toute bonne;
> La trop grande parleuse est d'agréable humeur;
> Et la muette garde une honnête pudeur.
> C'est ainsi qu'un amant dont l'ardeur est extrême
> Aime jusqu'aux défauts des personnes qu'il aime.

La scène de jalousie entre Alceste et Célimène est une des
plus fortes qui existent au théâtre. La passion du Misanthrope
est peinte avec toute la chaleur et l'impétuosité qui lui conviennent; et la coquette qui réprime d'un mot cet amant fu-
rieux, qui le force à demander excuse d'un tort qu'il n'a pas,
qui reprend tout son empire sur lui dans une occasion où elle
devoit le perdre, est un des spectacles les plus moraux et les
plus comiques que Molière ait imaginés. Dans DON GARCIE DE
NAVARRE, il avoit peint les tourments et les fureurs de la jalousie : quelques traits de cette pièce se retrouvent dans LE
MISANTHROPE, où ils semblent indiqués par le sujet.

Le dénoûment de ce chef-d'œuvre a été mal à propos critiqué : il est naturel et bien amené. Une femme qui donne de l'espoir à tous ceux dont elle est aimée, qui même se permet de leur écrire, ne doit-elle pas craindre enfin un éclaircissement pareil à celui qui confond Célimène? Si elle a eu l'imprudence de blesser une prude par l'endroit le plus sensible, n'a-t-elle pas lieu d'attendre une vengeance cruelle? La conduite d'Alceste relève son caractère, et lui rend toute l'estime du spectateur, qui s'étoit indigné de sa foiblesse. Ce dernier trait annonce le grand maître : Molière, n'ayant donné à Alceste que des défauts excusables, auroit manqué aux lois des convenances et de la morale, s'il l'eût humilié au dénoûment : au contraire, il le corrige d'une foiblesse qui seule répandoit sur lui du ridicule, et le fait sortir avec une noblesse qui lui concilie l'intérêt de ceux mêmes que ses travers avoient révoltés.

LE
MÉDECIN MALGRÉ LUI,

COMÉDIE

EN TROIS ACTES ET EN PROSE,

Représentée à Paris, sur le théâtre du Palais-Royal,
le 9 août 1666.

PERSONNAGES.

GÉRONTE, père de Lucinde.
LUCINDE, fille de Géronte.
LÉANDRE, amant de Lucinde.
SGANARELLE, mari de Martine.
MARTINE, femme de Sganarelle.
M. ROBERT, voisin de Sganarelle.
VALÈRE, domestique de Géronte.
LUCAS, mari de Jacqueline, domestique de Géronte.
JACQUELINE, nourrice chez Géronte, et femme de Lucas.
THIBAUT, père de Perrin, } paysans.
PERRIN, fils de Thibaut, }

La scène est à la campagne.

LE MÉDECIN MALGRÉ LUI.

LE MÉDECIN MALGRÉ LUI.

ACTE PREMIER.

SCÈNE I.

SGANARELLE, MARTINE.

SGANARELLE.

Non, je te dis que je n'en veux rien faire, et que c'est à moi de parler et d'être le maître.

MARTINE.

Et je te dis, moi, que je veux que tu vives à ma fantaisie, et que je ne me suis point mariée avec toi pour souffrir tes fredaines.

SGANARELLE.

Oh! la grande fatigue que d'avoir une femme! et qu'Aristote a bien raison, quand il dit qu'une femme est pire qu'un démon!

MARTINE.

Voyez un peu l'habile homme, avec son benêt d'Aristote!

SGANARELLE.

Oui, habile homme. Trouve-moi un faiseur de fagots

qui sache comme moi raisonner des choses, qui ait servi six ans un fameux médecin, et qui ait su dans son jeune âge son rudiment par cœur.

MARTINE.

Peste du fou fieffé!

SGANARELLE.

Peste de la carogne!

MARTINE.

Que maudits soient l'heure et le jour où je m'avisai d'aller dire oui!

SGANARELLE.

Que maudit soit le bec cornu de notaire qui me fit signer ma ruine!

MARTINE.

C'est bien à toi vraiment à te plaindre de cette affaire! Devrois-tu être un seul moment sans rendre grâce au ciel de m'avoir pour ta femme! et méritois-tu d'épouser une personne comme moi?

SGANARELLE.

Il est vrai que tu me fis trop d'honneur, et que j'eus lieu de me louer la première nuit de nos noces! Hé! morbleu! ne me fais point parler là-dessus : je dirois de certaines choses...

MARTINE.

Quoi! que dirois-tu?

SGANARELLE.

Baste, laissons là ce chapitre. Il suffit que nous savons

ACTE I, SCÈNE I.

ce que nous savons, et que tu fus bien heureuse de me trouver.

MARTINE.

Qu'appelles-tu bien heureuse de te trouver? Un homme qui me réduit à l'hôpital; un débauché, un traître, qui me mange tout ce que j'ai!...

SGANARELLE.

Tu as menti, j'en bois une partie.

MARTINE.

Qui me vend pièce à pièce tout ce qui est dans le logis!...

SGANARELLE.

C'est vivre de ménage.

MARTINE.

Qui m'a ôté jusqu'au lit que j'avois!...

SGANARELLE.

Tu t'en leveras plus matin.

MARTINE.

Enfin qui ne laisse aucun meuble dans toute la maison!...

SGANARELLE.

On en déménage plus aisément.

MARTINE.

Et qui, du matin jusqu'au soir, ne fait que jouer et que boire!

SGANARELLE.

C'est pour ne me point ennuyer.

MARTINE.

Et que veux-tu pendant ce temps que je fasse avec ma famille?

SGANARELLE.

Tout ce qu'il te plaira.

MARTINE.

J'ai quatre pauvres petits enfants sur les bras.

SGANARELLE.

Mets-les à terre.

MARTINE.

Qui me demandent à toute heure du pain.

SGANARELLE.

Donne-leur le fouet : quand j'ai bien bu et bien mangé, je veux que tout le monde soit soûl dans ma maison.

MARTINE.

Et tu prétends, ivrogne, que les choses aillent toujours de même?...

SGANARELLE.

Ma femme, allons tout doucement, s'il vous plaît.

MARTINE.

Que j'endure éternellement tes insolences et tes débauches?...

SGANARELLE.

Ne nous emportons point, ma femme.

MARTINE.

Et que je ne sache pas trouver le moyen de te ranger à ton devoir?

ACTE I, SCÈNE I.

SGANARELLE.

Ma femme, vous savez que je n'ai pas l'âme endurante, et que j'ai le bras assez bon.

MARTINE.

Je me moque de tes menaces.

SGANARELLE.

Ma petite femme, ma mie, votre peau vous démange à votre ordinaire.

MARTINE.

Je te montrerai bien que je ne te crains nullement.

SGANARELLE.

Ma chère moitié, vous avez envie de me dérober quelque chose.

MARTINE.

Crois-tu que je m'épouvante de tes paroles ?

SGANARELLE.

Doux objet de mes vœux, je vous frotterai les oreilles.

MARTINE.

Ivrogne que tu es !

SGANARELLE.

Je vous battrai.

MARTINE.

Sac à vin !

SGANARELLE.

Je vous rosserai.

MARTINE.

Infâme !

SGANARELLE.

Je vous étrillerai.

MARTINE.

Traître! insolent! trompeur! lâche! coquin! pendard! gueux! belître! fripon! maraud! voleur!...

SGANARELLE.

Ah! vous en voulez donc?

(Sganarelle prend un bâton et bat sa femme.)

MARTINE, criant.

Ah! ah! ah! ah!

SGANARELLE.

Voilà le vrai moyen de vous apaiser.

SCÈNE II.

M. ROBERT, SGANARELLE, MARTINE.

M. ROBERT.

Holà! holà! holà! Fi! Qu'est-ce ci? Quelle infamie! Peste soit le coquin, de battre ainsi sa femme!

MARTINE, à M. Robert.

Et je veux qu'il me batte, moi.

M. ROBERT.

Ah! j'y consens de tout mon cœur.

MARTINE.

De quoi vous mêlez-vous?

M. ROBERT.

J'ai tort.

ACTE I, SCÈNE II.

MARTINE.

Est-ce là votre affaire ?

M. ROBERT.

Vous avez raison.

MARTINE.

Voyez un peu cet impertinent, qui veut empêcher les maris de battre leurs femmes !

M. ROBERT.

Je me rétracte.

MARTINE.

Qu'avez-vous à voir là-dessus ?

M. ROBERT.

Rien.

MARTINE.

Est-ce à vous d'y mettre le nez ?

M. ROBERT.

Non.

MARTINE.

Mêlez-vous de vos affaires.

M. ROBERT.

Je ne dis plus mot.

MARTINE.

Il me plaît d'être battue.

M. ROBERT.

D'accord.

MARTINE.

Ce n'est pas à vos dépens.

M. ROBERT.

Il est vrai.

MARTINE.

Et vous êtes un sot de venir vous fourrer où vous n'avez que faire.

(Elle lui donne un soufflet.)

M. ROBERT, à Sganarelle.

Compère, je vous demande pardon de tout mon cœur. Faites; rossez, battez comme il faut votre femme; je vous aiderai, si vous le voulez.

SGANARELLE.

Il ne me plaît pas, moi.

M. ROBERT.

Ah! c'est une autre chose.

SGANARELLE.

Je la veux battre, si je le veux; et ne la veux pas battre, si je ne le veux pas.

M. ROBERT.

Fort bien.

SGANARELLE.

C'est ma femme, et non pas la vôtre.

M. ROBERT.

Sans doute.

SGANARELLE.

Vous n'avez rien à me commander.

M. ROBERT.

D'accord.

SGANARELLE.

Je n'ai que faire de votre aide.

M. ROBERT.

Très-volontiers.

SGANARELLE.

Et vous êtes un impertinent de vous ingérer des affaires d'autrui. Apprenez que Cicéron dit qu'entre l'arbre et le doigt il ne faut point mettre l'écorce.

(Il bat M. Robert, et le chasse.)

SCÈNE III.
SGANARELLE, MARTINE.

SGANARELLE.

Oh çà! faisons la paix nous deux. Touche là.

MARTINE.

Oui, après m'avoir ainsi battue!

SGANARELLE.

Cela n'est rien. Touche.

MARTINE.

Je ne veux pas.

SGANARELLE.

Hé!

MARTINE.

Non.

SGANARELLE.

Ma petite femme.

MARTINE.

Point.

SGANARELLE.

Allons, te dis-je.

MARTINE.

Je n'en ferai rien.

SGANARELLE.

Viens, viens, viens.

MARTINE.

Non, je veux être en colère.

SGANARELLE.

Fi! c'est une bagatelle. Allons, allons.

MARTINE.

Laisse-moi là.

SGANARELLE.

Touche, te dis-je.

MARTINE.

Tu m'as trop maltraitée.

SGANARELLE.

Hé bien! va, je te demande pardon, mets là ta main.

MARTINE.

Je te le pardonne; (bas, à part.) mais tu le paieras.

SGANARELLE.

Tu es une folle de prendre garde à cela : ce sont petites choses qui sont de temps en temps nécessaires dans l'amitié; et cinq ou six coups de bâton, entre gens qui s'aiment, ne font que ragaillardir l'affection. Va, je m'en vais au bois, et je te promets aujourd'hui plus d'un cent de fagots.

SCÈNE IV.

MARTINE.

Va, quelque mine que je fasse, je n'oublierai pas mon ressentiment; et je brûle en moi-même de trouver les moyens de te punir des coups que tu m'as donnés. Je sais bien qu'une femme a toujours dans les mains de quoi se venger d'un mari : mais c'est une punition trop délicate pour mon pendard : je veux une vengeance qui se fasse un peu mieux sentir ; et ce n'est pas contentement pour l'injure que j'ai reçue.

SCÈNE V.

VALÈRE, LUCAS, MARTINE.

LUCAS, à Valère, sans voir Martine.

Parguienne ! j'avons pris là tous deux une gueble de commission; et je ne sais pas, moi, ce que je pensons attraper.

VALÈRE, à Lucas, sans voir Martine.

Que veux-tu, mon pauvre nourricier? il faut bien obéir à notre maître : et puis, nous avons intérêt, l'un et l'autre, à la santé de sa fille, notre maîtresse; et sans doute son mariage, différé par sa maladie, nous vaudra quelque récompense. Horace, qui est libéral, a bonne part aux prétentions qu'on peut avoir sur sa personne; et, quoiqu'elle ait fait voir de l'amitié pour un certain Léandre, tu sais bien que son père n'a jamais voulu consentir à le recevoir pour son gendre.

MARTINE, rêvant à part, se croyant seule.

Ne puis-je point trouver quelque invention pour me venger?

LUCAS, à Valère.

Mais quelle fantaisie s'est-il boutée là dans la tête, puisque les médecins y avont tous perdu leur latin.

VALÈRE, à Lucas.

On trouve quelquefois, à force de chercher, ce qu'on ne trouve pas d'abord; et souvent en de simples lieux...

MARTINE, se croyant toujours seule.

Oui, il faut que je m'en venge à quelque prix que ce soit. Ces coups de bâton me reviennent au cœur, je ne les saurois digérer; et... (heurtant Valère et Lucas.) Ah! messieurs, je vous demande pardon; je ne vous voyois pas, et cherchois dans ma tête quelque chose qui m'embarrasse.

VALÈRE.

Chacun a ses soins dans le monde, et nous cherchons aussi ce que nous voudrions bien trouver.

MARTINE.

Seroit-ce quelque chose où je vous puisse aider?

VALÈRE.

Cela se pourroit faire, et nous tâchons de rencontrer quelque habile homme, quelque médecin particulier, qui pût donner quelque soulagement à la fille de notre maître, attaquée d'une maladie qui lui a ôté tout d'un coup l'usage de la langue. Plusieurs médecins ont déjà épuisé toute leur science après elle : mais on trouve parfois des gens avec des secrets admirables, de certains remèdes particuliers qui font le plus souvent ce que les autres n'ont su faire; et c'est là ce que nous cherchons.

MARTINE, bas, à part.

Ah! que le ciel m'inspire une admirable invention pour me venger de mon pendard! (haut.) Vous ne pouviez jamais vous mieux adresser pour rencontrer ce que vous cherchez; et nous avons un homme, le plus merveilleux homme du monde pour les maladies désespérées.

VALÈRE.

Hé! de grâce, où pouvons-nous le rencontrer?

MARTINE.

Vous le trouverez maintenant vers ce petit lieu que voilà, qui s'amuse à couper du bois.

LUCAS.

Un médecin qui coupe du bois!

VALÈRE.

Qui s'amuse à cueillir des simples, voulez-vous dire?

MARTINE.

Non; c'est un homme extraordinaire qui se plaît à cela, fantasque, bizarre, quinteux, et que vous ne prendriez jamais pour ce qu'il est. Il va vêtu d'une façon extravagante, affecte quelquefois de paroître ignorant, tient sa science renfermée, et ne fuit rien tant tous les jours que d'exercer les merveilleux talents qu'il a eus du ciel pour la médecine.

VALÈRE.

C'est une chose admirable, que tous les grands hommes ont toujours du caprice, quelque petit grain de folie mêlé à leur science.

MARTINE.

La folie de celui-ci est plus grande qu'on ne peut croire, car elle va parfois jusqu'à vouloir être battu pour demeurer d'accord de sa capacité, et je vous donne avis que vous n'en viendrez pas à bout, qu'il n'avouera jamais qu'il est médecin, s'il se le met en fantaisie, que vous ne preniez chacun un bâton, et ne le réduisiez, à force de coups, à vous confesser à la fin ce qu'il vous cachera d'abord. C'est ainsi que nous en usons quand nous avons besoin de lui.

VALÈRE.

Voilà une étrange folie!

MARTINE.

Il est vrai; mais après cela, vous verrez qu'il fait des merveilles.

VALÈRE.

Comment s'appelle-t-il?

MARTINE.

Il s'appelle Sganarelle. Mais il est aisé à connoître : c'est un homme qui a une large barbe noire, et qui porte une fraise, avec un habit jaune et vert.

LUCAS.

Un habit jaune et vard! C'est donc le médecin des parroquets?

VALÈRE.

Mais est-il bien vrai qu'il soit si habile que vous le dites?

MARTINE.

Comment! c'est un homme qui fait des miracles. Il y a six mois qu'une femme fut abandonnée de tous les autres médecins: on la tenoit morte il y avoit déjà six heures, et l'on se disposoit à l'ensevelir, lorsqu'on y fit venir de force l'homme dont nous parlons. Il lui mit, l'ayant vue, une petite goutte de je ne sais quoi dans la bouche; et, dans le même instant, elle se leva de son lit, et se mit aussitôt à se promener dans sa chambre comme si de rien n'eût été.

LUCAS.

Ah!

VALÈRE.

Il falloit que ce fût quelque goutte d'or potable.

MARTINE.

Cela pourroit bien être. Il n'y a pas trois semaines encore qu'un jeune enfant de douze ans tomba du haut du clocher en bas, et se brisa sur le pavé la tête, les bras et les jambes. On n'y eut pas plus tôt amené notre homme, qu'il le frotta par tout le corps d'un certain onguent qu'il sait faire, et l'enfant aussitôt se leva sur ses pieds, et courut jouer à la fossette.

LUCAS.

Ah!

VALÈRE.

Il faut que cet homme-là ait la médecine universelle.

MARTINE.

Qui en doute?

LUCAS.

Tétigué! vlà justement l'homme qu'il nous faut. Allons vite le charcher.

VALÈRE.

Nous vous remercions du plaisir que vous nous faites.

MARTINE.

Mais souvenez-vous bien au moins de l'avertissement que je vous ai donné.

LUCAS.

Hé! morguienne! laissez-nous faire : s'il ne tient qu'à battre, la vache est à nous.

VALÈRE, à Lucas.

Nous sommes bien heureux d'avoir fait cette rencontre; et j'en conçois, pour moi, la meilleure espérance du monde.

SCÈNE VI.

SGANARELLE, VALÈRE, LUCAS.

SGANARELLE, chantant derrière le théâtre.

Là, là, là.

VALÈRE.

J'entends quelqu'un qui chante, et qui coupe du bois.

SGANARELLE, entrant sur le théâtre avec une bouteille à sa main, sans apercevoir Valère ni Lucas.

Là, là, là... Ma foi, c'est assez travailler pour boire un coup. Prenons un peu d'haleine.

ACTE I, SCÈNE VI.

(après avoir bu.)

Voilà du bois qui est salé comme tous les diables.
(Il chante.)

> Qu'ils sont doux,
> Bouteille jolie,
> Qu'ils sont doux,
> Vos petits glougloux !
> Mais mon sort feroit bien des jaloux,
> Si vous étiez toujours remplie.
> Ah! bouteille ma mie,
> Pourquoi vous videz-vous?

Allons, morbleu! il ne faut point engendrer de mélancolie.

VALÈRE, bas, à Lucas.

Le voilà lui-même.

LUCAS, bas, à Valère.

Je pense que vous dites vrai, et que j'avons bouté le nez dessus.

VALÈRE.

Voyons de près.

SGANARELLE, embrassant sa bouteille.

Ah! ma petite friponne! que je t'aime, mon petit bouchon!

(Il chante.) (Apercevant Valère et Lucas qui l'examinent, il baisse la voix.)

> Mais mon sort... feroit... bien... des jaloux,
> Si...

(voyant qu'on l'examine de plus près.)

Que diable! à qui en veulent ces gens-là?

VALÈRE, à Lucas.

C'est lui assurément.

LUCAS, à Valère.

Le vlà tout craché comme on nous l'a défiguré.

(Sganarelle pose la bouteille à terre; et Valère, se baissant pour le saluer, comme il croit que c'est à dessein de la prendre, il la met de l'autre côté : Lucas, faisant la même chose que Valère, Sganarelle reprend sa bouteille, et la tient contre son estomac avec divers gestes qui font un jeu de théâtre.)

SGANARELLE, à part.

Ils consultent en me regardant. Quel dessein auroient-ils?

VALÈRE.

Monsieur, n'est-ce pas vous qui vous appelez Sganarelle?

SGANARELLE.

Hé! quoi?

VALÈRE.

Je vous demande si ce n'est pas vous qui se nomme Sganarelle.

SGANARELLE, se tournant vers Valère, puis vers Lucas.

Oui et non, selon ce que vous lui voulez.

VALÈRE.

Nous ne voulons que lui faire toutes les civilités que nous pourrons.

SGANARELLE.

En ce cas, c'est moi qui se nomme Sganarelle.

ACTE I, SCÈNE VI.

VALÈRE.

Monsieur, nous sommes ravis de vous voir. On nous a adressés à vous pour ce que nous cherchons ; et nous venons implorer votre aide, dont nous avons besoin.

SGANARELLE.

Si c'est quelque chose, messieurs, qui dépende de mon petit négoce, je suis tout prêt à vous rendre service.

VALÈRE.

Monsieur, c'est trop de grâce que vous nous faites. Mais, monsieur, couvrez-vous, s'il vous plaît ; le soleil pourroit vous incommoder.

LUCAS.

Monsieu, boutez dessus.

SGANARELLE, à part.

Voici des gens bien pleins de cérémonies.

(Il se couvre.)

VALÈRE.

Monsieur, il ne faut pas trouver étrange que nous venions à vous ; les habiles gens sont toujours recherchés ; et nous sommes instruits de votre capacité.

SGANARELLE.

Il est vrai, messieurs, que je suis le premier homme du monde pour faire des fagots.

VALÈRE.

Ah ! monsieur !...

SGANARELLE.

Je n'y épargne aucune chose, et les fais d'une façon qu'il n'y a rien à dire.

VALÈRE.

Monsieur, ce n'est pas cela dont il est question.

SGANARELLE.

Mais aussi je les vends cent dix sous le cent.

VALÈRE.

Ne parlons point de cela, s'il vous plait.

SGANARELLE.

Je vous promets que je ne saurois les donner à moins.

VALÈRE.

Monsieur, nous savons les choses.

SGANARELLE.

Si vous savez les choses, vous savez que je les vends cela.

VALÈRE.

Monsieur, c'est se moquer que...

SGANARELLE.

Je ne me moque point, je n'en puis rien rabattre.

VALÈRE.

Parlons d'autre façon, de grâce.

SGANARELLE.

Vous en pourrez trouver autre part à moins; il y a fagots et fagots : mais pour ceux que je fais...

VALÈRE.

Hé! monsieur, laissons là ce discours.

SGANARELLE.

Je vous jure que vous ne les auriez pas, s'il s'en falloit un double.

ACTE I, SCÈNE VI.

VALÈRE.

Hé! fi!

SGANARELLE.

Non, en conscience; vous en paierez cela. Je vous parle sincèrement, et ne suis pas homme à surfaire.

VALÈRE.

Faut-il, monsieur, qu'une personne comme vous s'amuse à ces grossières feintes, s'abaisse à parler de la sorte ! qu'un homme si savant, un fameux médecin comme vous êtes, veuille se déguiser aux yeux du monde, et tenir enterrés les beaux talents qu'il a !

SGANARELLE, à part.

Il est fou.

VALÈRE.

De grâce, monsieur, ne dissimulez point avec nous.

SGANARELLE.

Comment?

LUCAS.

Tout ce tripotage ne sart de rian ; je savons c'en que je savons.

SGANARELLE.

Quoi donc? que me voulez-vous dire? Pour qui me prenez-vous?

VALÈRE.

Pour ce que vous êtes, pour un grand médecin.

SGANARELLE.

Médecin vous-même; je ne le suis point, et je ne l'ai jamais été.

VALÈRE, bas.

Voilà sa folie qui le tient (haut.) Monsieur, ne veuillez point nier les choses davantage ; et n'en venons point, s'il vous plaît, à de fâcheuses extrémités.

SGANARELLE.

A quoi donc?

VALÈRE.

À de certaines choses dont nous serions marris.

SGANARELLE.

Parbleu! venez-en à tout ce qu'il vous plaira : je ne suis point médecin, et ne sais ce que vous me voulez dire.

VALÈRE, bas

Je vois bien qu'il faut se servir du remède. (haut.) Monsieur, encore un coup, je vous prie d'avouer ce que vous êtes.

LUCAS.

Hé! tétigué! ne lantiponnez point davantage, et confessez à la franquette que v's êtes médecin.

SGANARELLE, à part.

J'enrage.

VALÈRE.

A quoi bon nier ce qu'on sait?

LUCAS.

Pourquoi toutes ces fraimes-là? A quoi est-ce que ça vous sart?

ACTE I, SCÈNE VI.

SGANARELLE.

Messieurs, en un mot autant qu'en deux mille, je vous dis que je ne suis point médecin.

VALÈRE.

Vous n'êtes point médecin ?

SGANARELLE.

Non.

LUCAS.

V' n'êtes pas médecin

SGANARELLE.

Non, vous dis-je

VALÈRE.

Puisque vous le voulez, il faut bien s'y résoudre.

(Ils prennent chacun un bâton, et le frappent.)

SGANARELLE.

Ah! ah! ah! messieurs, je suis tout ce qu'il vous plaira.

VALÈRE.

Pourquoi, monsieur, nous obligez-vous à cette violence ?

LUCAS.

A quoi bon nous bailler la peine de vous battre ?

VALÈRE.

Je vous assure que j'en ai tous les regrets du monde.

LUCAS.

Par ma figué! j'en sis , franchement.

SGANARELLE.

Que diable est-ce ci, messieurs ? De grâce, est-ce pour

rire, ou si tous deux vous extravaguez, de vouloir que je sois médecin?

VALÈRE.

Quoi! vous ne vous rendez pas encore, et vous vous défendez d'être médecin?

SGANARELLE.

Diable emporte si je le suis!

LUCAS.

Il n'est pas vrai que vous sayez médecin?

SGANARELLE.

Non, la peste m'étouffe! (Ils recommencent à le battre.) Ah! ah! Hé bien! messieurs, oui, puisque vous le voulez, je suis médecin, je suis médecin; apothicaire encore, si vous le trouvez bon. J'aime mieux consentir à tout que de me faire assommer.

VALÈRE.

Ah! voilà qui va bien, monsieur; je suis ravi de vous voir raisonnable.

LUCAS.

Vous me boutez la joie au cœur, quand je vous vois parler comme ça.

VALÈRE.

Je vous demande pardon de toute mon âme.

LUCAS.

Je vous demandons excuse de la libarté que j'avons prise.

SGANARELLE, à part.

Ouais! seroit-ce bien moi qui me tromperois, et serois-je devenu médecin sans m'en être aperçu?

ACTE I, SCÈNE VI.

VALÈRE.

Monsieur, vous ne vous repentirez pas de nous montrer ce que vous êtes ; et vous verrez assurément que vous en serez satisfait.

SGANARELLE.

Mais, messieurs, dites-moi, ne vous trompez-vous point vous-mêmes ? Est-il bien assuré que je sois médecin ?

LUCAS.

Oui, par ma figué !

SGANARELLE.

Tout de bon ?

VALÈRE.

Sans doute.

SGANARELLE.

Diable emporte si je le savois !

VALÈRE.

Comment ! vous êtes le plus habile médecin du monde.

SGANARELLE.

Ah ! ah !

LUCAS.

Un médecin qui a gari je ne sais combien de maladies.

SGANARELLE.

Tudieu !

VALÈRE.

Une femme étoit tenue pour morte il y avoit six heures ; elle étoit prête à ensevelir, lorsque avec une goutte de quelque chose vous la fîtes revenir et marcher d'abord par la chambre.

SGANARELLE.

Peste!

LUCAS.

Un petit enfant de douze ans se laissit choir du haut d'un clocher; de quoi il eut la tête, les jambes et les bras cassés : et vous, avec je ne sais quel onguent, vous fîtes qu'aussitôt il se relevit sur ses pieds, et s'en fut jouer à la fossette.

SGANARELLE.

Diantre!

VALÈRE.

Enfin, monsieur, vous aurez contentement avec nous, et vous gagnerez ce que vous voudrez en vous laissant conduire où nous prétendons vous mener.

SGANARELLE.

Je gagnerai ce que je voudrai?

VALÈRE.

Oui.

SGANARELLE.

Ah! je suis médecin, sans contredit. Je l'avois oublié; mais je m'en ressouviens. De quoi est-il question? Où faut-il se transporter?

VALÈRE.

Nous vous conduirons. Il est question d'aller voir une fille qui a perdu la parole.

ACTE I, SCÈNE VI.

SGANARELLE.

Ma foi, je ne l'ai pas trouvée.

VALÈRE.

(bas, à Lucas.)   (à Sganarelle.)
Il aime à rire. Allons, monsieur.

SGANARELLE.

Sans une robe de médecin?

VALÈRE.

Nous en prendrons une.

SGANARELLE, présentant sa bouteille à Valère.

Tenez cela, vous : voilà où je mets mes juleps.

(puis se tournant vers Lucas en crachant.)

Vous, marchez là-dessus, par ordonnance du médecin.

LUCAS.

Palsanguienne! v'là un médecin qui me plaît : je pense qu'il réussira, car il est bouffon.

FIN DU PREMIER ACTE.

ACTE SECOND.

SCÈNE I.

GÉRONTE, VALÈRE, LUCAS, JACQUELINE.

VALÈRE.

Oui, monsieur, je crois que vous serez satisfait; et nous vous avons amené le plus grand médecin du monde.

LUCAS.

Oh! morguienne, il faut tirer l'échelle après ceti-là; et tous les autres ne sont pas daignes de li déchausser ses souliés.

VALÈRE.

C'est un homme qui a fait des cures merveilleuses.

LUCAS.

Qui a gari des gens qui étiant morts.

VALÈRE.

Il est un peu capricieux, comme je vous ai dit; et parfois il a des moments où son esprit s'échappe et ne paroît pas ce qu'il est.

LUCAS.

Oui, il aime à bouffonner, et l'an diroit parfois, ne v's en déplaise, qu'il a quelque petit coup de hache à la tête.

VALÈRE.

Mais, dans le fond, il est tout science; et bien souvent il dit des choses tout-à-fait relevées.

LUCAS.

Quand il s'y boute, il parle tout fin drait comme s'il lisoit dans un livre.

VALÈRE.

Sa réputation s'est déjà répandue ici; et tout le monde vient à lui.

GÉRONTE.

Je meurs d'envie de le voir : faites-le-moi vite venir.

VALÈRE.

Je le vais querir.

SCÈNE II.

GÉRONTE, JACQUELINE, LUCAS.

JACQUELINE.

Par ma fi, monsieu, ceti-ci fera justement ce qu'ant fait les autres. Je pense que ce sera queussi-queumi; et la meilleure médeçaine que l'an pourroit bailler à votre fille, ce seroit, selon moi, un biau et bon mari, pour qui alle eût de l'amiquié.

GÉRONTE.

Ouais! nourrice m'amie, vous vous mêlez de bien des choses!

LUCAS.

Taisez-vous, notre minagère Jacquelaine; ce n'est pas à vous à bouter là votre nez.

JACQUELINE.

Je vous dis et vous douze que tous ces médecins n'y feront rian que de l'iau claire; que votre fille a besoin d'autre chose que de ribarbe et de séné, et qu'un mari est un emplâtre qui garit tous les maux des filles.

GÉRONTE.

Est-elle en état maintenant qu'on s'en voulût charger avec l'infirmité qu'elle a? et lorsque j'ai été dans le dessein de la marier, ne s'est-elle pas opposée à mes volontés?

JACQUELINE.

Je le crois bian; vous li vouliez bailler eun homme qu'alle n'aime point. Que ne preniais-vous ce monsieu Liandre, qui li touchoit au cœur? alle auroit été fort obéissante; et je m'en vais gager qu'il la prendroit, li, comme alle est, si vous la li vouillais donner.

GÉRONTE.

Ce Léandre n'est pas ce qu'il lui faut; il n'a pas du bien comme l'autre.

JACQUELINE.

Il a eun oncle qui est si riche, dont il est hériquié!

GÉRONTE.

Tous ces biens à venir me semblent autant de chansons. Il n'est rien tel que ce qu'on tient; et l'on court grand risque de s'abuser, lorsque l'on compte sur le bien qu'un autre vous garde. La mort n'a pas toujours les oreilles ouvertes aux vœux et aux prières de messieurs les héritiers; et l'on a le temps d'avoir les dents longues, lorsqu'on attend pour vivre le trépas de quelqu'un.

JACQUELINE.

Enfin, j'ai toujours ouï dire qu'en mariage, comme ailleurs, contentement passe richesse. Les pères et les mères ont cette maudite coutume de demander toujours, Qu'a-t-il? et Qu'a-t-elle? et le compère Piarre a marié sa fille Simonette au gros Thomas pour un quarquié de vaigne qu'il avoit davantage que le jeune Robin, où elle avoit bouté son amiquié; et v'là que la pauvre criature en est devenue jaune comme eun coing, et n'a point profité tout depuis ce temps-là. C'est un bel exemple pour vous, monsieu. On n'a que son plaisir en ce monde; et j'aimerois mieux bailler à ma fille eun bon mari qui li fût agriable, que toutes les rentes de la Biausse.

GÉRONTE.

Peste! madame la nourrice, comme vous dégoisez! Taisez-vous, je vous prie; vous prenez trop de soin, et vous échauffez votre lait.

LUCAS, frappant, à chaque phrase qu'il dit, sur l'épaule de Géronte.

Morgué! tais-toi, tu es une impartinente. Monsieur n'a que faire de tes discours, et il sait ce qu'il a à faire. Mêle-toi de donner à téter à ton enfant, sans tant faire la raisonneuse. Monsieur est le père de sa fille; et il est bon et sage pour voir ce qu'il li faut.

GÉRONTE.

Tout doux! oh! tout doux!

LUCAS, frappant encore sur l'épaule de Géronte.

Monsieu, je veux un peu la mortifier, et li apprendre le respect qu'alle vous doit.

GÉRONTE.

Oui. Mais ces gestes ne sont pas nécessaires.

SCÈNE III.

VALÈRE, SGANARELLE, GÉRONTE, LUCAS, JACQUELINE.

VALÈRE.

Monsieur, préparez-vous. Voici votre médecin qui entre.

GÉRONTE, à Sganarelle.

Monsieur, je suis ravi de vous voir chez moi, et nous avons grand besoin de vous.

SGANARELLE, en robe de médecin avec un chapeau des plus pointus.

Hippocrate dit... que nous nous couvrions tous deux.

GÉRONTE.

Hippocrate dit cela?

SGANARELLE.

Oui.

GÉRONTE.

Dans quel chapitre, s'il vous plaît?

SGANARELLE.

Dans son chapitre... des chapeaux.

GÉRONTE.

Puisque Hippocrate le dit, il le faut faire.

SGANARELLE.

Monsieur le médecin, ayant appris les merveilleuses choses...

GÉRONTE.

A qui parlez-vous, de grâce?

SGANARELLE.

A vous.

GÉRONTE.

Je ne suis pas médecin.

SGANARELLE.

Vous n'êtes pas médecin?

GÉRONTE.

Non, vraiment.

SGANARELLE.

Tout de bon?

GÉRONTE

Tout de bon.

(Sganarelle prend un bâton, et frappe Géronte.)

Ah! ah! ah!

SGANARELLE.

Vous êtes médecin maintenant, je n'ai jamais eu d'autres licences.

GÉRONTE, à Valère.

Quel diable d'homme m'avez-vous là amené?

VALÈRE.

Je vous ai bien dit que c'étoit un médecin goguenard.

GÉRONTE.

Oui : mais je l'envoierois promener avec ses goguenarderies.

LUCAS.

Ne prenez pas garde à ça, monsieu; ce n'est que pour rire.

GÉRONTE.

Cette raillerie ne me plaît pas.

SGANARELLE.

Monsieur, je vous demande pardon de la liberté que j'ai prise.

GÉRONTE.

Monsieur, je suis votre serviteur.

SGANARELLE.

Je suis fâché...

GÉRONTE.

Cela n'est rien.

SGANARELLE.

Des coups de bâton...

GÉRONTE.

Il n'y a pas de mal.

SGANARELLE.

Que j'ai eu l'honneur de vous donner.

GÉRONTE.

Ne parlons plus de cela. Monsieur, j'ai une fille qui est tombée dans une étrange maladie.

ACTE II, SCENE III.

SGANARELLE.

Je suis ravi, monsieur, que votre fille ait besoin de moi; et je souhaiterois de tout mon cœur que vous en eussiez besoin aussi, vous et toute votre famille, pour vous témoigner l'envie que j'ai de vous servir.

GÉRONTE.

Je vous suis obligé de ces sentiments.

SGANARELLE.

Je vous assure que c'est du meilleur de mon âme que je vous parle.

GÉRONTE.

C'est trop d'honneur que vous me faites.

SGANARELLE.

Comment s'appelle votre fille?

GÉRONTE.

Lucinde.

SGANARELLE.

Lucinde! ah! beau nom à médicamenter! Lucinde!

GÉRONTE.

Je m'en vais voir un peu ce qu'elle fait.

SGANARELLE.

Qui est cette grande femme-là?

GÉRONTE.

C'est la nourrice d'un petit enfant que j'ai.

SCÈNE IV.

SGANARELLE, JACQUELINE, LUCAS.

SGANARELLE, à part.

Peste! le joli meuble que voilà! (haut.) Ah! nourrice, charmante nourrice, ma médecine est la très-humble esclave de votre nourricerie, et je voudrois bien être le petit poupon fortuné qui tétât le lait de vos bonnes grâces. (Il lui porte la main sur le sein.) Tous mes remèdes, toute ma science, toute ma capacité est à votre service; et...

LUCAS.

Avec votre parmission, monsieu le médecin, laissez là ma femme, je vous prie.

SGANARELLE.

Quoi! elle est votre femme?

LUCAS.

Oui.

SGANARELLE.

Ah! vraiment, je ne savois pas cela, et je m'en réjouis pour l'amour de l'un et de l'autre.

(Il fait semblant de vouloir embrasser Lucas, et embrasse la nourrice.)

LUCAS, tirant Sganarelle, et se remettant entre lui et sa femme.

Tout doucement, s'il vous plaît.

SGANARELLE.

Je vous assure que je suis ravi que vous soyez unis ensemble : je la félicite d'avoir un mari comme vous; et je vous félicite, vous, d'avoir une femme si belle, si sage, si bien faite comme elle est.

(Il fait encore semblant d'embrasser Lucas, qui lui tend les bras ; Sganarelle passe dessous, et embrasse encore la nourrice.)

LUCAS, le tirant encore.

Hé! tétigué! point tant de compliments, je vous supplie.

SGANARELLE.

Ne voulez-vous pas que je me réjouisse avec vous d'un si bel assemblage ?

LUCAS.

Avec moi tant qu'il vous plaira ; mais avec ma femme, trêve de sarimonie.

SGANARELLE.

Je prends part également au bonheur de tous deux : et si je vous embrasse pour vous en témoigner ma joie, je l'embrasse de même pour lui en témoigner aussi.

(Il continue le même jeu.)

LUCAS, le tirant pour la troisième fois.

Ah! vartigué, monsieu le médecin, que de lantiponnage!

SCÈNE V.

GÉRONTE, SGANARELLE, LUCAS, JACQUELINE

GÉRONTE.

Monsieur, voici tout à l'heure ma fille qu'on va vous amener.

SGANARELLE.

Je l'attends, monsieur, avec toute la médecine.

GÉRONTE.

Où est-elle ?

SGANARELLE, se touchant le front.

Là-dedans.

GÉRONTE.

Fort bien.

SGANARELLE.

Mais comme je m'intéresse à toute votre famille, il faut que j'essaie un peu le lait de votre nourrice, et que je visite son sein.

(Il s'approche de Jacqueline.)

LUCAS, le tirant, et lui faisant faire la pirouette.

Nannain, nannain : je n'avons que faire de ça.

SGANARELLE.

C'est l'office du médecin de voir les tétons des nourrices.

LUCAS.

Il gnia office qui quienne, je sis votre sarviteur.

SGANARELLE.

As-tu bien la hardiesse de t'opposer au médecin ? Hors de là.

LUCAS.

Je me moque de ça.

SGANARELLE, en le regardant de travers.

Je te donnerai la fièvre.

JACQUELINE, prenant Lucas par le bras, et lui faisant faire aussi la pirouette.

Ote-toi de là aussi ; est-ce que je ne sis pas assez grande

pour me défendre moi-même, s'il me fait queuque chose qui ne soit pas à faire ?

LUCAS.

Je ne veux pas qu'il te tâte, moi.

SGANARELLE.

Fi le vilain, qui est jaloux de sa femme !

GÉRONTE.

Voici ma fille.

SCÈNE VI.

LUCINDE, GÉRONTE, SGANARELLE, VALÈRE, LUCAS, JACQUELINE.

SGANARELLE.

Est-ce là la malade ?

GÉRONTE.

Oui. Je n'ai qu'elle de fille; et j'aurois tous les regrets du monde si elle venoit à mourir.

SGANARELLE.

Qu'elle s'en garde bien ! Il ne faut pas qu'elle meure sans l'ordonnance du médecin.

GÉRONTE.

Allons, un siége.

SGANARELLE, *assis entre Géronte et Lucinde.*

Voilà une malade qui n'est pas tant dégoûtante, et je tiens qu'un homme bien sain s'en accommoderoit assez.

GÉRONTE.

Vous l'avez fait rire, monsieur.

SGANARELLE.

Tant mieux : lorsque le médecin fait rire le malade, c'est le meilleur signe du monde. (à Lucinde.) Hé bien ! de quoi est-il question ? Qu'avez-vous ? Quel est le mal que vous sentez ?

LUCINDE, portant sa main à sa bouche, à sa tête, et sous son menton.

Han, hi, hon, han.

SGANARELLE.

Hé ! que dites-vous ?

LUCINDE, continue les mêmes gestes.

Han, hi, hon, han, han, hi, hon.

SGANARELLE.

Quoi ?

LUCINDE.

Han, hi, hon.

SGANARELLE.

Han, hi, hon, han, ha. Je ne vous entends point. Quel diable de langage est-ce là ?

GÉRONTE.

Monsieur, c'est là sa maladie. Elle est devenue muette, sans que jusqu'ici on en ait pu savoir la cause ; et c'est un accident qui a fait reculer son mariage.

SGANARELLE.

Et pourquoi ?

GÉRONTE.

Celui qu'elle doit épouser veut attendre sa guérison pour conclure les choses.

SGANARELLE.

Et qui est ce sot là, qui ne veut pas que sa femme soit muette? Plût à Dieu que la mienne eût cette maladie! je me garderois bien de la vouloir guérir.

GÉRONTE.

Enfin, monsieur, nous vous prions d'employer tous vos soins pour la soulager de son mal.

SGANARELLE.

Ah! ne vous mettez pas en peine. Dites-moi un peu : ce mal l'oppresse-t-il beaucoup?

GÉRONTE.

Oui, monsieur.

SGANARELLE.

Tant mieux. Sent-elle de grandes douleurs?

GÉRONTE.

Fort grandes.

SGANARELLE.

C'est fort bien fait. Va-t-elle où vous savez?

GÉRONTE.

Oui.

SGANARELLE.

Copieusement?

GÉRONTE.

Je n'entends rien à cela.

SGANARELLE.

La matière est-elle louable?

GÉRONTE.

Je ne me connois pas à ces choses.

SGANARELLE, à Lucinde.

Donnez-moi votre bras. (à Géronte.) Voilà un pouls qui marque que votre fille est muette.

GÉRONTE.

Hé! oui, monsieur, c'est là son mal; vous l'avez trouvé tout du premier coup.

SGANARELLE.

Ha! ha!

JACQUELINE.

Voyez comme il a deviné sa maladie!

SGANARELLE.

Nous autres grands médecins, nous connoissons d'abord les choses. Un ignorant auroit été embarrassé, et vous eût été dire, C'est ceci, c'est cela : mais moi, je touche au but du premier coup, et je vous apprends que votre fille est muette.

GÉRONTE.

Oui : mais je voudrois bien que vous me pussiez dire d'où cela vient.

SGANARELLE.

Il n'est rien de plus aisé; cela vient de ce qu'elle a perdu la parole.

GÉRONTE.

Fort bien. Mais la cause, s'il vous plaît, qui fait qu'elle a perdu la parole?

SGANARELLE.

Tous nos meilleurs auteurs vous diront que c'est l'empêchement de l'action de sa langue.

ACTE II, SCÈNE VI.

GÉRONTE.

Mais encore, vos sentiments sur cet empêchement de l'action de sa langue?

SGANARELLE.

Aristote, là-dessus, dit... de fort belles choses.

GÉRONTE.

Je le crois.

SGANARELLE.

Ah! c'étoit un grand homme!

GÉRONTE.

Sans doute.

SGANARELLE.

Grand homme tout-à-fait; un homme qui étoit (levant le bras depuis le coude) plus grand que moi de tout cela. Pour revenir donc à notre raisonnement, je tiens que cet empêchement de l'action de sa langue est causé par de certaines humeurs, qu'entre nous autres savants nous appelons humeurs peccantes; peccantes, c'est-à-dire... humeurs peccantes; d'autant que les vapeurs formées par les exhalaisons des influences qui s'élèvent dans la région des maladies, venant... pour ainsi dire... à... Entendez-vous le latin?

GÉRONTE.

En aucune façon.

SGANARELLE, se levant brusquement.

Vous n'entendez point le latin?

GÉRONTE.

Non.

SGANARELLE, avec enthousiasme.

Cabricias arci thuram, catalamus, singulariter, nominativo, hæc musa, la muse, *bonus, bona, bonum. Deus sanctus, estne oratio latinas? etiam,* oui. *Quare?* Pourquoi? *Quia substantivo, et adjectivum, concordat in generi, numerum, et casus.*

GÉRONTE.

Ah! que n'ai-je étudié!

JACQUELINE.

L'habile homme que v'là!

LUCAS.

Oui, ça est si biau que je n'y entends goutte.

SGANARELLE.

Or, ces vapeurs dont je vous parle venant à passer, du côté gauche où est le foie, au côté droit où est le cœur, il se trouve que le poumon, que nous appelons en latin *armyan*, ayant communication avec le cerveau, que nous nommons en grec *nasmus*, par le moyen de la veine cave, que nous appelons en hébreu *cubile*, rencontre en son chemin lesdites vapeurs qui remplissent les ventricules de l'omoplate; et parce que lesdites vapeurs... comprenez bien ce raisonnement, je vous prie... et parce que lesdites vapeurs ont une certaine malignité... écoutez bien ceci, je vous conjure...

GÉRONTE.

Oui.

SGANARELLE.

ont une certaine malignité qui est causée... soyez attentif s'il vous plaît...

GÉRONTE.

Je le suis.

SGANARELLE.

qui est causée par l'âcreté des humeurs engendrées dans la concavité du diaphragme, il arrive que ces vapeurs... *Ossabandus, nequeis, nequer, potarinum, quipsa milus.* Voilà justement ce qui fait que votre fille est muette.

JACQUELINE.

Ah! que ça est bian dit, notre homme!

LUCAS.

Que n'ai-je la langue aussi bian pendue!

GÉRONTE.

On ne peut pas mieux raisonner, sans doute. Il n'y a qu'une seule chose qui m'a choqué : c'est l'endroit du foie et du cœur. Il me semble que vous les placez autrement qu'ils ne sont; que le cœur est du côté gauche, et le foie du côté droit.

SGANARELLE.

Oui; cela étoit autrefois ainsi : mais nous avons changé tout cela, et nous faisons maintenant la médecine d'une méthode toute nouvelle.

GÉRONTE.

C'est ce que je ne savois pas, et je vous demande pardon de mon ignorance.

SGANARELLE.

Il n'y a pas de mal; et vous n'êtes pas obligé d'être aussi habile que nous.

GÉRONTE.

Assurément. Mais, monsieur, que croyez-vous qu'il faille faire à cette maladie?

SGANARELLE.

Ce que je crois qu'il faille faire?

GÉRONTE.

Oui.

SGANARELLE.

Mon avis est qu'on la remette sur son lit, et qu'on lui fasse prendre pour remède quantité de pain trempé dans du vin.

GÉRONTE.

Pourquoi cela, monsieur?

SGANARELLE.

Parce qu'il y a dans le vin et le pain, mêlés ensemble, une vertu sympathique qui fait parler. Ne voyez-vous pas bien qu'on ne donne autre chose aux perroquets, et qu'ils apprennent à parler en mangeant de cela?

GÉRONTE.

Cela est vrai. Ah! le grand homme! Vite, quantité de pain et de vin.

SGANARELLE.

Je reviendrai voir sur le soir en quel état elle sera.

SCÈNE VII.

GÉRONTE, SGANARELLE, JACQUELINE.

SGANARELLE.

(à Jacqueline.)   (à Géronte.)

Doucement, vous. Monsieur, voilà une nourrice à laquelle il faut que je fasse quelques petits remèdes.

JACQUELINE.

Qui? moi? Je me porte le mieux du monde.

SGANARELLE.

Tant pis, nourrice; tant pis. Cette grande santé est à craindre, et il ne sera pas mauvais de vous faire quelque petite saignée amiable, de vous donner quelque petit clystère dulcifiant.

GÉRONTE.

Mais, monsieur, voilà une mode que je ne comprends point. Pourquoi s'aller faire saigner quand on n'a point de maladie?

SGANARELLE.

Il n'importe, la mode en est salutaire; et, comme on boit pour la soif à venir, il faut aussi se faire saigner pour la maladie à venir.

JACQUELINE, en s'en allant.

Ma fi, je me moque de ça, et je ne veux point faire de mon corps une boutique d'apothicaire.

SGANARELLE.

Vous êtes rétive aux remèdes; mais nous saurons vous soumettre à la raison.

SCÈNE VIII.

GÉRONTE, SGANARELLE.

SGANARELLE.

Je vous donne le bonjour.

GÉRONTE.

Attendez un peu, s'il vous plaît.

SGANARELLE.

Que voulez-vous faire?

GÉRONTE.

Vous donner de l'argent, monsieur,

SGANARELLE, tendant sa main par derrière, tandis que Géronte ouvre sa bourse.

Je n'en prendrai pas, monsieur.

GÉRONTE.

Monsieur...

SGANARELLE.

Point du tout.

GÉRONTE.

Un petit moment.

SGANARELLE.

En aucune façon.

GÉRONTE.

De grâce!

SGANARELLE.

Vous vous moquez.

ACTE II, SCÈNE VIII.

GÉRONTE.

Voilà qui est fait.

SGANARELLE.

Je n'en ferai rien.

GÉRONTE.

Hé!

SGANARELLE.

Ce n'est pas l'argent qui me fait agir.

GÉRONTE.

Je le crois.

SGANARELLE, après avoir pris l'argent.

Cela est-il de poids?

GÉRONTE.

Oui, monsieur.

SGANARELLE.

Je ne suis pas un médecin mercenaire.

GÉRONTE.

Je le sais bien.

SGANARELLE.

L'intérêt ne me gouverne point.

GÉRONTE.

Je n'ai pas cette pensée.

SGANARELLE, seul, regardant l'argent qu'il a reçu.

Ma foi, cela ne va pas mal; et pourvu que...

SCÈNE IX.

LÉANDRE, SGANARELLE.

LÉANDRE.

Monsieur, il y a long-temps que je vous attends; et je viens implorer votre assistance.

SGANARELLE, lui tâtant le pouls.

Voilà un pouls qui est fort mauvais.

LÉANDRE.

Je ne suis point malade, monsieur, et ce n'est pas pour cela que je viens à vous.

SGANARELLE.

Si vous n'êtes pas malade, que diable ne le dites-vous donc?

LÉANDRE.

Non. Pour vous dire la chose en deux mots, je m'appelle Léandre, qui suis amoureux de Lucinde que vous venez de visiter; et comme, par la mauvaise humeur de son père, toute sorte d'accès m'est fermée auprès d'elle, je me hasarde à vous prier de vouloir servir mon amour, et de me donner lieu d'exécuter un stratagème que j'ai trouvé pour lui pouvoir dire deux mots d'où dépendent absolument mon bonheur et ma vie.

SGANARELLE.

Pour qui me prenez-vous? Comment! oser vous adresser à moi pour vous servir dans votre amour, et vouloir ravaler la dignité de médecin à des emplois de cette nature!

ACTE II, SCÈNE IX.

LÉANDRE.

Monsieur, ne faites point de bruit.

SGANARELLE, en le faisant reculer.

J'en veux faire, moi. Vous êtes un impertinent.

LÉANDRE.

Hé! monsieur, doucement.

SGANARELLE.

Un malavisé.

LÉANDRE.

De grâce!

SGANARELLE

Je vous apprendrai que je ne suis point homme à cela, et que c'est une insolence extrême...

LÉANDRE, tirant une bourse.

Monsieur...

SGANARELLE.

De vouloir m'employer... (recevant la bourse.) Je ne parle pas pour vous, car vous êtes honnête homme; et je serois ravi de vous rendre service : mais il y a de certains impertinents au monde qui viennent prendre les gens pour ce qu'ils ne sont pas; et je vous avoue que cela me met en colère.

LÉANDRE.

Je vous demande pardon, monsieur, de la liberté que...

SGANARELLE.

Vous vous moquez. De quoi est-il question?

LÉANDRE.

Vous saurez donc, monsieur, que cette maladie que vous voulez guérir est une feinte maladie. Les médecins ont raisonné là-dessus comme il faut; et ils n'ont pas manqué de dire que cela procédoit, qui du cerveau, qui des entrailles, qui de la rate, qui du foie; mais il est certain que l'amour en est la véritable cause, et que Lucinde n'a trouvé cette maladie que pour se délivrer d'un mariage dont elle étoit importunée. Mais, de crainte qu'on ne nous voie ensemble, retirons-nous d'ici; et je vous dirai en marchant ce que je souhaite de vous.

SGANARELLE.

Allons, monsieur : vous m'avez donné pour votre amour une tendresse qui n'est pas concevable, et j'y perdrai toute ma médecine, ou la malade crèvera, ou bien elle sera à vous.

FIN DU SECOND ACTE.

ACTE TROISIÈME.

SCÈNE I.

LÉANDRE, SGANARELLE.

LÉANDRE.

Il me semble que je ne suis pas mal ainsi pour un apothicaire ; et, comme le père ne m'a guère vu, ce changement d'habit et de perruque est assez capable, je crois, de me déguiser à ses yeux.

SGANARELLE.

Sans doute.

LÉANDRE.

Tout ce que je souhaiterois seroit de savoir cinq ou six grands mots de médecine pour parer mon discours et me donner l'air d'habile homme.

SGANARELLE.

Allez, allez, tout cela n'est pas nécessaire ; il suffit de l'habit : et je n'en sais pas plus que vous.

LÉANDRE.

Comment !

SGANARELLE.

Diable emporte si j'entends rien en médecine ! Vous

êtes honnête homme, et je veux bien me confier à vous comme vous vous confiez à moi.

LÉANDRE.

Quoi ! vous n'êtes pas effectivement...

SGANARELLE.

Non, vous dis-je ; ils m'ont fait médecin malgré mes dents. Je ne m'étois jamais mêlé d'être si savant que cela ; et toutes mes études n'ont été que jusqu'en sixième. Je ne sais pas sur quoi cette imagination leur est venue ; mais quand j'ai vu qu'à toute force ils vouloient que je fusse médecin, je me suis résolu de l'être aux dépens de qui il appartiendra. Cependant vous ne sauriez croire comment l'erreur s'est répandue, et de quelle façon chacun est endiablé à me croire habile homme. On me vient chercher de tous côtés ; et, si les choses vont toujours de même, je suis d'avis de m'en tenir toute ma vie à la médecine. Je trouve que c'est le métier le meilleur de tous ; car, soit qu'on fasse bien, ou soit qu'on fasse mal, on est toujours payé de même sorte. La méchante besogne ne retombe jamais sur notre dos ; et nous taillons comme il nous plait sur l'étoffe où nous travaillons. Un cordonnier en faisant des souliers ne sauroit gâter un morceau de cuir qu'il n'en paye les pots cassés ; mais ici l'on peut gâter un homme sans qu'il en coûte rien. Les bévues ne sont point pour nous, et c'est toujours la faute de celui qui meurt. Enfin le bon de cette profession est qu'il y a parmi les morts une honnêteté, une discrétion la plus grande du monde ; et jamais on n'en voit se plaindre du médecin qui l'a tué.

LÉANDRE.

Il est vrai que les morts sont fort honnêtes gens sur cette matière.

SGANARELLE, voyant des hommes qui viennent à lui.

Voilà des gens qui ont la mine de me venir consulter. (à Léandre.) Allez toujours m'attendre auprès du logis de votre maîtresse.

SCÈNE II.

THIBAUT, PERRIN, SGANARELLE.

THIBAUT.

Monsieu, je venons vous chercher, mon fils Perrin et moi.

SGANARELLE.

Qu'y a-t-il?

THIBAUT.

Sa pauvre mère, qui a nom Parrette, est dans un lit malade il y a six mois.

SGANARELLE, tendant la main comme pour recevoir de l'argent.

Que voulez-vous que j'y fasse?

THIBAUT.

Je voudrions, monsieu, que vous nous baillissiez queuque petite drôlerie pour la garir.

SGANARELLE.

Il faut voir. De quoi est-ce qu'elle est malade?

THIBAUT.

Alle est malade d'hypocrisie, monsieu.

SGANARELLE.

D'hypocrisie?

THIBAUT.

Oui, c'est-à-dire qu'alle est enflée partout; et l'an dit que c'est quantité de sériosités qu'alle a dans le corps, et que son foie, son ventre, ou sa rate, comme vous voudrais l'appeler, au glieu de faire du sang, ne fait plus que de l'iau. Alle a, de deux jours l'un, la fièvre quotiguenne, avec des lassitudes et des douleurs dans les mufles des jambes. On entend dans sa gorge des fleumes qui sont tout prêts à l'étouffer; et parfois il li prend des syncoles et des conversions, que je crayons qu'alle est passée. J'avons dans notre village un apothicaire, révérence parler, qui li a donné je ne sais combien d'histoires; et il m'en coûte plus d'eune douzaine de bons écus en lavements, ne v's en déplaise, en apostumes qu'on li a fait prendre, en infections de Jacinthe, et en portions cordales. Mais tout ça, comme dit l'autre, n'a été que de l'onguent miton mitaine. Il veloit li bailler d'une certaine drogue que l'on appelle du vin amétile; mais j'ai-z-eu peur franchement que ça l'envoyit *a patres;* et l'an dit que ces gros médecins tuont je ne sais combien de monde avec cette invention-là.

SGANARELLE, tendant toujours la main.

Venons au fait, mon ami, venons au fait.

THIBAUT.

Le fait est, monsieu, que je venons vous prier de nous dire ce qu'il faut que je fassions.

SGANARELLE.

Je ne vous entends point du tout.

PERRIN.

Monsieu, ma mère est malade; et v'là deux écus que je vous apportons pour nous bailler queuque remède.

SGANARELLE.

Ah! je vous entends, vous. Voilà un garçon qui parle clairement, et qui s'explique comme il faut. Vous dites que votre mère est malade d'hydropisie, qu'elle est enflée par tout le corps, qu'elle a la fièvre, avec des douleurs dans les jambes, et qu'il lui prend parfois des syncopes et des convulsions, c'est-à-dire des évanouissements?

PERRIN.

Hé! oui, monsieu, c'est justement ça.

SGANARELLE.

J'ai compris d'abord vos paroles. Vous avez un père qui ne sait ce qu'il dit. Maintenant vous me demandez un remède.

PERRIN.

Oui, monsieu.

SGANARELLE.

Un remède pour la guérir?

PERRIN.

C'est comme je l'entendons.

SGANARELLE.

Tenez, voilà un morceau de fromage qu'il faut que vous lui fassiez prendre.

PERRIN.

Du fromage, monsieu?

SGANARELLE.

Oui; c'est un fromage préparé, où il entre de l'or, du corail et des perles, et quantité d'autres choses précieuses.

PERRIN.

Monsieu, je vous sommes bien obligés; et j'allons li faire prendre ça tout à l'heure.

SGANARELLE.

Allez. Si elle meurt, ne manquez pas de la faire enterrer du mieux que vous pourrez.

SCÈNE III.

JACQUELINE, SGANARELLE, LUCAS,

DANS LE FOND DU THÉÂTRE.

SGANARELLE.

Voici la belle nourrice. Ah! nourrice de mon cœur, je suis ravi de cette rencontre; et votre vue est la rhubarbe, la casse, et le séné qui purgent toute la mélancolie de mon âme.

JACQUELINE.

Par ma figué, monsieu le médecin, ça est trop bian dit pour moi, et je n'entends rian à tout votre latin.

SGANARELLE.

Devenez malade, nourrice, je vous prie; devenez malade pour l'amour de moi. J'aurois toutes les joies du monde de vous guérir.

ACTE III, SCÈNE III.

JACQUELINE.

Je sis votre sarvante; j'aime bian mieux qu'an ne me garisse pas.

SGANARELLE.

Que je vous plains, belle nourrice, d'avoir un mari jaloux et fâcheux comme celui que vous avez!

JACQUELINE.

Que v'lez-vous, monsieu? C'est pour la pénitence de mes fautes; et là où la chèvre est liée, il faut bian qu'alle y broute.

SGANARELLE.

Comment! un rustre comme cela! un homme qui vous observe toujours, et ne veut pas que personne vous parle!

JACQUELINE.

Hélas! vous n'avez rian vu encore; et ce n'est qu'un petit échantillon de sa mauvaise himeur.

SGANARELLE.

Est-il possible! et qu'un homme ait l'âme assez basse pour maltraiter une personne comme vous! Ah! que j'en sais, belle nourrice, et qui ne sont pas loin d'ici, qui se tiendroient heureux de baiser seulement les petits bouts de vos petons! Pourquoi faut-il qu'une personne si bien faite soit tombée en de telles mains! et qu'un franc animal, un brutal, un stupide, un sot... pardonnez-moi, nourrice, si je parle ainsi de votre mari...

JACQUELINE.

Hé! monsieu, je sais bian qu'il mérite tous ces noms-là.

SGANARELLE.

Oui, sans doute, nourrice, il les mérite; et il mériteroit encore que vous lui missiez quelque chose sur la tête pour le punir des soupçons qu'il a.

JACQUELINE.

Il est bian vrai que, si je n'avois devant les yeux que son intérêt, il pourroit m'obliger à queuque étrange chose.

SGANARELLE.

Ma foi, vous ne feriez pas mal de vous venger de lui avec quelqu'un. C'est un homme, je vous le dis, qui mérite bien cela; et, si j'étois assez heureux, belle nourrice, pour être choisi pour...

(Dans le temps que Sganarelle tend les bras pour embrasser Jacqueline, Lucas passe sa tête par-dessous, et se met entre eux deux. Sganarelle et Jacqueline regardent Lucas, et sortent chacun de leur côté.)

SCÈNE IV.

GÉRONTE, LUCAS.

GÉRONTE.

Hola! Lucas, n'as-tu point vu ici notre médecin?

LUCAS.

Et oui, de par tous les diantres, je l'ai vu; et ma femme aussi.

GÉRONTE.

Où est-ce donc qu'il peut être?

ACTE III, SCÈNE IV.

LUCAS.

Je ne sais ; mais je voudrois qu'il fût à tous les guebles.

GÉRONTE.

Va-t'en voir un peu ce que fait ma fille.

SCÈNE V.
SGANARELLE, LÉANDRE, GÉRONTE.

GÉRONTE.

Ah ! monsieur, je demandois où vous étiez.

SGANARELLE.

Je m'étois amusé dans votre cour à expulser le superflu de la boisson. Comment se porte la malade ?

GÉRONTE.

Un peu plus mal depuis votre remède.

SGANARELLE.

Tant mieux ; c'est signe qu'il opère.

GÉRONTE.

Oui ; mais en opérant je crains qu'il ne l'étouffe.

SGANARELLE.

Ne vous mettez pas en peine ; j'ai des remèdes qui se moquent de tout, et je l'attends à l'agonie.

GÉRONTE, montrant Léandre.

Qui est cet homme-là que vous amenez ?

SGANARELLE, faisant des signes avec la main pour montrer que c'est un apothicaire.

C'est...

GÉRONTE.

Quoi ?

SGANARELLE.

Celui...

GÉRONTE.

Hé !

SGANARELLE.

Qui...

GÉRONTE.

Je vous entends.

SGANARELLE.

Votre fille en aura besoin.

SCÈNE VI.

LUCINDE, GÉRONTE, LÉANDRE, JACQUELINE, SGANARELLE.

JACQUELINE.

Monsieu, v'là votre fille qui veut un peu marcher.

SGANARELLE.

Cela lui fera du bien. Allez-vous-en, monsieur l'apothicaire, tâter un peu son pouls, afin que je raisonne tantôt avec vous de sa maladie.

(Sganarelle tire Géronte dans un coin du théâtre, et lui passe un bras sur les épaules pour l'empêcher de tourner la tête du côté où sont Léandre et Lucinde.)

Monsieur, c'est une grande et subtile question entre les docteurs, de savoir si les femmes sont plus faciles à guérir que les hommes. Je vous prie d'écouter ceci, s'il vous plaît. Les uns disent que non, les autres disent que oui : et moi je dis qu'oui et non ; d'autant que l'incongruité des humeurs opaques qui se rencontrent au tempérament naturel des femmes, étant cause que la partie brutale veut

ACTE III, SCÈNE VI.

toujours prendre empire sur la sensitive, on voit que l'inégalité de leurs opinions dépend du mouvement oblique du cercle de la lune; et comme le soleil, qui darde ses rayons sur la concavité de la terre, trouve...

LUCINDE, à Léandre.

Non, je ne suis point du tout capable de changer de sentiment.

GÉRONTE.

Voilà ma fille qui parle! O grande vertu du remède! O admirable médecin! Que je vous suis obligé, monsieur, de cette guérison merveilleuse! et que puis-je faire pour vous après un tel service?

SCANARELLE, se promenant sur le théâtre, et s'éventant avec son chapeau.

Voilà une maladie qui m'a bien donné de la peine!

LUCINDE.

Oui, mon père, j'ai recouvré la parole; mais je l'ai recouvrée pour vous dire que je n'aurai jamais d'autre époux que Léandre, et que c'est inutilement que vous voulez me donner Horace.

GÉRONTE.

Mais...

LUCINDE.

Rien n'est capable d'ébranler la résolution que j'ai prise.

GÉRONTE.

Quoi!...

LUCINDE.

Vous m'opposerez en vain de belles raisons.

GÉRONTE.

Si...

LUCINDE.

Tous vos discours ne serviront de rien.

GÉRONTE.

Je...

LUCINDE.

C'est une chose où je suis déterminée.

GÉRONTE.

Mais...

LUCINDE.

Il n'est puissance paternelle qui me puisse obliger à me marier malgré moi.

GÉRONTE.

J'ai...

LUCINDE.

Vous avez beau faire tous vos efforts.

GÉRONTE.

Il...

LUCINDE.

Mon cœur ne sauroit se soumettre à cette tyrannie.

GÉRONTE.

La...

LUCINDE.

Et je me jetterai plutôt dans un couvent que d'épouser un homme que je n'aime point.

GÉRONTE.

Mais...

ACTE III, SCÈNE VI.

LUCINDE, avec vivacité.

Non. En aucune façon. Point d'affaires. Vous perdez le temps. Je n'en ferai rien. Cela est résolu.

GÉRONTE.

Ah! quelle impétuosité de paroles! Il n'y a pas moyen d'y résister. (à Sganarelle.) Monsieur, je vous prie de la faire redevenir muette.

SGANARELLE.

C'est une chose qui m'est impossible. Tout ce que je puis faire pour votre service, est de vous rendre sourd, si vous voulez.

GÉRONTE.

Je vous remercie. (à Lucinde.) Penses-tu donc...

LUCINDE.

Non, toutes vos raisons ne gagneront rien sur mon âme.

GÉRONTE.

Tu épouseras Horace dès ce soir.

LUCINDE.

J'épouserai plutôt la mort.

SGANARELLE, à Géronte.

Mon Dieu! arrêtez-vous, laissez-moi médicamenter cette affaire; c'est une maladie qui la tient, et je sais le remède qu'il y faut apporter.

GÉRONTE.

Seroit-il possible, monsieur, que vous pussiez aussi guérir cette maladie d'esprit?

SGANARELLE.

Oui; laissez-moi faire, j'ai des remèdes pour tout; et notre apothicaire nous servira pour cette cure. (à Léandre.) Un mot. Vous voyez que l'ardeur qu'elle a pour ce Léandre est tout-à-fait contraire aux volontés du père; qu'il n'y a point de temps à perdre; que les humeurs sont fort aigries, et qu'il est nécessaire de trouver promptement un remède à ce mal, qui pourroit empirer par le retardement. Pour moi, je n'y en vois qu'un seul, qui est une prise de fuite purgative, que vous mêlerez comme il faut avec deux dragmes de matrimonium en pilules. Peut-être fera-t-elle quelque difficulté à prendre ce remède; mais, comme vous êtes habile homme dans votre métier, c'est à vous de l'y résoudre, et de lui faire avaler la chose du mieux que vous pourrez. Allez-vous-en lui faire faire un petit tour de jardin, afin de préparer les humeurs, tandis que j'entretiendrai ici son père; mais surtout ne perdez point de temps. Au remède, vite! au remède spécifique!

SCÈNE VII.
GÉRONTE, SGANARELLE.

GÉRONTE.

Quelles drogues, monsieur, sont celles que vous venez de dire? Il me semble que je ne les ai jamais ouï nommer.

SGANARELLE.

Ce sont drogues dont on se sert dans les nécessités urgentes.

ACTE III, SCÈNE VII.

GÉRONTE.

Avez-vous jamais vu une insolence pareille à la sienne ?

SGANARELLE.

Les filles sont quelquefois un peu têtues.

GÉRONTE.

Vous ne sauriez croire comme elle est affolée de ce Léandre.

SGANARELLE.

La chaleur du sang fait cela dans les jeunes esprits.

GÉRONTE.

Pour moi, dès que j'ai eu découvert la violence de cet amour, j'ai su tenir toujours ma fille renfermée.

SGANARELLE.

Vous avez fait sagement.

GÉRONTE.

Et j'ai bien empêché qu'ils n'aient eu communication ensemble.

SGANARELLE.

Fort bien.

GÉRONTE.

Il seroit arrivé quelque folie, si j'avois souffert qu'ils se fussent vus.

SGANARELLE.

Sans doute.

GÉRONTE.

Et je crois qu'elle auroit été fille à s'en aller avec lui.

SGANARELLE.

C'est prudemment raisonner.

GÉRONTE.

On m'avertit qu'il fait tous ses efforts pour lui parler.

SGANARELLE.

Quel drôle!

GÉRONTE.

Mais il perdra son temps.

SGANARELLE.

Ha! ha!

GÉRONTE.

Et j'empêcherai bien qu'il ne la voie.

SGANARELLE.

Il n'a pas affaire à un sot, et vous savez des rubriques qu'il ne sait pas. Plus fin que vous n'est pas bête.

SCÈNE VIII.
LUCAS, GÉRONTE, SGANARELLE.

LUCAS.

Ah! palsanguienne, monsieu, vaici bian du tintamarre; votre fille s'en est enfuie avec son Liandre. C'étoit lui qui étoit l'apothicaire; et v'là monsieu le médecin qui a fait cette belle opération-là.

GÉRONTE.

Comment! m'assassiner de la façon! Allons, un commissaire; et qu'on empêche qu'il ne sorte. Ah! traître, je vous ferai punir par la justice.

LUCAS.

Ah! par ma fi, monsieu le médecin, vous serez pendu: ne bougez de là seulement.

SCÈNE IX.

MARTINE, SGANARELLE, LUCAS.

MARTINE, à Lucas.

Ah! mon Dieu! que j'ai eu de peine à trouver ce logis! Dites-moi un peu des nouvelles du médecin que je vous ai donné.

LUCAS.

Le v'là qui va être pendu.

MARTINE.

Quoi! mon mari pendu! Hélas! et qu'a-t-il fait pour cela?

LUCAS.

Il a fait enlever la fille de notre maître.

MARTINE.

Hélas! mon cher mari, est-il bien vrai qu'on te va pendre?

SGANARELLE.

Tu vois. Ah!

MARTINE.

Faut-il que tu te laisses mourir en présence de tant de gens!

SGANARELLE.

Que veux-tu que j'y fasse?

MARTINE.

Encore, si tu avois achevé de couper notre bois, je prendrois quelque consolation.

SGANARELLE.

Retire-toi de là, tu me fends le cœur!

MARTINE.

Non, je veux demeurer pour t'encourager à la mort; et je ne te quitterai point que je ne t'aie vu pendu.

SGANARELLE.

Ah!

SCÈNE X.

GÉRONTE, SGANARELLE, MARTINE.

GÉRONTE, à Sganarelle.

LE commissaire viendra bientôt, et l'on s'en va vous mettre en lieu où l'on me répondra de vous.

SGANARELLE, à genoux.

Hélas! cela ne se peut-il point changer en quelques coups de bâton?

GÉRONTE.

Non, non; la justice en ordonnera. Mais que vois-je?

SCÈNE XI.

GÉRONTE, LÉANDRE, LUCINDE, SGANARELLE, LUCAS, MARTINE.

LÉANDRE.

Monsieur, je viens faire paroître Léandre à vos yeux, et remettre Lucinde en votre pouvoir. Nous avons eu dessein de prendre la fuite nous deux, et de nous aller marier ensemble; mais cette entreprise a fait place à un procédé plus honnête. Je ne prétends point vous voler votre fille, et ce n'est que de votre main que je veux la recevoir. Ce que je vous dirai, monsieur, c'est que je viens, tout à l'heure, de recevoir des lettres par où j'apprends que mon oncle est mort, et que je suis héritier de tous ses biens.

GÉRONTE.

Monsieur, votre vertu m'est tout-à-fait considérable; et je vous donne ma fille avec la plus grande joie du monde.

SGANARELLE, à part.

La médecine l'a échappé belle!

MARTINE.

Puisque tu ne seras point pendu, rends-moi grâce d'être médecin, car c'est moi qui t'ai procuré cet honneur.

SGANARELLE.

Oui, c'est toi qui m'as procuré je ne sais combien de coups de bâton.

LÉANDRE, à Sganarelle.

L'effet en est trop beau pour en garder du ressentiment.

SGANARELLE.

Soit. (à Martine.) Je te pardonne ces coups de bâton en faveur de la dignité où tu m'as élevé : mais prépare-toi désormais à vivre dans un grand respect avec un homme de ma conséquence; et songe que la colère d'un médecin est plus à craindre qu'on ne peut croire.

FIN DU MÉDECIN MALGRÉ LUI.

RÉFLEXIONS
SUR
LE MÉDECIN MALGRÉ LUI.

Molière, dans le Misanthrope, avoit porté la comédie au plus haut degré où elle puisse s'elever. Ce chef-d'œuvre n'étant pas suivi, il résolut de composer sur-le-champ une pièce dont l'originalité et la gaîté vive ramenât les spectateurs. Il ne s'agissoit pas de donner beaucoup de soin à cette comédie : il falloit qu'elle frappât le peuple par des tableaux de son goût, et surtout qu'elle fût faite promptement. Autrefois, pendant qu'il couroit les provinces, il avoit joué avec succès deux farces, le Médecin volant et le Fagotier, qui étinceloient de traits comiques. Il les fondit dans le sujet du Médecin malgré lui, dont le principal caractère lui avoit été donné par Boileau;[1] et s'aidant en outre d'un vieux fabliau, et de quelques idées de Cervantes et de Rabelais, il eut bientôt terminé sa comédie. C'étoit une grande extrémité d'être réduit à soutenir le Misanthrope par une pièce telle que le Médecin malgré lui : mais Molière connoissoit les hommes; il savoit qu'on les ramène souvent à la raison par des folies.

L'idée du Médecin malgré lui se trouve dans un fabliau intitulé, le Vilain mire [2] dont on ignore la date et l'auteur : le langage peut faire présumer qu'il est du quatorzième siècle. Un gentilhomme pauvre a donné sa fille à un villageois : la

---

[1] Voyez Discours préliminaire.
[2] Le Villageois médecin.

jeune épouse a des charmes et de l'esprit; mais elle est un peu coquette. Le mari imagine un moyen singulier de prévenir ses infidélités; c'est de la battre tous les jours au moment où elle va sortir, afin que la douleur l'empêche d'écouter des amants. La femme, irritée, veut se venger de son mari. Un jour qu'elle rêve à ce projet, elle rencontre deux *messagiers* du roi qui passent en Angleterre pour trouver un médecin en état de guérir la maladie de la fille de ce prince : cette maladie est un embarras dans la gorge, causé par une arête de poisson. La femme du villageois leur indique son mari comme un grand médecin, leur fait observer qu'il a de la répugnance pour son état, et leur dit les moyens dont il faut se servir pour le forcer à travailler :

(1) Médecin.	Quar mon mari es, je vos di,
(2) Assure.	Bon mire (1), je le vos afi (2).
(3) Fait.	Certes il fect (3) plus de mécine (4)
(4) Médecine.	Et de vrais jugements d'orine
(5) Jamais.	Que oncques (5) ne sot (6) Ypocras (7).
(6) Sut.	. . . .
(7) Hippocrate.	. . . . Il ne feroit rien
(8) Même.	S'ainçois (8) ne battoit-on bien.

Le villageois, contraint à faire le médecin, guérit la princesse en la faisant rire : sa réputation s'étend; et bientôt il ne peut plus suffire aux consultations qu'on lui demande.

On trouve la même histoire écrite en latin dans un recueil de la fin du quinzième siècle, que La Monnoye attribue à un Irlandois, nommé Thibault Anguilbert. Il est intitulé : MENSA PHILOSOPHICA.[1] « Une femme, dit l'auteur, maltraitée par son

---

[1] Quædam mulier percussa à viro suo, ivit ad castellanum infirmum, dicens virum suum esse medicum, sed non mederi cuiquam, nisi forté percuteretur; et sic eum fortissimè percuti procuravit. (TRACT. IV. cap. 18.)

« mari, alla chez un gentilhomme malade, et lui dit que son
« époux étoit médecin, mais qu'on ne pouvoit lui faire exer-
« cer son art qu'en le battant : ainsi elle trouva le moyen de
« bien faire rosser ce pauvre homme. »

Quelques plaisanteries du MÉDECIN MALGRÉ LUI sont puisées dans Rabelais, principalement les prétendues citations que fait souvent Sganarelle, soit d'Aristote, soit d'Hippocrate, soit de Cicéron. Molière doit aussi à cet auteur une des scènes les plus plaisantes de sa pièce. Rabelais suppose qu'une femme est devenue muette : son mari, dont elle est aimée, va chercher un médecin qui parvient à la guérir; mais à peine la parole lui est-elle rendue, qu'elle s'en sert avec une incroyable volubilité. L'époux, étonné de cette tempête imprévue, demande au médecin s'il ne seroit pas possible que sa femme redevînt muette. Le docteur lui répond que son art ne s'étend pas jusqu'à pouvoir enlever la parole à une femme, mais que, si cela lui fait plaisir, il le rendra sourd. On voit que c'est absolument la scène de Géronte et de Lucinde. Molière excelloit à joindre ainsi plusieurs idées dramatiques différentes, et à leur donner un ensemble tel qu'on pouvoit croire qu'elles avoient été conçues en même temps.

Il continua dans cette pièce à se livrer à des plaisanteries contre les médecins : elles sont aussi piquantes que celles de L'AMOUR MÉDECIN : presque tous les abus de cette profession y sont fidèlement retracés; mais la critique est générale, et toute application devient impossible. Une des meilleures réflexions sur la médecine est puisée dans une nouvelle de Cervantes, intitulée : LE LICENCIÉ VIDRIERA. L'auteur espagnol met en scène un fou qui dit quelquefois des choses très-sensées. Voici comment il parle des médecins :

[1] « Le juge peut violer la justice ou la retarder ; l'avocat
« peut, par intérêt, soutenir une mauvaise cause ; le mar-
« chand peut nous attraper notre argent ; enfin toutes les per-
« sonnes avec lesquelles la nécessité nous force de traiter
« peuvent nous faire quelque tort ; mais aucune ne peut nous
« ôter impunément la vie. Les médecins seuls ont ce droit ; ils
« peuvent nous tuer sans en craindre les suites, et sans em-
« ployer d'autres armes que quelques remèdes. Leurs bévues
« ne se découvrent jamais, parce qu'au moment même la terre
« les couvre et les fait oublier. »

Sganarelle, parlant avec franchise à Léandre, s'exprime à peu près de même :

« La méchante besogne ne retombe jamais sur notre dos,
« et nous taillons comme il nous plaît sur l'étoffe où nous tra-
« vaillons. Un cordonnier, en faisant des souliers, ne sauroit
« gâter un morceau de cuir qu'il n'en paye les pots cassés ;
« mais ici l'on peut gâter un homme sans qu'il en coûte rien.
« Les bévues ne sont pas pour nous, et c'est toujours la faute
« de celui qui meurt. Enfin le bon de cette profession est qu'il
« y a parmi les morts une honnêteté, une discrétion la plus
« grande du monde : jamais on n'en voit se plaindre du mé-
« decin qui l'a tué. »

---

[1] El juez nos puede torcer, o dilatar la justicia ; el letrado sustentar por su interes nuestra injusta demanda ; el mercader chuparnos la hacienda : finalmente todas las personas con quien de necesidad tratamos, nos pueden hacer algun daño : pero quitarnos la vida, sin quedar sugetos al temor del castigo, ninguno. Solo los medicos nos pueden matar, y nos matan sin temor y a pie quedo, sin desembaynar otra espada que la de un recipe : y no hay descubrirse sus delitos, porque al momento los meten debaxo de la tierra.

(EL LICENCIADO VIDRIERA.)

Ces idées semblent aujourd'hui rebattues, parce qu'elles ont été souvent employées au théâtre; mais elles avoient alors tout le piquant de la nouveauté.

Le couplet de Sganarelle parut une des meilleures chansons à boire qui eût été faite. On en félicitoit Molière chez M. de Montausier; et le poëte, sans attacher beaucoup d'importance à cette bagatelle, étoit flatté de ces éloges. Rose, secrétaire du cabinet du roi, homme de beaucoup d'esprit, soutient que cette chanson n'appartient pas à Molière, et qu'elle est tirée d'une ancienne épigramme latine imitée de L'ANTHOLOGIE. La dispute s'échauffe, et Rose improvise le couplet suivant, qui est une traduction littérale de celui de Sganarelle:

> Quàm dulces,
> Amphora amœna,
> Quàm dulces
> Sunt tuæ voces!
> Dùm fundis merum in calices,
> Utinam semper esses plena!
> Ah! ah! cara mea lagena,
> Vacua cur jaces?

LE MÉDECIN MALGRÉ LUI offre des beautés comiques qu'on peut appeler de premier ordre. Dans aucune pièce on ne trouve un dialogue plus vif, plus précis et plus naturel que celui de l'exposition. La scène de M. Robert présente, sous l'apparence du badinage, un sens très-profond. Quelle dissertation n'auroit pas faite un moraliste pour prouver qu'il ne faut pas se mêler des affaires d'autrui, surtout quand de leur nature elles exigent un certain mystère! Molière, dans un dialogue rapide, épuise tout ce qu'on peut dire sur ce sujet. Les rôles de Sganarelle et de Martine peignent les gens du peuple de cette époque : on peut voir, dans le Discours préliminaire, combien cette peinture est fidèle. Quoique Molière n'ait prétendu faire qu'une farce, on reconnoît, dans la conduite de cette pièce, la sagesse de son esprit : rien contre la vraisemblance dramatique. Il est tout naturel qu'un homme qui a servi six ans un médecin, et qui a appris le rudiment tout entier, débite du latin à des personnes qui ne l'entendent pas. Enfin LE MÉDECIN MALGRÉ LUI, si peu suivi de nos jours, peut être considéré comme une des farces les plus agréables de Molière : aucune n'offre plus d'esprit dans le dialogue ; elle gagne à être relue, épreuve que peu d'ouvrages sont en état de soutenir ; et plus on l'examine, plus on y trouve de ces traits profonds qui ne peuvent appartenir qu'à un grand maître.

LES FÊTES
DE VERSAILLES,
EN 1664.

LES FÊTES
DE VERSAILLES.

Le roi, voulant donner aux reines et à toute sa cour le plaisir de quelques fêtes peu communes dans un lieu orné de tous les agréments qui peuvent faire admirer une maison de campagne, choisit Versailles, à quatre lieues de Paris. C'est un château qu'on peut nommer un palais enchanté, tant les ajustements de l'art ont bien secondé les soins que la nature a pris pour le rendre parfait. Il charme de toutes manières ; tout y rit dehors et dedans ; l'or et le marbre y disputent de beauté et d'éclat ; et, quoiqu'il n'y ait pas cette grande étendue qui se remarque en quelques autres palais de sa majesté, toutes choses y sont si polies, si bien entendues et si bien achevées, que rien ne peut les égaler. Sa symétrie, la richesse de ses meubles, la beauté de ses promenades et le nombre infini de ses fleurs, comme de ses orangers, rendent les environs de ce lieu dignes de sa rareté singulière. La diversité des bêtes contenues dans les deux parcs et dans la ménagerie, où plusieurs cours en étoile sont accompagnées de viviers pour les animaux aquatiques, avec de grands bâtiments, joignent le plaisir avec la magnificence, et en font une maison accomplie.

PREMIÈRE JOURNÉE.

LES PLAISIRS DE L'ÎLE ENCHANTÉE.

Ce fut en ce beau lieu, où toute la cour se rendit le cinquième mai, que le roi traita plus de six cents personnes, jusqu'au quatorzième, outre une infinité de gens nécessaires à la danse et à la comédie, et d'artisans de toutes sortes, venus de Paris; si bien que cela paroissoit une petite armée.

Le ciel même sembla favoriser les desseins de sa majesté, puisqu'en une saison presque toujours pluvieuse on en fut quitte pour un peu de vent, qui sembla n'avoir augmenté qu'afin de faire voir que la prévoyance et la puissance du roi étoient à l'épreuve des plus grandes incommodités. De hautes toiles, des bâtiments de bois faits presque en un instant, et un nombre prodigieux de flambeaux de cire blanche, pour suppléer à plus de quatre mille bougies chaque journée, résistèrent à ce vent qui, partout ailleurs, eût rendu ces divertissements comme impossibles à achever.

M. de Vigarani, gentilhomme modénois, fort savant en toutes ces choses, inventa et proposa celles-ci; et le roi commanda au duc de Saint-Aignan, qui se trouva lors en fonction de premier gentilhomme de sa chambre, et qui avoit déjà donné plusieurs sujets de ballets fort agréables, de faire un dessin où elles fussent toutes comprises avec liaison et avec ordre, de sorte qu'elles ne pouvoient manquer de bien réussir.

Il prit pour sujet le palais d'Alcine, qui donna lieu au titre *des Plaisirs de l'Ile enchantée;* puisque, selon l'Arioste, le brave Roger et plusieurs autres bons chevaliers y furent retenus par les doubles charmes de la beauté, quoique empruntée, et du savoir de cette magicienne, et en furent délivrés, après beaucoup de temps consommé dans les délices, par la bague qui détruisoit les enchantements. C'étoit celle d'Angélique, que Mélisse, sous la forme du vieux Atlas, mit enfin au doigt de Roger.

On fit donc en peu de jours orner un rond, où quatre grandes allées aboutissoient entre de hautes palissades, de quatre portiques de trente-cinq pieds d'élévation, et de vingt-deux en carré d'ouverture, et de plusieurs festons enrichis d'or et de diverses peintures, avec les armes de sa majesté.

Toute la cour s'y étant placée, le septième, il entra dans la place, sur les six heures du soir, un héraut d'armes représenté par M. des Bardins, vêtu d'un habit à l'antique, couleur de feu, en broderie d'argent, et fort bien monté.

Il étoit suivi de trois pages. Celui du roi (M. d'Artagnan) marchoit à la tête des deux autres, fort richement habillé de couleur de feu, livrée de sa majesté, portant sa lance et son écu, dans lequel brilloit un soleil de pierreries, avec ces mots :

Nec cesso, nec erro.

faisant allusion à l'attachement de sa majesté aux affaires de son État, et à la manière avec laquelle il agit. Ce qui étoit encore représenté par ces quatre vers du président de Périgni, auteur de la même devise :

Ce n'est pas sans raison que la terre et les cieux
Ont tant d'étonnement pour un objet si rare,
Qui, dans son cours pénible autant que glorieux,
Jamais ne se repose, et jamais ne s'égare.

Les deux autres pages étoient aux ducs de Saint-Aignan et de Noailles; le premier, maréchal de camp, et l'autre, juge des courses.

Celui du duc de Saint-Aignan portoit l'écu de sa devise, et

étoit habillé de sa livrée de toile d'argent enrichie d'or, avec des plumes incarnates et noires, et les rubans de même. Sa devise étoit un timbre d'horloge, avec ces mots :

De mis golpes mi Ruido.

Le page du duc de Noailles étoit vêtu de couleur de feu, argent et noir, et le reste de la livrée semblable. La devise qu'il portoit dans son écu étoit un aigle, avec ces mots :

Fidelis et audax.

Quatre trompettes et deux timbaliers marchoient après ces pages, habillés de satin couleur de feu et argent, leurs plumes de la même livrée, et les caparaçons de leurs chevaux couverts d'une pareille broderie, avec des soleils d'or fort éclatants aux banderoles des trompettes et aux couvertures des timbales.

Le duc de Saint-Aignan, maréchal de camp, marchoit après eux, armé à la grecque, d'une cuirasse de toile d'argent, couverte de petites écailles d'or, aussi-bien que son bas de soie, et son casque étoit orné d'un dragon et d'un grand nombre de plumes blanches mêlées d'incarnat et de noir. Il montoit un cheval blanc bardé de même, et représentoit Guidon le sauvage.

Pour le duc DE SAINT-AIGNAN, *représentant Guidon le sauvage.*

LES combats que j'ai faits en l'Île dangereuse,
Quand de tant de guerriers je demeurai vainqueur,
Suivis d'une épreuve amoureuse,
Ont signalé ma force aussi-bien que mon cœur.
La vigueur qui fait mon estime,
Soit qu'elle embrasse un parti légitime,
Ou qu'elle vienne à s'échapper,
Fait dire pour ma gloire, aux deux bouts de la terre,
Qu'on n'en voit point, en toute guerre,
Ni plus souvent, ni mieux frapper.

POUR LE MÊME.

SEUL contre dix guerriers, seul contre dix pucelles,
C'est avoir sur les bras deux étranges querelles.

Qui sort à son honneur de ce double combat,
Doit être, ce me semble, un terrible soldat.

Huit trompettes et deux timbaliers, vêtus comme les premiers, marchoient après le maréchal de camp.

Le roi, représentant Roger, les suivoit, montant un des plus beaux chevaux du monde, dont le harnois, couleur de feu, éclatoit d'or, d'argent et de pierreries.

Sa majesté étoit armée à la façon des Grecs, comme tous ceux de sa quadrille, et portoit une cuirasse de lames d'argent, couverte d'une riche broderie d'or et de diamants. Son port et toute son action étoient dignes de son rang : son casque, tout couvert de plumes couleur de feu, avoit une grâce incomparable ; et jamais un air plus libre ni plus guerrier n'a mis un mortel au-dessus des autres hommes.

Pour LE ROI, *représentant* ROGER.

QUELLE taille, quel port a ce fier conquérant !
Sa personne éblouit quiconque l'examine ;
Et, quoique par son poste il soit déjà si grand,
Quelque chose de plus éclate dans sa mine.

SON front de ses destins est l'auguste garant,
Par-delà ses aïeux sa vertu l'achemine ;
Il fait qu'on les oublie ; et, de l'air qu'il s'y prend,
Bien loin derrière lui laisse son origine.

DE ce cœur généreux c'est l'ordinaire emploi
D'agir plus volontiers pour autrui que pour soi ;
Là principalement sa force est occupée :

IL efface l'éclat des héros anciens,
N'a que l'honneur en vue, et ne tire l'épée
Que pour des intérêts qui ne sont pas les siens.

Le duc de Noailles, juge du camp, sous le nom d'Oger le Danois, marchoit après le roi, portant la couleur de feu et le noir sous une riche broderie d'argent ; et ses plumes, aussi-bien que tout le reste de son équipage, étoient de cette même livrée.

Pour le duc DE NOAILLES, *juge du camp, représentant Oger le Danois.*

CE paladin s'applique à cette seule affaire,
De servir dignement le plus puissant des rois.
Comme pour bien juger il faut savoir bien faire,
Je doute que personne appelle de sa voix.

Le duc de Guise et le comte d'Armagnac marchoient ensemble après lui. Le premier, portant le nom d'Aquilant le noir, avoit un habit de cette couleur en broderie d'or et de jais; ses plumes, son cheval et sa lance assortissoient à sa livrée : et l'autre, représentant Griffon le blanc, portoit sur un habit de toile d'argent plusieurs rubis, et montoit un cheval blanc bardé de la même couleur.

Pour le duc DE GUISE, *représentant Aquilant le noir.*

LA nuit a ses beautés de même que le jour.
Le noir est ma couleur, je l'ai toujours aimée;
Et si l'obscurité convient à mon amour,
Elle ne s'étend pas jusqu'à ma renommée.

Pour le comte D'ARMAGNAC, *représentant Griffon le blanc.*

VOYEZ quelle candeur en moi le ciel a mis!
Aussi nulle beauté ne s'en verra trompée;
Et, quand il sera temps d'aller aux ennemis,
C'est où je me ferai tout blanc de mon épée.

Les ducs de Foix et de Coaslin, qui paroissoient ensuite, étoient vêtus, l'un d'incarnat avec or et argent, et l'autre de vert, blanc et argent. Toute leur livrée et leurs chevaux étoient dignes du reste de leur équipage.

Pour le duc DE FOIX, *représentant Renaud.*

IL porte un nom célèbre, il est jeune, il est sage :
A vous dire le vrai, c'est pour aller bien haut;
Et c'est un grand bonheur que d'avoir, à son âge,
La chaleur nécessaire et le flegme qu'il faut.

PREMIÈRE JOURNÉE.

Pour le duc DE COASLIN, *représentant Dudon.*

TROP avant dans la gloire on ne peut s'engager.
J'aurai vaincu sept rois, et, par mon grand courage,
Les verrai tous soumis au pouvoir de Roger,
Que je ne serai pas content de mon ouvrage.

Après eux marchoient le comte du Lude et le prince de Marsillac; le premier vêtu d'incarnat et blanc, et l'autre de jaune, blanc et noir, enrichis de broderie d'argent; leur livrée de même, et fort bien montés.

Pour le comte DU LUDE, *représentant Astolphe.*

DE tous les paladins qui sont dans l'univers,
Aucun n'a pour l'amour l'âme plus échauffée;
Entreprenant toujours mille projets divers,
Et toujours enchanté par quelque jeune fée.

Pour le prince DE MARSILLAC, *représentant Brandimart.*

MES vœux seront contents, mes souhaits accomplis,
Et ma bonne fortune à son comble arrivée,
Quand vous saurez mon zèle, aimable fleur de lis,
Au milieu de mon cœur profondément gravée.

Les marquis de Villequier et de Soyecourt marchoient ensuite. L'un portoit le bleu et argent, et l'autre le bleu, blanc et noir, avec or et argent; leurs plumes et les harnois de leurs chevaux étoient de la même couleur, et d'une pareille richesse.

Pour le marquis DE VILLEQUIER, *représentant Richardet.*

PERSONNE comme moi n'est sorti galamment
D'une intrigue où sans doute il falloit quelque adresse;
Personne, à mon avis, plus agréablement
N'est demeuré fidèle en trompant sa maitresse.

Pour le marquis DE SOYECOURT, *représentant Olivier.*

VOICI l'honneur du siècle, auprès de qui nous sommes,
Et même les géants, de médiocres hommes;
Et ce franc chevalier, à tout venant tout prêt,
Toujours pour quelque joute a la lance en arrêt.

Les marquis d'Humières et de La Vallière les suivoient. Le premier, portant la couleur de chair et argent, l'autre le gris de lin, blanc et argent, toute leur livrée étant la plus riche et la mieux assortie du monde.

Pour le marquis D'HUMIÈRES, *représentant Ariodant.*

JE tremble dans l'accès de l'amoureuse fièvre :
Ailleurs, sans vanité, je ne tremblai jamais ;
Et ce charmant objet, l'adorable Genèvre,
Est l'unique vainqueur à qui je me soumets.

Pour le marquis DE LA VALLIÈRE, *représentant Zerbin.*

QUELQUE beaux sentiments que la gloire nous donne,
Quand on est amoureux au souverain degré,
Mourir entre les bras d'une belle personne,
Est de toutes les morts la plus douce à mon gré.

M. le duc marchoit seul, portant pour sa livrée la couleur de feu, blanc et argent. Un grand nombre de diamants étoient attachés sur la magnifique broderie dont sa cuirasse et son bas de soie étoient couverts, son casque et le harnois de son cheval en étant aussi enrichis.

Pour monsieur LE DUC, *représentant Roland.*

ROLAND fera bien loin son grand nom retentir,
La gloire deviendra sa fidèle compagne.
Il est sorti d'un sang qui brûle de sortir
Quand il est question de se mettre en campagne ;
Et pour ne vous en point mentir,
C'est le pur sang de Charlemagne.

Un char de dix-huit pieds de haut, de vingt-quatre de long, et de quinze de large, paroissoit ensuite, éclatant d'or et de diverses couleurs. Il représentoit celui d'Apollon, en l'honneur duquel se célébroient autrefois les jeux Pythiens, que ces chevaliers s'étoient proposé d'imiter en leurs courses et en leur équipage. Cette divinité brillante de lumière étoit assise au plus haut du char, ayant à ses pieds les quatre Ages ou Siècles, distingués par de riches habits et par ce qu'ils portoient à la main.

Le Siècle d'or, orné de ce précieux métal, étoit encore paré de diverses fleurs, qui faisoient un des principaux ornements de cet heureux âge. Ceux d'argent et d'airain avoient aussi leurs marques particulières. Et celui de fer étoit représenté par un guerrier d'un regard terrible, portant d'une main l'épée, et de l'autre le bouclier.

Plusieurs autres grandes figures de relief paroient les côtés du char magnifique. Les monstres célestes, le serpent Python, Daphné, Hyacinthe, et les autres figures qui conviennent à Apollon, avec un Atlas portant le globe du monde, y étoient aussi relevés d'une agréable sculpture. Le Temps, représenté par le sieur Millet, avec sa faux, ses ailes, et cette vieillesse décrépite dont on le peint toujours accablé, en étoit le conducteur. Quatre chevaux d'une taille et d'une beauté peu communes, couverts de grandes housses semées de soleils d'or et attelés de front, tiroient cette machine.

Les douze heures du jour et les douze signes du Zodiaque, habillés fort superbement comme les poëtes les dépeignent, marchoient en deux files aux deux côtés de ce char.

Tous les pages des chevaliers les suivoient deux à deux après celui de M. le duc, fort proprement vêtus de leurs livrées, avec quantité de plumes, portant les lances de leurs maîtres et les écus de leurs devises.

Le duc de Guise, représentant Aquilant le noir, ayant pour devise un lion qui dort, avec ces mots :

Et quiescente pavescunt.

Le comte d'Armagnac, représentant Griffon le Blanc, ayant pour devise une hermine, avec ces mots :

Ex candore decus.

Le duc de Foix, représentant Renaud, ayant pour devise un vaisseau dans la mer, avec ces mots :

Longè levis aura feret.

Le duc de Coaslin, représentant Dudon, ayant pour devise un soleil, et l'héliotrope ou tournesol, avec ces mots :

Splendor ab obsequio.

Le comte du Lude, représentant Astolphe, ayant pour devise un chiffre en forme de nœud, avec ces mots :

Non sia mai sciolto.

Le prince de Marsillac, représentant Brandimart, ayant pour devise une montre en relief dont on voit tous les ressorts, avec ces mots :

Quieto fuor, commoto dentro

Le marquis de Villequier, représentant Richardet, ayant pour devise un aigle qui plane devant le soleil, avec ces mots :

Uni militat astro.

Le marquis de Soyecourt, représentant Olivier, ayant pour devise la massue d'Hercule, avec ces mots :

Vix æquat fama labores.

Le marquis d'Humières, représentant Ariodant, ayant pour devise toutes sortes de couronnes, avec ces mots :

No quiero menos.

Le marquis de La Vallière, représentant Zerbin, ayant pour devise un phénix sur un bûcher allumé par le soleil, avec ces mots :

Hoc juvat uri.

Monsieur le duc, représentant Roland, ayant pour devise un dard entortillé de lauriers, avec ces mots :

Certè ferit.

Vingt pasteurs, chargés de diverses pièces de la barrière qui devoit être dressée pour la course de bague, formoient la dernière troupe qui entra dans la lice. Ils portoient des vestes couleur de feu enrichies d'argent, et des coiffures de même.

Aussitôt que ces troupes furent entrées dans le camp, elles en firent le tour, et, après avoir salué les reines, elles se séparèrent, prirent chacune leur poste. Les pages à la tête, les trompettes et les timbaliers se croisant, s'allèrent poster sur les ailes. Le roi, s'avançant au milieu, prit sa place vis-à-vis du haut dais, M. le duc proche de sa majesté, les ducs de Saint-Aignan et de Noailles à droite et à gauche, les dix chevaliers en haie aux deux côtés du char, leurs pages, au même ordre, derrière eux, les Signes et les Heures, comme ils étoient entrés.

Lorsqu'on eut fait halte en cet état, un profond silence, causé tout ensemble par l'attention et par le respect, donna le moyen à mademoiselle de Brie, qui représentoit le siècle d'Airain, de commencer ces vers à la louange de la reine, adressés à Apollon, représenté par le sieur La Grange.

LE SIÈCLE D'AIRAIN, *à Apollon.*

Brillant père du jour, toi de qui la puissance
Par ses divers aspects nous donna la naissance;
Toi, l'espoir de la terre et l'ornement des cieux;
Toi, le plus nécessaire et le plus beau des dieux;
Toi, dont l'activité, dont la bonté suprême
Se fait voir et sentir en tous lieux par soi-même :
Dis-nous par quel destin, ou par quel nouveau choix,
Tu célèbres tes jeux aux rivages françois.

APOLLON.

Si ces lieux fortunés ont tout ce qu'eut la Grèce
De gloire, de valeur, de mérite et d'adresse,
Ce n'est pas sans raison qu'on y voit transférés
Ces jeux qu'à mon honneur la terre a consacrés.
J'ai toujours pris plaisir à verser sur la France
De mes plus doux rayons la bénigne influence;

Mais le charmant objet qu'Hymen y fait régner
Pour elle maintenant me fait tout dédaigner.

Depuis un si long temps que pour le bien du monde
Je fais l'immense tour de la terre et de l'onde,
Jamais je n'ai rien vu si digne de mes feux,
Jamais un sang si noble, un cœur si généreux,
Jamais tant de lumière avec tant d'innocence,
Jamais tant de jeunesse avec tant de prudence,
Jamais tant de grandeur avec tant de bonté,
Jamais tant de sagesse avec tant de beauté.

Mille climats divers qu'on vit sous la puissance
De tous les demi-dieux dont elle prit naissance,
Cédant à son mérite autant qu'à leur devoir,
Se trouveront un jour unis sous son pouvoir.

Ce qu'eurent de grandeur et la France et l'Espagne,
Les droits de Charles-Quint, les droits de Charlemagne,
En elle avec leur sang heureusement transmis,
Rendront tout l'univers à son trône soumis.
Mais un titre plus grand, un plus noble partage,
Qui l'élève plus haut, qui lui plaît davantage,
Un nom qui tient en soi les plus grands noms unis,
C'est le nom glorieux d'épouse de Louis.

LE SIÈCLE D'ARGENT.

Quel destin fait briller, avec tant d'injustice,
Dans le siècle de fer, un astre si propice?

LE SIÈCLE D'OR.

Ah! ne murmure point contre l'ordre des dieux.
Loin de s'enorgueillir d'un don si précieux,
Ce siècle, qui du ciel a mérité la haine,
En devroit augurer sa ruine prochaine,
Et voir qu'une vertu qu'il ne peut suborner
Vient moins pour l'ennoblir que pour l'exterminer.

Sitôt qu'elle paroît dans cette heureuse terre,
Vois comme elle en bannit les fureurs de la guerre;
Comme, depuis ce jour, d'infatigables mains
Travaillent sans relâche au bonheur des humains;

Par quels secrets ressorts un héros se prépare
A chasser les horreurs d'un siècle si barbare,
Et me faire revivre avec tous les plaisirs
Qui peuvent contenter les innocents désirs.

LE SIÈCLE DE FER.

Je sais quels ennemis ont entrepris ma perte;
Leurs desseins sont connus, leur trame est découverte :
Mais mon cœur n'en est pas à tel point abattu...

APOLLON.

Contre tant de grandeur, contre tant de vertu,
Tous les monstres d'enfer, unis pour ta défense,
Ne feroient qu'une foible et vaine résistance.
L'univers, opprimé de ton joug rigoureux,
Va goûter, par ta fuite, un destin plus heureux.
Il est temps de céder à la loi souveraine
Que t'imposent les vœux de cette auguste reine :
Il est temps de céder aux travaux glorieux
D'un roi favorisé de la terre et des cieux.
Mais ici trop long-temps ce différent m'arrête :
A de plus doux combats cette lice s'apprête,
Allons la faire ouvrir, et ployons des lauriers
Pour couronner le front de nos fameux guerriers.

Tous ces récits achevés, la course de bague commença, en laquelle, après que le roi eut fait admirer l'adresse et la grâce qu'il a en cet exercice comme en tous les autres, et après plusieurs belles courses de tous les chevaliers, le duc de Guise, les marquis de Soyecourt et de La Vallière demeurèrent à la dispute, dont ce dernier emporta le prix, qui fut une épée d'or enrichie de diamants, avec des boucles de baudrier de grande valeur, que donna la reine mère, et dont elle l'honora de sa main.

La nuit vint cependant à la fin des courses, par la justesse qu'on avoit eue à les commencer; et un nombre infini de lumières ayant éclairé tout ce beau lieu, l'on vit entrer dans la même place trente-quatre concertants fort bien vêtus, qui devoient précéder les Saisons, et faisoient le plus agréable concert du monde.

Pendant que les Saisons se chargeoient de mets délicieux, qu'elles devoient porter, pour servir devant leurs majestés, la magnifique collation qui étoit préparée, les douze Signes du Zodiaque et les quatre Saisons dansèrent dans le rond une des plus belles entrées de ballet qu'on eût encore vue. Le Printemps, représenté par mademoiselle du Parc, parut ensuite sur un cheval d'Espagne; avec le sexe et les avantages d'une femme, elle faisoit voir l'adresse d'un homme. Son habit étoit vert, en broderie d'argent et en fleurs au naturel.

L'Été le suivoit, représenté par le sieur du Parc, sur un éléphant couvert d'une riche housse.

L'Automne, aussi avantageusement vêtu, représenté par le sieur La Thorillière, venoit après, monté sur un chameau.

L'Hiver, représenté par le sieur Béjart, suivoit sur un ours.

Leur suite étoit composée de quarante-huit personnes qui portoient sur leurs têtes de grands bassins pour la collation.

Les douze premiers, couverts de fleurs, portoient, comme des jardiniers, des corbeilles peintes de vert et d'argent, garnies d'un grand nombre de porcelaines, si remplies de confitures et d'autres choses délicieuses de la saison, qu'ils étoient courbés sous cet agréable faix.

Douze autres, comme moissonneurs, vêtus d'habits conformes à cette profession, mais fort riches, portoient des bassins de cette couleur incarnate qu'on remarque au soleil levant, et suivoient l'Été.

Douze, vêtus en vendangeurs, étoient couverts de feuilles de vigne et de grappes de raisins, et portoient dans des paniers feuille-morte, remplis de petits bassins de cette même couleur, divers autres fruits et confitures, à la suite de l'Automne.

Les douze derniers étoient des vieillards gelés, dont les fourrures et la démarche marquoient la froidure et la foiblesse, portant dans des bassins couverts d'une glace et d'une neige si bien contrefaites, qu'on les eût prises pour la chose même, ce qu'ils devoient contribuer à la collation, et suivoient l'Hiver.

PREMIÈRE JOURNÉE.

Quatorze concertants de Pan et de Diane précédoient ces deux divinités, avec une agréable harmonie de flûtes et de musettes.

Elles venoient ensuite sur une machine fort ingénieuse, en forme d'une petite montagne ou roche ombragée de plusieurs arbres; mais ce qui étoit plus surprenant, c'est qu'on la voyoit portée en l'air, sans que l'artifice qui la faisoit mouvoir se pût découvrir à la vue.

Vingt autres personnes les suivoient, portant des viandes de la ménagerie de Pan et de la chasse de Diane.

Dix-huit pages du roi fort richement vêtus, qui devoient servir les dames à table, faisoient les derniers de cette troupe: laquelle étant rangée, Pan, Diane et les Saisons se présentent devant la reine, le Printemps lui adressa le premier ces vers:

LE PRINTEMPS, *à la reine.*

Entre toutes les fleurs nouvellement écloses
    Dont mes jardins sont embellis,
Méprisant les jasmins, les œillets et les roses,
Pour payer mon tribut j'ai fait choix de ces lis
Que dès vos premiers ans vous avez tant chéris.
Louis les fait briller du couchant à l'aurore;
Tout l'univers charmé les respecte et les craint:
Mais leur règne est plus doux et plus puissant encore,
    Quand ils brillent sur votre teint.

L'ÉTÉ.

    Surpris un peu trop promptement,
J'apporte à cette fête un léger ornement:
    Mais, avant que ma saison passe,
    Je ferai faire à vos guerriers,
    Dans les campagnes de la Thrace,
    Une ample moisson de lauriers.

L'AUTOMNE.

Le Printemps, orgueilleux de la beauté des fleurs
    Qui lui tombèrent en partage,
Prétend de cette fête avoir tout l'avantage,

Et nous croit obscurcir par ses vives couleurs ;
Mais vous vous souviendrez, princesse sans seconde,
De ce fruit précieux qu'a produit ma saison,
  Et qui croît dans votre maison,
Pour faire quelque jour les délices du monde.

L'HIVER.

La neige, les glaçons que j'apporte en ces lieux,
  Sont les mets les moins précieux ;
  Mais ils sont des plus nécessaires
 Dans une fête où mille objets charmants,
  De leurs œillades meurtrières,
  Font naître tant d'embrasements.

DIANE.

 Nos bois, nos rochers, nos montagnes,
 Tous nos chasseurs et mes compagnes,
Qui m'ont toujours rendu des honneurs souverains,
Depuis que parmi nous ils vous ont vu paroître,
  Ne veulent plus me reconnoître ;
Et, chargés de présents, viennent avecque moi
Vous porter ce tribut pour marque de leur foi.
Les habitants légers de cet heureux bocage
De tomber dans vos rets font leur sort le plus doux,
  Et n'estiment rien davantage
  Que l'heur de périr de vos coups.
Amour, dont vous avez la grâce et le visage,
  A le même secret que vous.

PAN.

Jeune divinité, ne vous étonnez pas,
Lorsque nous vous offrons en ce fameux repas
  L'élite de nos bergeries ;
  Si nos troupeaux goûtent en paix
  Les herbages de nos prairies,
Nous devons ce bonheur à vos divins attraits.

Ces récits achevés, une grande table, en forme de croissant,

PREMIÈRE JOURNÉE.

ronde du côté où l'on devoit couvrir, et garnie de fleurs de celui où elle étoit creuse, vint à se découvrir.

Trente-six violons, très-bien vêtus, parurent derrière sur un petit théâtre, pendant que messieurs de La Marche et Parfait, père, frère et fils, contrôleurs généraux, sous les noms de l'Abondance, de la Joie, de la Propreté et de la Bonne-Chère, la firent couvrir par les Plaisirs, par les Jeux, par les Ris, et par les Délices.

Leurs majestés s'y mirent en cet ordre, qui prévint tous les embarras qui eussent pu naître pour les rangs. La reine-mère étoit assise au milieu de la table, et avoit à sa main droite :

LE ROI.
Mademoiselle d'Alençon.
Madame la Princesse.
Mademoiselle d'Elbœuf.
Madame de Béthune.
Madame la duchesse de Créquy.
MONSIEUR.
Madame la duchesse de Saint-Aignan.
Madame la maréchale du Plessis.
Madame la maréchale d'Étampes.
Madame de Gourdon.
Madame de Montespan.
Madame d'Humières.
Mademoiselle de Brancas.
Madame d'Armagnac.
Madame la comtesse de Soissons.
Madame la princesse de Bade.
Mademoiselle de Grançay.

De l'autre côté étoient assises :
LA REINE.
Madame de Carignan.
Madame de Flaix.
Madame la duchesse de Foix.
Madame de Brancas.

Madame de Froullay.
Madame la duchesse de Navailles.
Mademoiselle d'Ardennes.
Mademoiselle de Coetlogon.
Madame de Crussol.
Madame de Montausier.
   Madame.
Madame la princesse Bénédictine.
Madame la duchesse.
Madame de Rouvroy.
Mademoiselle de La Mothe.
Madame de Marsé.
Mademoiselle de La Vallière.
Mademoiselle d'Artigny.
Mademoiselle du Bellay.
Mademoiselle Dampierre.
Mademoiselle de Fiennes.

La somptuosité de cette collation passoit tout ce qu'on en pourroit écrire, tant par l'abondance, que par la délicatesse des choses qui y furent servies. Elle faisoit aussi le plus bel objet qui pût tomber sous les sens ; puisque, dans la nuit, auprès de la verdure de ces hautes palissades, un nombre infini de chandeliers peints de vert et d'argent, portant chacun vingt-quatre bougies, et deux cents flambeaux de cire blanche, tenus par autant de personnes vêtues en masques, rendoient une clarté presque aussi grande et plus agréable que celle du jour. Tous les chevaliers, avec leurs casques couverts de plumes de différentes couleurs, et leurs habits de la course, étoient appuyés sur la barrière ; et ce grand nombre d'officiers richement vêtus qui servoient, en augmentoient encore la beauté, et rendoient ce rond une chose enchantée, duquel, après la collation, leurs majestés et toute la cour sortirent par le portique opposé à la barrière, et, dans un grand nombre de calèches fort ajustées, reprirent le chemin du château.

SECONDE JOURNÉE.

SUITE DES PLAISIRS DE L'ÎLE ENCHANTÉE.

Lorsque la nuit du second jour fut venue, leurs majestés se rendirent dans un autre rond environné de palissades comme le premier, et sur la même ligne, s'avançant toujours vers le lac où l'on feignoit que le palais d'Alcine étoit bâti. Le dessein de cette seconde fête étoit que Roger et les chevaliers de sa quadrille, après avoir fait des merveilles aux courses que, par l'ordre de la belle magicienne, ils avoient faites en faveur de la reine, continuoient en ce même dessein pour le divertissement suivant; et que l'île flottante n'ayant point éloigné le rivage de la France, ils donnoient à sa majesté le plaisir d'une comédie dont la scène étoit en Élide.

Le roi fit donc couvrir de toiles, en si peu de temps, qu'on avoit lieu de s'en étonner, tout ce rond d'une espèce de dôme pour défendre contre le vent le grand nombre de flambeaux et de bougies qui devoient éclairer le théâtre, dont la décoration étoit fort agréable.

Aussitôt qu'on eut levé la toile, un grand concert de plusieurs instruments se fit entendre, et l'Aurore ouvrit la scène. On y représenta *la Princesse d'Élide*, comédie-ballet, avec un prologue et des intermèdes.

Noms des personnes qui ont récité, dansé et chanté dans la comédie de la Princesse d'Elide.

DANS LE PROLOGUE.

L'Aurore, *mademoiselle Hilaire.* Lyciscas, *le sieur Molière.* Valets de chiens chantants, *les sieurs Estival, Don, Blondel.* Valets de chiens dansants, *les sieurs Paysan, Chicaneau, Noblet, Pesan, Bonard, La Pierre.*

DANS LA COMÉDIE.

Iphitas, *le sieur Hubert.* La princesse d'Élide, *mademoiselle Molière.* Euryale, *le sieur La Grange.* Aristomène, *le sieur du Croisy.* Théocle, *le sieur Béjart.* Aglante, *mademoiselle du Parc.* Cynthie, *mademoiselle de Brie.* Arbate, *le sieur La Thorillière.* Philis, *mademoiselle Béjart.* Moron, *le sieur Molière.* Lycas, *le sieur Prevost.*

DANS LES INTERMÈDES.

Dans le Ier. Chasseurs dansants, *les sieurs Manceau, Chicaneau, Balthasard, Noblet, Bonard, Magny, la Pierre.*

Dans le IIe. Satyre chantant, *le sieur Estival.* Satyres dansants......

Dans le IIIe. Berger chantant, *le sieur Blondel.*

Dans le IVe. Philis, *mademoiselle Béjart.* Climène, *mademoiselle......*

Dans le Ve. Bergers chantants, *les sieurs Le Gros, Estival, Don, Blondel.* Bergères chantantes, *mesdemoiselles Hilaire et de la Barre.*

Tous six, se prenant par la main, chantèrent une chanson à danser, à laquelle les autres bergers répondirent en chœur.

Pendant les danses, il sortit de dessous le théâtre la machine d'un grand arbre chargé de seize faunes, dont huit jouoient de la flûte, et les autres du violon, avec un concert le plus agréable du monde. Trente violons leur répondoient de l'orchestre, avec six autres concertants de clavecins et de tuorbes, qui étoient *les sieurs d'Anglebert, Richard, Itier, La Barre le cadet, Tissu* et *Le Moine*. Quatre bergers et quatre bergères vinrent danser une très-belle entrée, à laquelle les faunes descendant de l'arbre se mêlèrent de temps en temps. Les bergers étoient *les sieurs Chicaneau, du Pron, Noblet, La Pierre*. Les bergères étoient *les sieurs Balthasard, Magny, Arnald, Bonard*.

Toute cette scène fut si grande, si remplie et si agréable, qu'il ne s'étoit encore rien vu de plus beau en ballet : aussi fit-elle une si avantageuse conclusion aux divertissements de ce jour, que la cour ne le loua pas moins que celui qui l'avoit précédé, se retirant avec une satisfaction qui lui fit bien espérer de la suite d'une fête si complète.

TROISIÈME JOURNÉE.

SUITE ET CONCLUSION
DES PLAISIRS
DE L'ÎLE ENCHANTÉE.

Plus on s'avançoit vers le grand rond d'eau qui représentoit le lac sur lequel étoit autrefois bâti le palais d'Alcine, plus on s'approchoit de la fin des divertissements de l'Ile enchantée, comme s'il n'eût pas été juste que tant de braves chevaliers demeurassent plus long-temps dans une oisiveté qui eût fait tort à leur gloire.

On feignit donc, suivant toujours le premier dessein, que le ciel ayant résolu de donner la liberté à ses guerriers, Alcine en eut des pressentiments qui la remplirent de terreur et d'inquiétude. Elle voulut apporter tous les remèdes possibles pour prévenir ce malheur, et fortifier en toutes manières un lieu qui pût renfermer tout son repos et sa joie.

On fit paroître sur ce rond d'eau, dont l'étendue et la forme sont extraordinaires, un rocher situé au milieu d'une île couverte de divers animaux, comme s'ils eussent voulu en défendre l'entrée.

Deux autres îles plus longues, mais d'une moindre largeur, paroissoient aux deux côtés de la première; et toutes trois, aussi-bien que les bords du rond d'eau, étoient si fort éclairés, que ces lumières faisoient naître un nouveau jour dans l'obscurité de la nuit.

Leurs majestés étant arrivées, n'eurent pas plus tôt pris leurs places, que l'une des deux îles qui paroissoient aux côtés de la première, fut toute couverte de violons fort bien vêtus. L'autre, qui étoit opposée, le fut en même temps de trompettes et de timbaliers, dont les habits n'étoient pas moins riches.

Mais ce qui surprit davantage, fut de voir sortir Alcine de derrière un rocher, portée par un monstre marin d'une grandeur prodigieuse.

Deux des nymphes de sa suite, sous les noms de Célie et de Dircé, parurent au même temps à sa suite; et se mettant à ses côtés sur de grandes baleines, elles s'approchèrent du bord du rond d'eau; et Alcine commença des vers auxquels ses compagnes répondirent, et qui furent à la louange de la reine, mère du roi.

ALCINE, CÉLIE, DIRCÉ.

ALCINE.

Vous, à qui je fis part de ma félicité,
Pleurez avecque moi dans cette extrémité.

CÉLIE.

Quel est donc le sujet des soudaines alarmes
Qui de vos yeux charmants font couler tant de larmes?

ALCINE.

Si je pense en parler, ce n'est qu'en frémissant.
Dans les sombres horreurs d'un songe menaçant,
Un spectre m'avertit, d'une voix éperdue,
Que pour moi des enfers la force est suspendue,

Qu'un céleste pouvoir arrête leur secours,
Et que ce jour sera le dernier de mes jours.
 Ce que versa de triste, au point de ma naissance,
Des astres ennemis la maligne influence,
Et tout ce que mon art m'a prédit de malheurs,
En ce songe fut peint de si vives couleurs,
Qu'à mes yeux éveillés sans cesse il représente
Le pouvoir de Mélisse et l'heur de Bradamante.
J'avois prévu ces maux; mais les charmants plaisirs
Qui sembloient en ces lieux prévenir nos désirs,
Nos superbes palais, nos jardins, nos campagnes,
L'agréable entretien de nos chères compagnes,
Nos jeux et nos chansons, les concerts des oiseaux,
Le parfum des zéphyrs, le murmure des eaux,
De nos tendres amours les douces aventures,
M'avoient fait oublier ces funestes augures,
Quand le songe cruel dont je me sens troubler
Avec tant de fureur les vint renouveler:
Chaque instant, je crois voir mes forces terrassées,
Mes gardes égorgés, et mes prisons forcées;
Je crois voir mille amants, par mon art transformés,
D'une égale fureur à ma perte animés,
Quitter en même temps leurs troncs et leurs feuillages,
Dans le juste dessein de venger leurs outrages;
Et je crois voir enfin mon aimable Roger
De ses fers méprisés prêt à se dégager.

CÉLIE.

La crainte en votre esprit s'est acquis trop d'empire.
Vous régnez seule ici, pour vous seule on soupire;
Rien n'interrompt le cours de vos contentements,
Que les accents plaintifs de vos tristes amants:
Logistille et ses gens, chassés de nos campagnes,
Tremblent encor de peur, cachés dans leurs montagnes;
Et le nom de Mélisse, en ces lieux inconnu,
Par vos augures seuls jusqu'à nous est venu.

DIRCÉ.

Ah ! ne nous flattons point : ce fantôme effroyable
M'a tenu cette nuit un discours tout semblable.

ALCINE.

Hélas ! de nos malheurs qui peut encor douter !

CÉLIE.

J'y vois un grand remède, et facile à tenter ;
Une reine paroît, dont le secours propice
Nous saura garantir des efforts de Mélisse.
Partout de cette reine on vante la bonté ;
Et l'on dit que son cœur, de qui la fermeté
Des flots les plus mutins méprisa l'insolence,
Contre le vœu des siens est toujours sans défense.

ALCINE.

Il est vrai, je la vois. En ce pressant danger,
A nous donner secours tâchons de l'engager.
Disons-lui qu'en tous lieux la voix publique étale
Les charmantes beautés de son âme royale ;
Disons que sa vertu, plus haute que son rang,
Sait relever l'éclat de son auguste sang,
Et que de notre sexe elle a porté la gloire
Si loin, que l'avenir aura peine à le croire ;
Que du bonheur public son grand cœur amoureux
Fit toujours des périls un mépris généreux ;
Que de ses propres maux son âme à peine atteinte,
Pour les maux de l'État garda toute sa crainte.
Disons que ses bienfaits, versés à pleines mains,
Lui gagnent le respect et l'amour des humains,
Et qu'aux moindres dangers dont elle est menacée,
Toute la terre en deuil se montre intéressée.
Disons qu'au plus haut point de l'absolu pouvoir,
Sans faste et sans orgueil sa grandeur s'est fait voir ;
Qu'aux temps les plus fâcheux sa sagesse constante
Sans crainte a soutenu l'autorité penchante,
Et, dans le calme heureux par ses travaux acquis,
Sans regret la remit dans les mains de son fils.

Disons par quels respects, par quelle complaisance,
De ce fils glorieux l'amour la récompense.
Vantons les longs travaux, vantons les justes lois
De ce fils reconnu pour le plus grand des rois,
Et comment cette mère, heureusement féconde,
Ne donnant que deux fils, a donné tant au monde.
Enfin faisons parler nos soupirs et nos pleurs,
Pour la rendre sensible à nos vives douleurs ;
Et nous pourrons trouver au fort de notre peine
Un refuge paisible aux pieds de cette reine.

DIRCÉ.

Je sais bien que son cœur, noblement généreux,
Écoute avec plaisir la voix des malheureux ;
Mais on ne voit jamais éclater sa puissance
Qu'à repousser le tort qu'on fait à l'innocence.
Je sais qu'elle peut tout ; mais je n'ose penser
Que jusqu'à nous défendre on la vît s'abaisser.
De nos douces erreurs elle peut être instruite,
Et rien n'est plus contraire à sa rare conduite.
Son zèle si connu pour le culte des dieux
Doit rendre à sa vertu nos respects odieux ;
Et, loin qu'à son abord mon effroi diminue,
Malgré moi je le sens qui redouble à sa vue.

ALCINE.

Ah ! ma propre frayeur suffit pour m'affliger :
Loin d'aigrir mon ennui, cherche à le soulager,
Et tâche de fournir à mon âme oppressée
De quoi parer aux maux dont elle est menacée.
Redoublons cependant les gardes du palais :
Et s'il n'est point pour nous d'asile désormais,
Dans notre désespoir cherchons notre défense,
Et ne nous rendons pas au moins sans resistance.

Alcine, mademoiselle du Parc.
Célie, mademoiselle de Brie.
Dircé, mademoiselle de Molière.

Lorsqu'elles eurent achevé, et qu'Alcine se fut retirée pour aller redoubler les gardes du palais, le concert des violons se fit entendre, pendant que, le frontispice du palais venant à s'ouvrir avec un merveilleux artifice, et des tours venant à s'élever à vue d'œil, quatre géants d'une grandeur démesurée vinrent à paroître avec quatre nains, qui, par l'opposition de leur petite taille, faisoient paroître celle des géants encore plus excessive. Ces colosses étoient commis à la garde du palais, et ce fut par eux que commença la première entrée du ballet.

BALLET DU PALAIS D'ALCINE.

PREMIÈRE ENTRÉE.

Géants. Les sieurs Manceau, Vagnard, Pesan et Joubert.

Nains. Les deux petits Des-Airs, le petit Vagnard et le petit Turin.

DEUXIÈME ENTRÉE.

Huit Maures, chargés par Alcine de la garde du dedans, en font une exacte visite, avec chacun deux flambeaux.

Maures. Les sieurs d'Heureux, Beauchamp, Molière, La Marre, Le Chantre, de Gan, du Pron et Mercier.

TROISIÈME ENTRÉE.

Cependant un dépit amoureux oblige six des chevaliers qu'Alcine retenoit auprès d'elle à tenter la sortie de ce palais; mais, la fortune ne secondant pas les efforts qu'ils font dans leur désespoir, ils sont vaincus, après un grand combat, par autant de monstres qui les attaquent.

Chevaliers. Monsieur de Sourville, les sieurs Raynal, Des-Airs l'aîné, Des-Airs le second, de Lorge et Balthasard.

Monstres. Les sieurs Chicaneau, Noblet, Arnald, Desbrosses, Desonets et La Pierre.

TROISIEME JOURNÉE.

QUATRIÈME ENTRÉE.

Alcine, alarmée de cet accident, invoque de nouveau tous ses esprits, et leur demande du secours : il s'en présente deux à elle, qui font des sauts avec une force et une agilité merveilleuses.

Démons agiles. Les sieurs Saint-André et Magny.

CINQUIÈME ENTRÉE.

D'autres démons viennent encore, et semblent assurer la magicienne qu'ils n'oublieront rien pour son repos.

Démons sauteurs. Les sieurs Turin, La Brodière, Pesan et Bureau.

SIXIÈME ET DERNIÈRE ENTRÉE.

Mais à peine commence-t-elle à se rassurer, qu'elle voit paroître auprès de Roger et de quelques chevaliers de sa suite la sage Mélisse sous la forme d'Atlas. Elle court aussitôt pour empêcher l'effet de son intention; mais elle arrive trop tard. Mélisse a déjà mis au doigt de ce brave chevalier la fameuse bague qui détruit les enchantements. Lors un coup de tonnerre suivi de plusieurs éclairs marque la destruction du palais, qui est aussitôt réduit en cendres par un feu d'artifice, qui met fin à cette aventure et aux divertissements de l'Ile enchantée.

Alcine, mademoiselle du Parc.

Mélisse, le sieur de Lorge.

Roger, le sieur Beauchamp.

Chevaliers, les sieurs d'Heureux, Raynal, du Pron et Desbrosses.

Ecuyers. Les sieurs La Marre, Le Chantre, de Gan et Mercier.

FIN DU BALLET.

Il sembloit que le ciel, la terre et l'eau fussent tout en feu, et que la destruction du superbe palais d'Alcine, comme la liberté des chevaliers qu'elle y retenoit en prison, ne se pût accomplir que par des prodiges et des miracles. La hauteur et le nombre des fusées volantes, celles qui rouloient sur le rivage, et celles qui ressortoient de l'eau après s'y être enfoncées, faisoient un spectacle si grand et si magnifique, que rien ne pouvoit mieux terminer les enchantements qu'un si beau feu d'artifice; lequel ayant enfin cessé après un bruit et une longueur extraordinaires, les coups des boîtes qui l'avoient commencé redoublèrent encore.

Alors toute la cour, se retirant, confessa qu'il ne se pouvoit rien voir de plus achevé que ces trois fêtes; et c'est assez avouer qu'il ne s'y pouvoit rien ajouter, que de dire que, les trois journées ayant eu chacune ses partisans comme chacune ses beautés particulières, on ne convint pas du prix qu'elles devoient emporter entre elles, bien qu'on demeurât d'accord qu'elles pouvoient justement le disputer à toutes celles qu'on avoit vues jusqu'alors, et les surpasser peut-être.

QUATRIÈME JOURNÉE.

MAIS, quoique les fêtes comprises dans le sujet des plaisirs de l'Ile enchantée fussent terminées, tous les divertissements de Versailles ne l'étoient pas; et la magnificence et la galanterie du roi en avoient encore réservé pour les autres jours, qui n'étoient pas moins agréables.

Le samedi, dixième, sa majesté voulut courre les têtes. C'est un exercice que peu de gens ignorent, et dont l'usage est venu d'Allemagne, fort bien inventé pour faire voir l'adresse d'un chevalier, tant à bien mener son cheval dans les passades de guerre, qu'à bien se servir d'une lance, d'un dard et d'une épée. Si quelqu'un ne les a pas vu courre, il en trouvera ici la description, étant moins commune que la bague, et seulement ici depuis peu d'années; et ceux qui en ont eu le plaisir ne s'ennuieront pas d'une narration si peu étendue.

Les chevaliers entrent, l'un après l'autre, dans la lice, la lance à la main, et un dard sous la cuisse droite; et après que l'un d'eux a couru et emporté une tête de gros carton peinte, et de la forme de celle d'un Turc, il donne sa lance à un page; et, faisant la demi-volte, il revient à toute bride à la seconde tête, qui a la couleur et la forme d'un Maure, l'emporte avec le dard, qu'il lui jette en passant; puis, reprenant une javeline peu différente de la forme du dard, dans une troisième passade il la darde dans un bouclier où est peinte une tête de Méduse; et, achevant sa demi-volte, il tire l'épée, dont il emporte, en passant toujours à toute bride, une tête élevée à un demi-pied de terre; puis, faisant place à un autre, celui qui, en ses courses, en a emporté le plus, gagne le prix.

Toute la cour s'étant placée sur une balustrade de fer doré, qui régnoit autour de l'agréable maison de Versailles, et qui regarde sur le fossé, dans lequel on avoit dressé la lice avec des barrières, le roi s'y rendit, suivi des mêmes chevaliers qui avoient couru la bague; les ducs de Saint-Aignan et de Noailles y continuoient leurs premières fonctions, l'un de maréchal de camp, et l'autre de juge des courses. Il s'en fit plusieurs, fort belles et heureuses; mais l'adresse du roi lui fit emporter hautement, ensuite du prix de la course des dames, encore celui que donnoit la reine : c'étoit une rose de diamants de grand prix, que le roi, après l'avoir gagnée, redonna libéralement à courre aux autres chevaliers, et que le marquis de Coaslin disputa contre le marquis de Soyecourt, et gagna.

CINQUIÈME JOURNÉE.

LE dimanche, au lever du roi, quasi toute la conversation tourna sur les belles courses du jour précédent, et donna lieu à un grand défi entre le duc de Saint-Aignan, qui n'avoit pas encore couru, et le marquis de Soyecourt, qui fut remis au lendemain, pour ce que le maréchal duc de Grammont, qui parioit pour ce marquis, étoit obligé de partir pour Paris, d'où il ne devoit revenir que le jour d'après.

Le roi mena toute la cour, cette après-dînée, à sa ménagerie, dont on admira les beautés particulières, et le nombre presque incroyable d'oiseaux de toutes sortes, parmi lesquels il y en a beaucoup de fort rares. Il seroit inutile de parler de la collation qui suivit ce divertissement, puisque, huit jours durant, chaque repas pouvoit passer pour un festin des plus grands qu'on puisse faire.

Le soir, sa majesté fit représenter, sur l'un de ses théâtres doubles de son salon, que son esprit universel a lui-même inventés, la comédie des Fâcheux, faite par le sieur Molière, mêlée d'entrées de ballet, et fort ingénieuse.

SIXIÈME JOURNÉE.

Le bruit du défi, qui se devoit courir le lundi, douzième, fit faire une infinité de gageures d'assez grande valeur, quoique celle des deux chevaliers ne fût que de cent pistoles; et comme le duc, par une heureuse audace, donnoit une tête à ce marquis fort adroit, beaucoup tenoient pour ce dernier, qui, s'étant rendu un peu plus tard chez le roi, y trouva un cartel pour le presser, lequel, pour n'être qu'en prose, on n'a point mis dans ce discours.

Le duc de Saint-Aignan avoit aussi fait voir à quelques-uns de ses amis, comme un heureux présage de sa victoire, ces quatre vers :

AUX DAMES.

Belles, vous direz en ce jour,
Si vos sentiments sont les nôtres,
Qu'être vainqueur du grand Soyecourt,
C'est être vainqueur de dix autres.

faisant toujours allusion à son nom de Guidon le sauvage, que l'aventure de l'île périlleuse rendit victorieux de dix chevaliers. Aussitôt que le roi eut dîné, il conduisit les reines, Monsieur, Madame, et toutes les dames, dans un lieu où l'on devoit

SIXIÈME JOURNÉE.

tirer une loterie, afin que rien ne manquât à la galanterie de ces fêtes. C'étoient des pierreries, des ameublements, de l'argenterie, et autres choses semblables; et, quoique le sort ait accoutumé de décider de ces présents, il s'accorda sans doute avec le désir de sa majesté, quand il fit tomber le gros lot entre les mains de la reine; chacun sortant de ce lieu-là fort content pour aller voir les courses qui s'alloient commencer.

Enfin Guidon et Olivier parurent sur les rangs, à cinq heures du soir, fort proprement vêtus et bien montés.

Le roi, avec toute la cour, les honora de sa présence; et sa majesté lut même les articles des courses, afin qu'il n'y eût aucune contestation entre eux. Le succès en fut heureux au duc de Saint-Aignan, qui gagna le défi.

Le soir, sa majesté fit jouer les trois premiers actes d'une comédie nommée *Tartuffe*, que le sieur Molière avoit faite contre les hypocrites; mais, quoiqu'elle eût été trouvée fort divertissante, le roi connut tant de conformité entre ceux qu'une véritable dévotion met dans le chemin du ciel, et ceux qu'une vaine ostentation de bonnes œuvres n'empêche pas d'en commettre de mauvaises, que son extrême délicatesse pour les choses de la religion eut de la peine à souffrir cette ressemblance du vice avec la vertu; et, quoiqu'on ne doutât point des bonnes intentions de l'auteur, il défendit cette comédie pour le public, jusqu'à ce qu'elle fût entièrement achevée, et examinée par des gens capables d'en juger, pour n'en pas laisser abuser à d'autres moins capables d'en faire un juste discernement.

SEPTIÈME JOURNÉE.

Le mardi, treizième, le roi voulut encore courre les têtes, comme à un jeu ordinaire que devoit gagner celui qui en feroit le plus. Sa majesté eut encore le prix de la course des dames, le duc de Saint-Aignan celui des jeux; et, ayant eu l'honneur d'entrer pour le second à la dispute avec sa majesté, l'adresse incomparable du roi lui fit encore avoir ce prix; et ce ne fut pas sans étonnement, duquel on ne pouvoit se défendre, qu'on en vit gagner quatre à sa majesté, en deux fois qu'elle avoit couru les têtes.

On joua, le même soir, la comédie du Mariage forcé, encore de la façon du même sieur Molière, mêlée d'entrées de ballet et de récits; puis le roi prit le chemin de Fontainebleau le mercredi, quatorzième. Toute la cour se trouva si satisfaite de ce qu'elle avoit vu, que chacun crut qu'on ne pouvoit se passer de le mettre par écrit pour en donner connoissance à ceux qui n'avoient pu voir des fêtes si diversifiées et si agréables, où l'on a pu admirer tout à la fois le projet avec le succès, la libéralité avec la politesse, le grand nombre avec l'ordre, et la satisfaction de tous; où les soins infatigables de M. Colbert s'employèrent en tous ces divertissements, malgré ses importantes affaires; où le duc de Saint-Aignan joignit l'action à l'invention du dessin; où les beaux vers du président de Périgny à la louange des reines furent si justement pensés, si agréablement tournés, et récités avec tant d'art; où ceux que M. de Benserade fit pour les chevaliers eurent une approbation générale; où la vigilance exacte de M. Bontemps et l'application de M. de Launay ne laissèrent manquer d'aucune des choses nécessaires; enfin, où chacun a marqué si avantageusement son dessein de plaire au roi dans le temps où sa majesté ne pensoit elle-même qu'à plaire, et où ce qu'on a vu ne sauroit jamais se perdre dans la mémoire des spectateurs, quand on n'auroit pas pris le soin de conserver par écrit le souvenir de toutes ces merveilles.

FIN DU TROISIÈME VOLUME.

TABLE

DES PIÈCES CONTENUES DANS CE VOLUME.

La Princesse d'Élide.................................. Page 1
Réflexions sur la Princesse d'Élide................. 76
Le Mariage forcé..................................... 79
Réflexions sur le Mariage forcé...................... 135
Don Juan, ou le Festin de Pierre.................... 141
Réflexions sur le Festin de Pierre................... 239
L'Amour Médecin..................................... 245
Réflexions sur l'Amour Médecin...................... 295
Le Misanthrope....................................... 299
Réflexions sur le Misanthrope....................... 401
Le Médecin malgré lui................................ 413
Réflexions sur le Médecin malgré lui................ 487
Les Fêtes de Versailles.............................. 493

FIN DE LA TABLE.

www.ingramcontent.com/pod-product-compliance
Lightning Source LLC
Chambersburg PA
CBHW071414230426
43669CB00010B/1546